FUTH · Die Technik
der elektronischen Datenverarbeitung

Die Technik der elektronischen Datenverarbeitung

Hardware – Software

von

Dipl. Kfm. HORST FUTH

Mit 183 Abbildungen

R. Oldenbourg Verlag München · Wien 1970

Druck: Graph. Anstalt E. Wartelsteiner, Garching-Hochbrück
Printed in Germany

Inhalt

Vorwort

Seit der Veröffentlichung meiner Arbeit "Elektronische Datenverarbeitungsanlagen, Band I, Einführung in Aufbau und Arbeitsweise", sind 5 Jahre vergangen. Auch die zweite Auflage des Bandes ist inzwischen vergriffen. Die weiter anhaltende Nachfrage nach einführenden EDV-Büchern haben Verlag und Autor deshalb zur Herausgabe einer neuen Arbeit veranlaßt. Alle Kapitel des vorangegangenen Buches wurden völlig überarbeitet und neugestaltet, wobei die zunehmende Bedeutung der Steuersysteme (Software) in einem gesonderten Abschnitt über Programmierung und Programmsysteme ihren Ausdruck findet.

Der vorliegende neue Band bildet die technische Voraussetzung für die, im selben Verlag herausgegebene, Arbeit

EDV-Organisation
Bd. 1: Entwicklung eines EDV-Systems
Bd. 2: Einführung eines EDV-Systems.

Der Verfasser, gegenwärtig Geschäftsführer einer EDV-Unternehmensberatung und Lehrbeauftragter an der Justus-Liebig Universität, Gießen, schätzt sich glücklich, dem Leser Erfahrungen aus 10 Jahren Tätigkeit in der EDV vermitteln zu können und hofft, daß ihm seine Arbeit gelungen ist.

Mein Dank und meine Anerkennung gelten meiner Mitarbeiterin und Chefprogrammiererin, Frau Brigitte Behrens, die mich mit ihrem Wissen bei der Abfassung des Kapitels über Programmsysteme und Programmierung unterstützte.

Auch danke ich allen Freunden und Kritikern, die meine erste Arbeit freimütig beurteilten und dabei weder mit Kritik noch Anerkennung sparten.

Wuppertal, im Juni 1969 *Horst Futh*

1. *Daten erfassen, verarbeiten und auswerten*

Jede Büro- und Verwaltungstätigkeit besteht darin, die für die Verarbeitung und Auswertung notwendigen Angaben (wir nennen sie in der Fachsprache "Daten") zu erfassen, sie zu verarbeiten und die Ergebnisse dieser Datenverarbeitung auszuwerten.

Bei den Daten, die erfaßt werden, kann es sich um externe Geschäftsvorfälle (Kundenaufträge, Zahlungseingänge, Lieferantenrechnungen usw.) oder um interne Angaben (z.B. Lohn- und Materialscheine, Produktionsergebnisse) handeln. Die in der Verwaltung eingehenden Daten sind zunächst zu sammeln und zu prüfen. Sollen diese Daten anschließend durch Maschinen verarbeitet werden, so sind sie noch in maschinell lesbare Belege (als "Datenträger" bezeichnet), beispielsweise in Lochkarten oder Lochstreifen, zu übertragen. Die Datenübertragung ist zu prüfen, und die Datenträger sind anschließend zum Rechenzentrum zu transportieren. Abgesehen von den begrenzten Möglichkeiten einer automatischen Datenträgergewinnung ist die Aufnahme und das Übertragen der Daten eine vorwiegend manuelle Tätigkeit.

Erst in einer zweiten Stufe werden die erfaßten Daten verarbeitet, d.h. umgeformt, verschiedenen Rechenoperationen unterworfen und zu Informationen verdichtet. Die Datenverarbeitung umfaßt eine meist große Anzahl gleichförmiger Vorgänge, wie Lesen, Vergleichen, Rechnen, Buchen, Vervielfältigen, Übertragen, Ändern und Schreiben. Diese Tätigkeiten können nun von Hand, mit Hilfe von Büromaschinen, durch herkömmliche Lochkartenmaschinen oder durch elektronische Datenverarbeitungsanlagen ausgeführt werden. Im allgemeinen umfaßt ein Geschäftsvorfall Daten, die aus Ziffern, Buchstaben und gewissen Sonderzeichen bestehen.

Dem Prozeß der Datenverarbeitung schließt sich in einer dritten Stufe die Auswertung der gewonnenen Ergebnisse an. Wie beim Sammeln und Übertragen der Daten, handelt es sich auch hier um eine Tätigkeit, die als Disposition und Entscheidung überwiegend dem Menschen vorbehalten bleibt. Keine Maschine kann letztlich entscheiden, ob und wieviel in einem Unternehmen investiert werden soll. Diese Aufgaben erfüllt allein der Mensch. Die Maschine liefert ihm jedoch die erforderlichen Unterlagen und Ergebnisse, die er für seine Entscheidungen braucht. Bild 1 zeigt noch einmal die Erfassung, Verarbeitung und Auswertung der Daten, unter Verwendung einer EDV-Anlage.

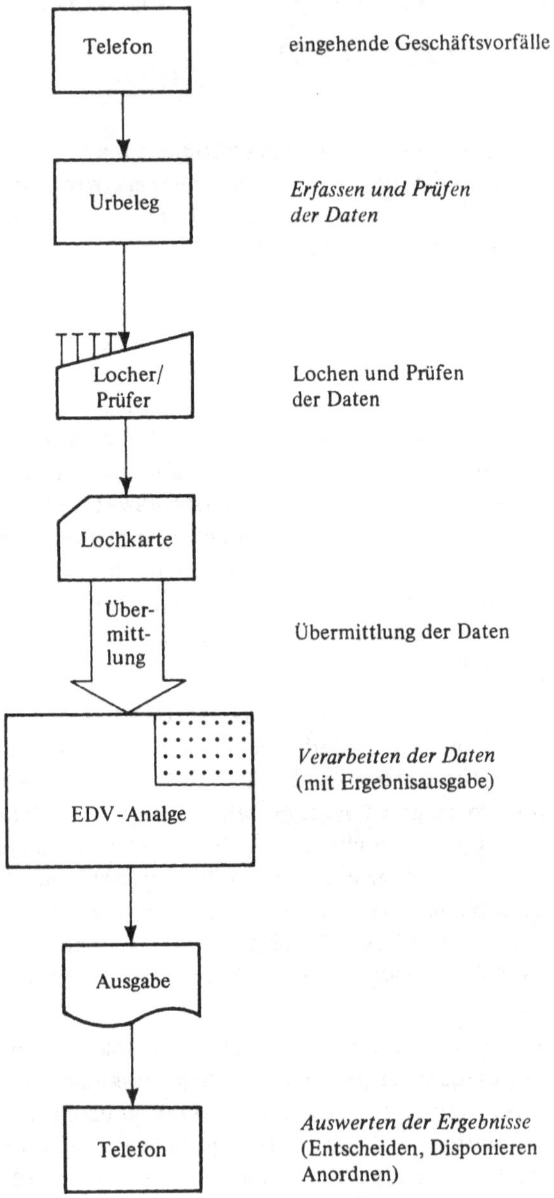

Bild 1:
Erfassen, Verarbeiten und Auswerten der Daten

2. *Manuelle und maschinelle Datenverarbeitung*

2.1 Manuelle Datenverarbeitung

Bei der rein manuellen Datenverarbeitung erfaßt der Sachbearbeiter nicht nur die notwendigen Daten, er verarbeitet sie auch und wertet die Ergebnisse anschließend aus. Der Mensch führt jede Arbeitsstufe selbst durch. Er verfolgt den Arbeitsablauf und kontrolliert, ob jeder Schritt in der vorgeschriebenen Weise erfolgt ist. Bild 2 zeigt die Darstellung einer manuellen Datenverarbeitung.

Bild 2:
Manuelle Datenverarbeitung

Der Einsatz arbeitssparender Büromaschinen, wie Schreib- und Rechenmaschinen, Vervielfältigungsapparate, maschinelle Brieföffner und Frankiermaschinen, ändert im Prinzip nichts daran, daß die Durchführung der Arbeiten innerhalb eines Ablaufes dem Menschen obliegt. Die genannten Maschinen sind nur technische Hilfsmittel, die einzelne Arbeitsoperationen - Schreiben, Rechnen, Vervielfältigen, Buchen usw. - übernehmen. Alle Maschinen müssen während des Arbeitsprozesses vom Menschen bedient, gesteuert und kontrolliert werden. Die manuelle Datenverarbeitung mit Hilfsmaschinen ist in Bild 3 dargestellt.

Bild 3:
Manuelle Datenverarbeitung mit Hilfsmaschinen

2.2 Mechanisierung und Automatisierung der Büroarbeit

Wenn mindestens die Ausführung von Teilarbeiten von Maschinen übernommen wird, so bezeichnet man dieses Verfahren als "Maschinelle Datenverarbeitung". Die maschinelle Datenverarbeitung umspannt den weiten Bereich von der Mechanisierung einzelner Arbeitsgänge mit Hilfe herkömmlicher Lochkartenmaschinen bis zur integrierten Automation ganzer Arbeitsbereiche durch elektronische Datenverarbeitungsanlagen. Bild 4 zeigt eine maschinelle Datenverarbeitung.

Bild 4: Maschinelle Datenverarbeitung

2.21 *Mechanisierung mit herkömmlichen Lochkartenmaschinen*

Der Einsatz herkömmlicher (oder konventioneller) Lochkartenanlagen macht es möglich, einzelne Teilarbeiten weitgehend zu mechanisieren. Diese Maschinen sind in der Lage, Arbeiten, wie Sortieren, Mischen, Duplizieren, Rechnen und Schreiben, nach erfolgter Einstellung selbständig durchzuführen, wobei die Lochkarte das Bindeglied zwischen den einzelnen Maschinen bildet. Gleichförmige Arbeiten werden, verglichen mit der Bearbeitung von Hand, mit hoher Geschwindigkeit und sicher erledigt. Diesem Vorzug steht der Nachteil einer "sukzessiven Arbeitsweise" gegenüber. Da Lochkartenmaschinen nicht über maschinenverbundene Speicher verfügen, ist es nicht möglich, einen Geschäftsvorfall gleichzeitig nach verschiedenen Merkmalen auszuwerten. Alle Auswertungen werden nacheinander statt gleichzeitig vorgenommen, wobei die Zwischenergebnisse vorausgegangener Verarbeitung wieder in Lochkarten gestanzt und erneut in die Maschine eingegeben werden müssen. So können beispielsweise die Rechnungsschreibung, die Debitorenbuchhaltung, und die sich anschließenden statistischen Auswertungen nicht (wie bei der EDV) in einem einzigen maschinellen Ablauf durchgeführt werden, sondern erfordern eine Reihe getrennter Maschinendurchläufe. Einer wiederholten Auswertung der Lochkarten müssen immer zusätzliche Sortier- und Gruppierungsläufe vorangehen.

Auch können Lochkartenmaschinen keine logischen Alternativentscheidungen treffen. Der Anschluß elektronisch arbeitender Rechengeräte (elektronische Rechenlocher oder Rechenstanzer) verleiht den Abläufen zwar einen höheren Mechanisierungsgrad, um eine Automatisierung der Arbeit handelt es sich jedoch nicht, weil es nicht möglich ist, geschlossene und umfassendere Arbeitsgebiete selbsttätig und kontrolliert ablaufen zu lassen. Der Mensch überwacht und steuert nach wie vor den maschinellen Prozeß und überbrückt die manuellen Stufen zwischen den einzelnen maschinellen Arbeitsoperationen. Der Einsatzbereich herkömmlicher Lochkartensysteme ist im allgemeinen auf Teilgebiete des betrieblichen Rechnungswesens, insbesondere auf die rechnerische und statistische Auswertung von Geschäftsvorfällen, beschränkt. Die Verbesserung der Leistung und die Senkung der Preise bei elektronischen Datenverarbeitungsanlagen haben in den letzten Jahren dazu beigetragen, daß neue Lochkartensysteme kaum noch eingesetzt werden.

Bild 5 zeigt das Beispiel einer maschinellen Datenverarbeitung auf einer herkömmlichen Lochkartenanlage. Es handelt sich um eine Auftragsbearbeitung mit anschließender Rechnungsschreibung. Die Verarbeitung erfordert drei Läufe auf der Tabelliermaschine. Der tägliche Ablauf beginnt mit dem Lochen und Prüfen der eingehenden Aufträge (1): Die Auftragsdaten werden in Lochkarten übertragen. Es folgt die lochkartenmaschinelle Sortierung der Karten nach der Kunden-Nr. (2) und, daran anschließend, das Zusammenmischen mit den Kundenstammkarten (3). Die Kundenstammkarten enthalten alle festen Angaben der Kunden, insbesondere Name und Anschrift. Sie können immer wieder verwendet werden, solange sich die Kundendaten nicht ändern. Der Mischgang ergibt die paarigen Karten (Auftragskarten mit dazugehöriger Stammkarte) und die unpaarigen Auftragskarten (ohne Kundenstammkarte) sowie die nichtbewegten Kundenstammkarten (von Kunden, die keinen Auftrag erteilt haben). Dem Mischgang schließt sich die Rechnungsschreibung auf der Tabelliermaschine (Tab) mit angeschlossenem Rechenlocher an (4), bei der je Kunde eine Rechnung und die Versandpapiere (Packzettel, Lieferschein, evtl. Paketaufkleber) geschrieben und vom Rechenlocher eine Debitorenkarte (für die spätere Debitorenbuchhaltung) gestanzt werden. Die Debitorenkarte wird über den Lochschriftübersetzer (LSÜ) beschriftet (5) und an die Debitorenbuchhaltung weitergegeben. Eine Sortiermaschine trennt die Auftrags- von den Kundenstammkarten (6), die dann wieder mit den nicht bewegten Kundenstammkarten zusammengemischt werden (7).

Die Auftragskarten werden gesammelt und für die monatlichen Auswertungen nach Artikeln und Gebieten bereitgestellt. Der monatliche Durchlauf beginnt mit der Umsortierung der Auftragskarten nach Artikel-Nr., weil die Karten immer in einer bestimmten, z.B. aufsteigenden, Reihenfolge liegen müssen (8). Da die Statistiken über alle Monate eines Kalenderjahres hinweg geführt werden sollen, sind die monatlichen Bestandsdaten (von

Januar bis zum aufgelaufenen Monat) aufzubewahren und im nächsten Monat mit einzugeben. Aus diesem Grunde werden die Artikel-Vortragskarten den Auftragskarten hinzugemischt (9). Auch bei diesem Mischgang kann es

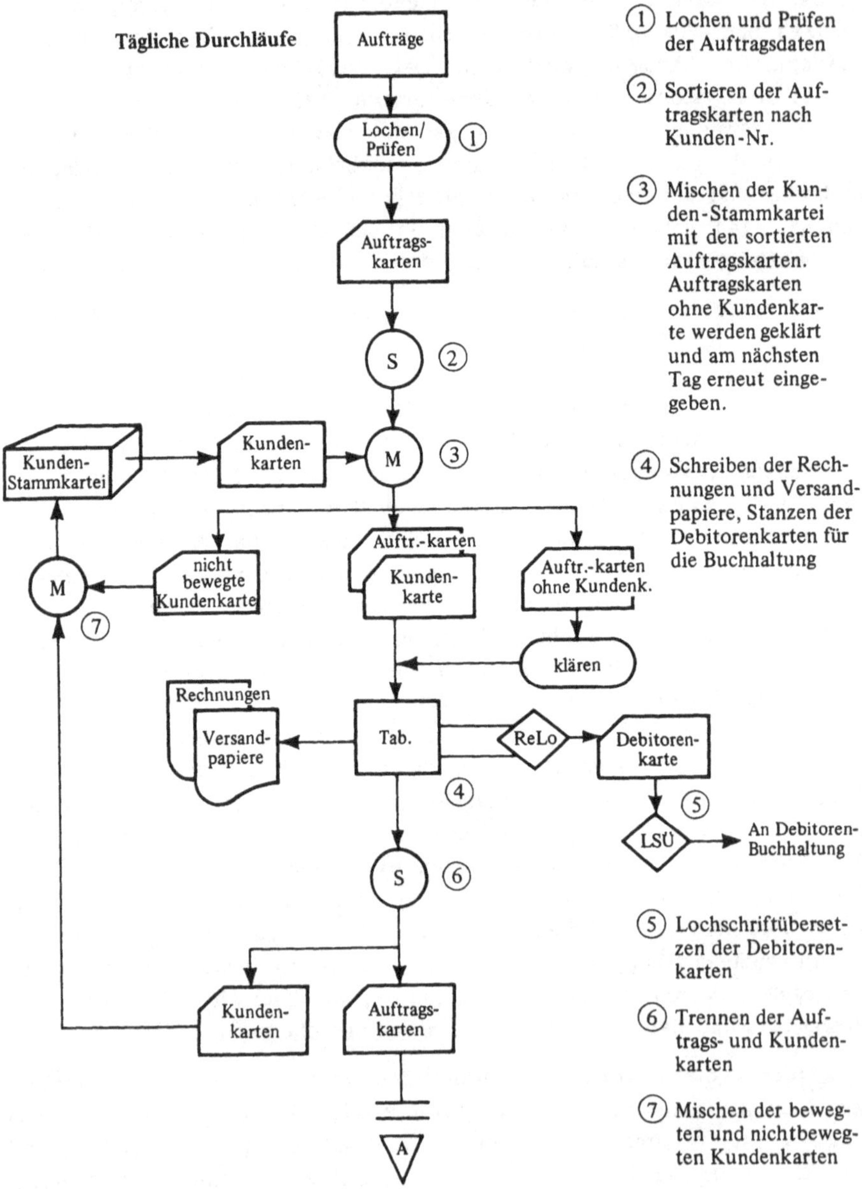

Bild 5: Auftragsbearbeitung und Fakturierung auf einer herkömmlichen Lochkartenanlage

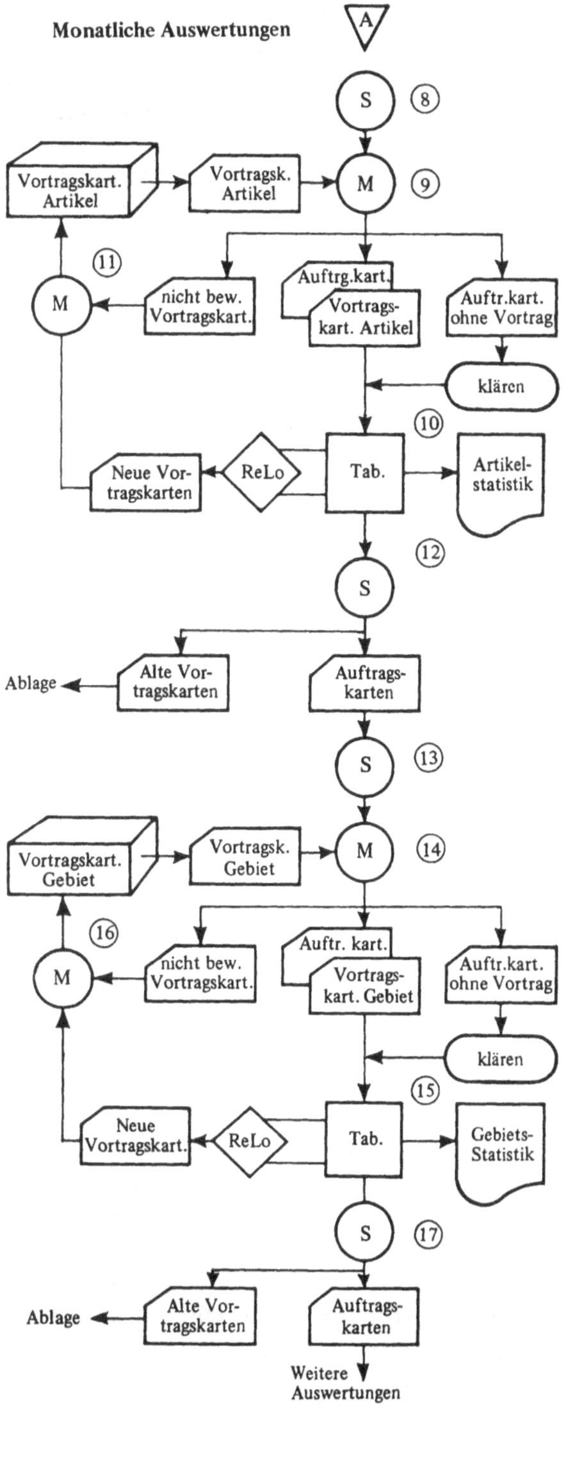

(8) Sortieren der Auftragskarten nach Artikel-Nummer

(9) Mischen der Artikel-Vortragskarten mit den sortierten Auftragskarten

(10) Schreiben der Artikelstatistik und Stanzen neuer Artikel-Vortragskarten

(11) Mischen der nicht bewegten mit den neuen Artikel-Vortragskarten

(12) Trennen der Auftrags- und der alten Artikel-Vortragskarten

(13) Sortieren der Auftragskarten nach Verkaufsgebieten

(14) Mischen der Gebietsvortragskarten mit den sortierten Auftragskarten

(15) Schreiben der Gebietsstatistik und Stanzen neuer Gebiets-Vortragskarten

(16) Mischen der nicht bewegten mit den neuen Gebiets-Vortragskarten

(17) Trennen der Auftrags- und der alten Gebiets-Vortragskarten

Bild 5: (Fortsetzung)

wiederum die drei Fälle, paarige Karten, Auftrags- ohne Vortragskarten und nicht bewegte Vortragskarten, geben, die genauso wie im ersten Durchlauf zu behandeln sind. Die Tabelliermaschine schreibt die Artikelstatistik; der angeschlossene Rechenlocher stanzt die neuen Artikel-Vortragskarten, die jetzt die neuen Werte einschließlich des ausgewerteten Monats enthalten (10). Der zweite Auswertungslauf endet mit der Trennung von Auftrags- und alten Vortragskarten, wobei die letzteren abgelegt oder vernichtet werden können (12).

Auch der letzte Auswertungslauf beginnt wieder mit dem Sortieren der Auftragskarten (13): Sie werden jetzt nach Gebietsnummern (= Verkaufsgebiete) sortiert. Das Einmischen der Vortragskarten geschieht auf dieselbe Weise (14), desgleichen der sich anschließende Bearbeitungslauf auf Tabelliermaschine und Rechenlocher (15), das Einmischen der gewonnenen neuen Gebiets-Vortragskarten (16) und das Trennen der Auftrags- und der alten Gebiets-Vortragskarten (17). Die alten Vortragskarten können wieder abgelegt oder vernichtet, die Auftragskarten müssen für weitere mögliche Auswertungsläufe bereitgestellt werden.

Eine Analyse der Auftragsbearbeitung mit einer herkömmlichen Lochkartenanlage zeigt die Eigentümlichkeit dieser Form der maschinellen Datenverarbeitung: Jeder Auswertungslauf beginnt mit der Sortierung der Daten. Es müssen die Stammkarten und die Bestandskarten vorgemischt werden, bevor die Verarbeitung beginnen kann. Nach der Verarbeitung sind dann die Stamm- bzw. Bestandskarten wieder von den Bewegungskarten zu trennen. Für die Gewinnung der neuen Bestandskarten ist eine besondere Maschine (der Rechenlocher oder Rechenstanzer) erforderlich. Außerdem müssen die neuen Bestandskarten in den unbewegten Bestand eingemischt werden.

2.22 *Automatisierung mit elektronischen Datenverarbeitungsanlagen*

2.221 Der Einsatz elektronischer Datenverarbeitungsanlagen ohne externe Speicher

Der Unterschied zwischen einer herkömmlichen Lochkartenanlage und einem elektronischen Datenverarbeitungssystem ist beträchtlich. Abgesehen von den elektronischen Bauelementen, dem internen Schnellspeicher und einer flexiblen Steuerung über Programm, läßt sich die Leistungsfähigkeit, vor allem bei der Ein- und Ausgabe der Daten, kaum noch vergleichen. Gegenüber herkömmlichen Lochkartenmaschinen können die Anzahl der maschinellen Durchläufe verringert und die Arbeiten automatisch gesteuert und kontrolliert werden.

Vergleicht man jedoch den maschinellen Arbeitsablauf auf einer Lochkartenanlage mit dem einer EDV-Anlage, die nicht über externe Speicher (wie Magnetbandgeräte oder Magnetplattenspeicher) verfügt, so wird man feststellen, daß bei beiden Systemen nach wie vor manuelle Arbeiten und lochkartenmaschinelle Vor- und Nacharbeiten (Sortieren, Mischen, Duplizieren, Trennen) erforderlich sind. Ein Vergleich der Arbeitsabläufe (Bilder 5 und 6) zeigt sogar einen recht geringen Unterschied. In dem in Bild 6 dargestellten Beispiel übernimmt die elektronische Anlage die Verarbeitungsgänge von Tabelliermaschine und Rechenlocher. Da das Lochkartenlesegerät einer EDV-Anlage im allgemeinen mehrere Ablagefächer zur Aussteuerung von Lochkarten besitzt, kann auf einen gesonderten Trenngang unterschiedlicher Kartenarten nach der Bearbeitung verzichtet werden. Nach wie vor sind jedoch bei elektronischen Systemen auf reiner Lochkartenbasis vor jedem Bearbeitungslauf Gruppierungsläufe (Sortieren und Mischen) erforderlich.

Der Unterschied zum herkömmlichen Lochkartenverfahren liegt mehr in der Geschwindigkeit, Sicherheit und Anpassungsfähigkeit der EDV-Anlagen. Außerdem können Arbeitsgebiete (als Beispiel dient die Lohnsteuererrechnung) auf einer elektronischen Anlage in einem Durchlauf bearbeitet werden, für die meist mehrere Bearbeitungsläufe auf einer Tabelliermaschine notwendig sind.

2.222 Der Einsatz elektronischer Datenverarbeitungsanlagen mit Magnetbandgeräten

Auch EDV-Anlagen mit Magnetbandgeräten verwenden meist Lochkarten. Jedoch werden nur die Bewegungsdaten (= neue Geschäftsvorfälle) in Lochkarten übertragen und über Lochkarten in die Anlage eingegeben. Alle Stamm- und Bestandsdaten sind auf Magnetbändern gespeichert und werden von dort mit hoher Geschwindigkeit in die Recheneinheit übertragen. Auch alle neuen Bestands- und Vortragsdaten schreibt die Anlage wieder auf Magnetbänder. Durch den Wegfall aller lochkartenmaschinellen Misch- und Sortiergänge werden die Durchlaufzeiten beträchtlich vermindert, die Sicherheit der Datenverarbeitung erhöht und die manuellen Arbeiten auf ein Mindestmaß begrenzt. Da die auf Magnetband geschriebenen Daten aber nur (wie bei einem Lochkartenpaket) in der Reihenfolge, in der sie gespeichert sind, angesprochen werden können, nicht dagegen - wie bei anderen magnetischen Speichern - beliebig (wahlfrei), ist die Umsortierung der Daten ebenfalls vor jeder erneuten Auswertung erforderlich. Der Sortiervorgang findet jedoch nicht mehr getrennt auf einer Lochkartensortiermaschine, sondern mit Hilfe eines maschineninternen Sortiermischverfahrens statt. Die Lochkarten selbst werden nur vor der ersten Bearbeitung in die Anlage eingegeben; für alle weiteren Durchläufe benutzt die Anlage dann die auf Band gespeicherten Ausgangsdaten. Da die meisten (mittelgroßen) elektronischen Anlagen nur mit vier bis sechs Magnetbandeinheiten ausgerüstet sind, müssen die Magnetbänder innerhalb

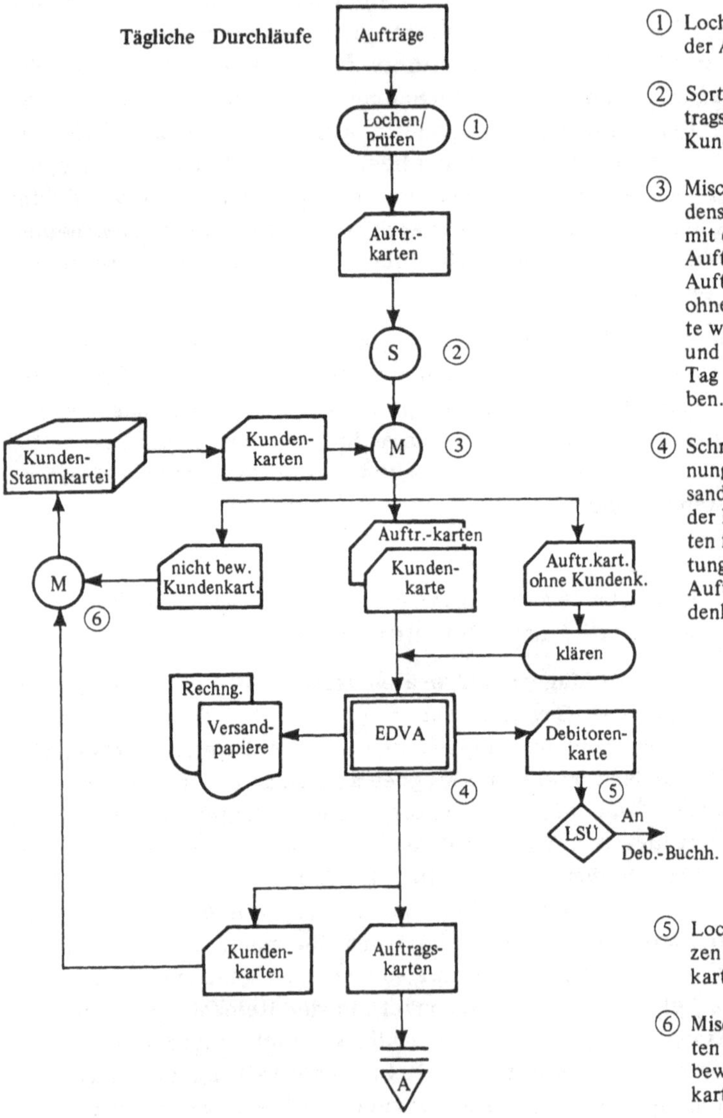

① Lochen und Prüfen der Auftragsdaten

② Sortieren der Auftragskarten nach Kunden-Nr.

③ Mischen der Kundenstammkartei mit den sortierten Auftragskarten. Auftragskarten ohne Kundenkarte werden geklärt und am nächsten Tag neu eingegeben.

④ Schreiben der Rechnungen und Versandpapiere. Stanzen der Debitorenkarten für die Buchhaltung. Trennung der Auftrags- und Kundenkarten.

⑤ Lochschriftübersetzen der Debitorenkarten.

⑥ Mischen der bewegten und der nicht bewegten Kundenkarten.

Bild 6: Auftragsbearbeitung und Fakturierung auf einer EDV-Anlage ohne externe Zusatzspeicher

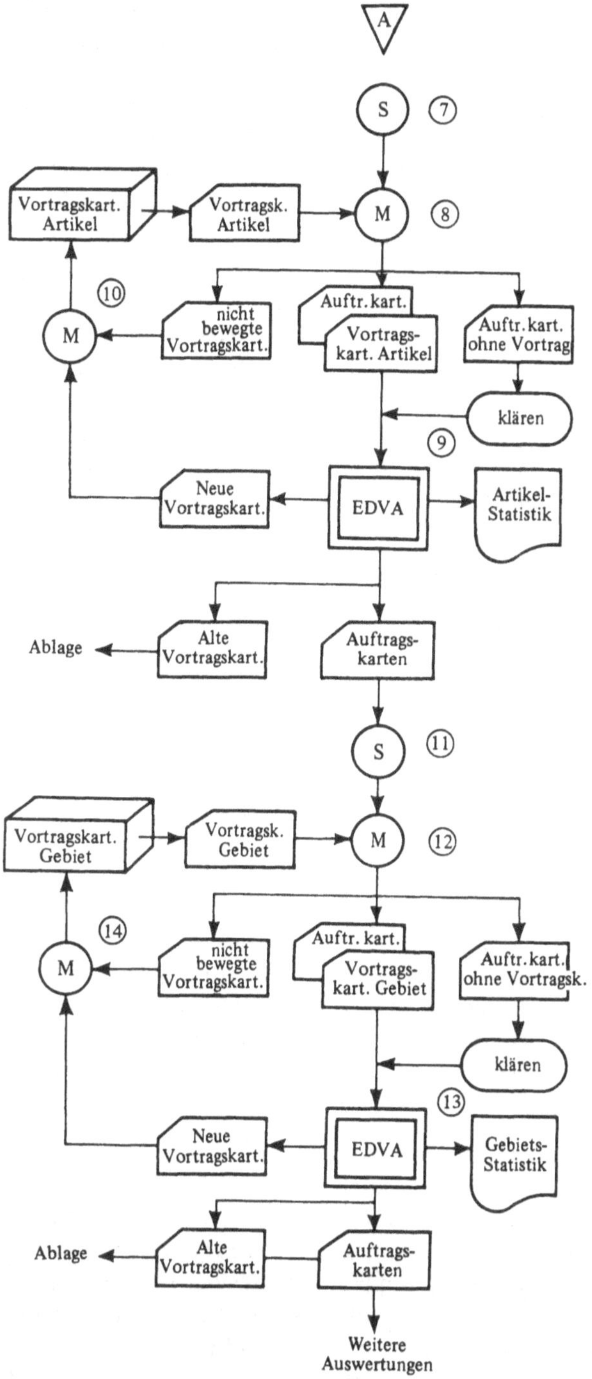

⑦ Sortieren der Auftragskarten nach Artikel-Nummer

⑧ Mischen der Artikel-Vortragskarten mit den sortierten Auftragskarten

⑨ Schreiben der Artikelstatistik und Stanzen neuer Artikel-Vortragskarten. Trennen der Auftrags- und der alten Artikel-Vortragskarten

⑩ Mischen der nicht bewegten und der neuen Artikel-Vortragskarten

⑪ Sortieren der Auftragskarten nach Verkaufsgebieten

⑫ Mischen der Gebietsvortragskarten mit den sortierten Auftragskarten

⑬ Schreiben der Gebietsstatistik und Stanzen neuer Gebiets-Vortragskarten. Trennen der Auftrags- und der alten Gebietsvortragskarten

⑭ Mischen der nicht bewegten mit den neuen Gebiets-Vortragskarten.

Bild 6: (Fortsetzung)

eines größeren Arbeitsgebietes in der Regel vom Bediener ausgewechselt werden, ein Vorgang, der aber nur wenig Zeit in Anspruch nimmt.

Die gleiche Auftragsbearbeitung mit Hilfe einer elektronischen Anlage, die mit vier Magnetbandgeräten ausgerüstet ist, zeigt Bild 7. Für jede Bearbeitung ist ein maschineller Durchlauf erforderlich, in dem die Daten über Magnetbänder sortiert, nach der Sortierung bearbeitet und die Ergebnisse der Verarbeitung anschließend über den Schnelldrucker in Klarschrift und - für eine spätere maschinelle Weiterverarbeitung - auf Magnetbänder ausgegeben werden. Wie bereits angedeutet, muß der Bediener nach der Sortierung die für die Sortierung benötigten Zwischenbänder austauschen und durch die Stamm- bzw. Bestandsbänder ersetzen. Im ersten Durchlauf (= Rechnungsschreibung) sind die Auftragskarten in das Eingabemagazin des Lesegerätes zu legen und vier freie Magnetbänder einzuspannen. Es beginnt die Sortierung, nach deren Abschluß die Auftragssätze, in aufsteigender Reihenfolge nach Kunden-Nummern, auf dem Sortier-Ausgabeband stehen. Jetzt ersetzt der Bediener eines der Zwischenbänder durch das Kundenstammband, das die Kundenstammdaten enthält. Die Maschine liest die Kundenstammdaten und die Auftragsdaten (beide müssen die gleiche Sortierfolge haben!) und verarbeitet sie Datensatz nach Datensatz. Gleichzeitig schreibt sie die Debitorensätze auf ein Band, ebenfalls je Kunde ein Datensatz.

Bei der monatlichen Artikelstatistik nimmt der Bediener das Band mit den Auftragsdaten der täglichen Auftragsbearbeitung (nach Kundennummern sortiert), zusammen mit drei freien Zwischenbändern für die Sortierung. Hierbei wird unterstellt, daß alle Auftragsdaten eines Monats bereits auf einem einzigen Auftragsband gesammelt sind. Die Auftragssätze werden jetzt nach Artikelnummern umsortiert und stehen nach der Sortierung in aufsteigender Reihenfolge auf dem Sortier-Ausgabeband. Aus der Magnetbandbibliothek kommt das Band mit den Artikel-Vortragssätzen des Vormonats hinzu. Von beiden Bändern liest die Maschine und verarbeitet Datensatz nach Datensatz. Dabei schreibt sie die neuen Artikel-Vortragssätze wiederum auf Magnetband. Der Ablauf der Gebietsstatistik erfolgt in der gleichen Weise wie bei der Artikelstatistik. Auch hier müssen die Auftragssätze in einem Sortiervorlauf nach Gebietsmerkmalen umsortiert werden.

Die elektronische Datenverarbeitung mit Magnetbändern ist dadurch gekennzeichnet, daß getrennte lochkartenmaschinelle Sortier- und Mischläufe nicht mehr erforderlich sind. Nach wie vor müssen die Datensätze aber vor der Verarbeitung sortiert sein, weil die auf Magnetband gespeicherten Daten nicht wahlfrei ansprechbar sind, sondern - wie bei einem Lochkartenstapel - immer nur in der gewählten Reihenfolge verarbeitet

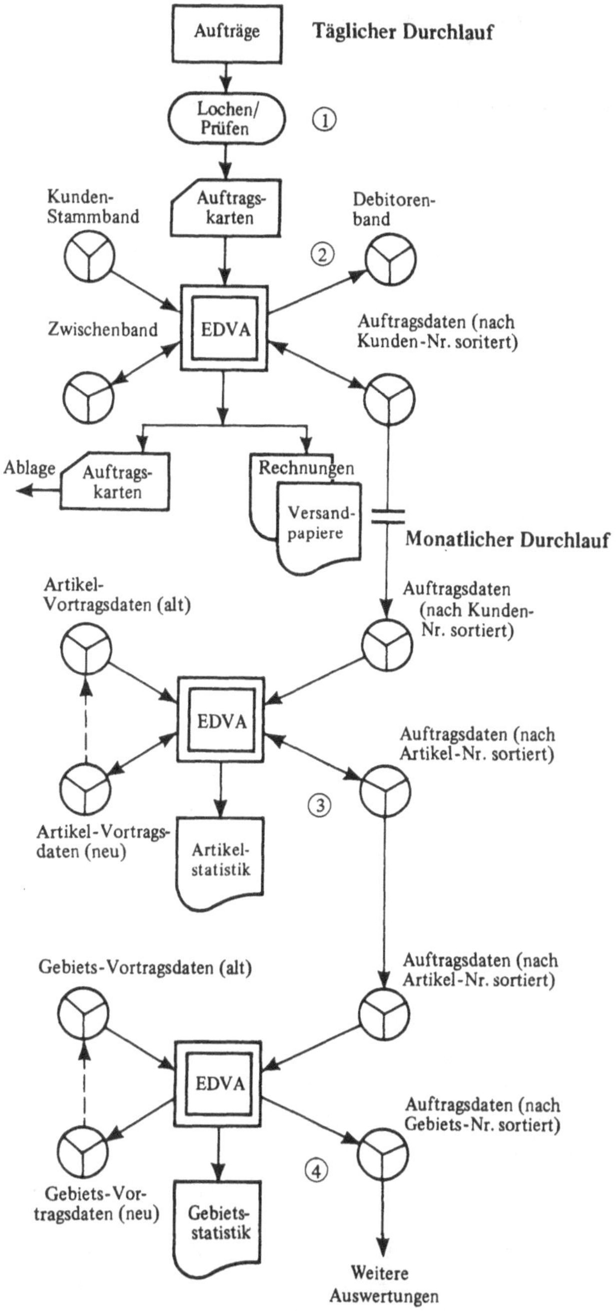

① Lochen und Prüfen der Auftragsdaten

② Internes Bandsortieren der Auftragsdaten nach Kunden Nr. und Drukken der Rechnungen und Versandpapiere

③ Internes Bandsortieren der Auftragsdaten nach Artikel-Nr. Drucken der Artikelstatistik und Schreiben der neuen Artikelvorträge auf Magnetband

④ Internes Bandsortieren der Auftragsdaten nach Gebiets-Nr. Drucken der Gebietsstatistik und Schreiben der neuen Gebietsvorträge auf Magnetband

Bild 7: Auftragsbearbeitung und Fakturierung auf einer EDV-Anlage mit Magnetbandgeräten

werden können. Ein ständiges Vor- und Zurücklaufen des Bandes während der Verarbeitung der Datensätze ist nicht möglich.

2.223 Der Einsatz elektronischer Datenverarbeitungsanlagen mit Magnetplattenspeichern

Erst der Einsatz einer elektronischen Anlage, die mit Magnetplattenspeichern ausgerüstet ist (dasselbe gilt für die Ausrüstung mit Magnettrommeln-, Magnetkarten- und Magnetstreifenspeichern), schafft die technischen Voraussetzungen für eine Automatisierung der Datenverarbeitung. Der wahlfreie, beliebige Zugriff zu einer großen Datenmenge ermöglicht die sofortige und gleichzeitige Bearbeitung der Daten nach verschiedenen Merkmalen. Eine Vor- und Umsortierung der Datensätze ist nicht mehr erforderlich, weil jeder gespeicherte Datensatz ohne besonderen Suchvorgang und ohne eine bestimmte Reihenfolge einhalten zu müssen, ansprechbar ist. Jeder Geschäftsvorfall kann sofort und gleichzeitig nach allen interessierenden Merkmalen bearbeitet und ausgewertet werden. Beispielsweise wird der Lagerbestand einer Artikelgruppe von der Magnetplatte in den internen Speicher der Zentraleinheit übertragen, die Lagerbewegungen (die über Lochkarten eingelesen werden) werden darauf verbucht, und der neue Bestand wird sofort wieder auf denselben Speicherplatz der Magnetplatte zurücktransportiert. Alle Stamm- und Bestandsdaten (Kunden- und Lieferantenadressen, Lohn- und Vertreterstammdaten, Lagerbestände und statistische Angaben) werden ständig auf Magnetplatten aufbewahrt, während man der Anlage nur die sich von Fall zu Fall ändernden Geschäftsvorfälle (Aufträge, Lagerbewegungen, Zahlungsein- und -ausgänge, Produktionsmeldungen, Lohnaufschreibungen und andere) zuführt. Auch alle Zwischen- und Endergebnisse der Verarbeitung bleiben - soweit sie nicht von aktuellem Interesse sind - innerhalb des maschinellen Systems gespeichert.

Bild 8 zeigt die Verminderung der bisherigen Maschinendurchläufe auf einen einzigen Arbeitsgang. Die Auftragsdaten werden nach wie vor über Lochkarten in die EDV-Anlage eingegeben, eine Vorsortierung der Auftragssätze ist jedoch nicht mehr notwendig. Bei jeder Auftragskarte holt sich die Maschine die, der Kunden-, Artikel- und der Gebietsnummer entsprechenden, Datensätze von den Magnetplatten, ergänzt sie um die neuen Daten und stellt die Ergebnisse für die Druckausgabe - ebenfalls auf Magnetplatten - bereit. Sowie der eigentliche Verarbeitungsgang beendet ist, druckt die Anlage die Rechnungen und Versandpapiere und, im Anschluß daran, die Artikelstatistik und schließlich die Verkaufsstatistik nach Gebieten. Da in unserem Beispiel nur ein einziger Schnelldrucker an der Anlage angeschlossen ist, muß die Maschine nach jeder Druckarbeit stoppen, damit der Bediener das Druckpapier auswechseln kann.

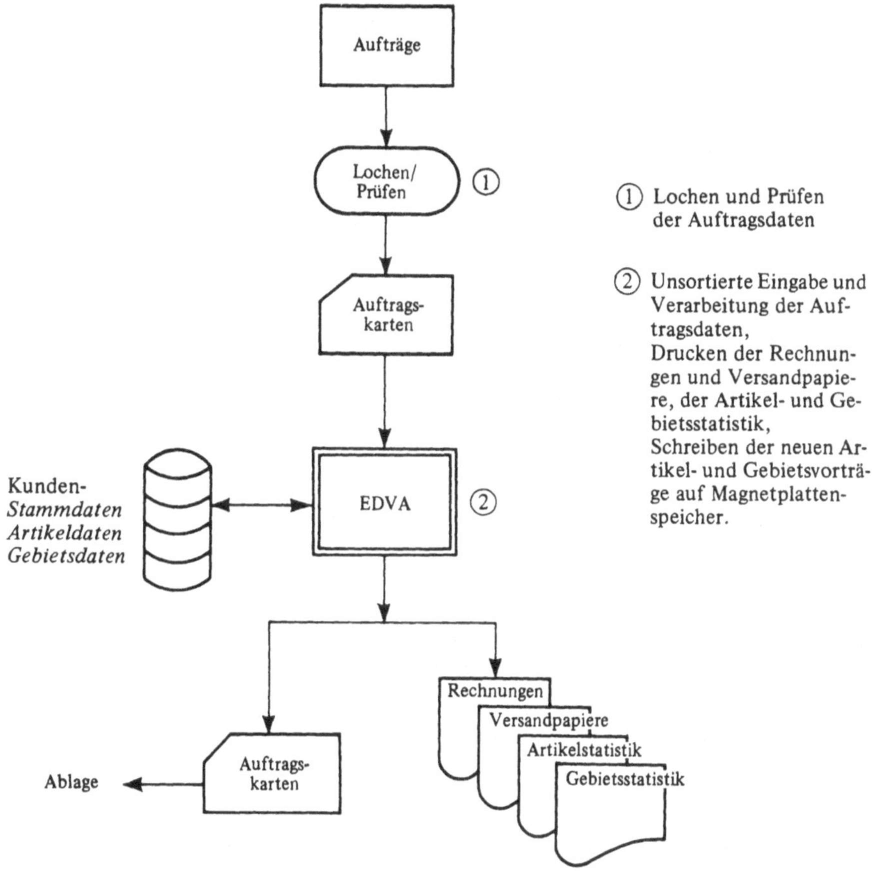

Bild 8: Auftragsbearbeitung und Fakturierung auf einer EDV-Anlage mit Magnetplattenspeicher

Die elektronische Datenverarbeitung mit externen Großraumspeichern ist dadurch gekennzeichnet, daß eine große Datenmenge wahlfrei, d.h. ohne Suchvorgang und in beliebiger Reihenfolge, ansprechbar ist. Diese Stufe der maschinellen Datenverarbeitung ermöglicht die gleichzeitige Bearbeitung und Auswertung der Daten nach allen interessierenden Merkmalen. Eine Vor- und Umsortierung der Datensätze ist nicht mehr erforderlich.

3. *Entwicklung und Grundlagen der elektronischen Datenverarbeitungstechnik*

3.1 Von der Staffelwalze zum Computer

Die geschichtliche Entwicklung, die zum Bau der gegenwärtigen elektronischen Datenverarbeitungsanlagen geführt hat, kann in drei Zeitabschnitte unterteilt werden:
In die erste Periode (von 1640 - 1850) fällt die Erfindung der handgetriebenen mechanischen Rechenmaschinen und die Darstellung des binären Zahlensystems. Es sind außerdem erste Gedanken und Pläne für eine Programmsteuerung und Datenspeicherung zu erkennen.

Die zweite Periode umfaßt den Zeitraum von etwa 1880 - 1930. In dieser Zeit entstehen die bekannten herkömmlichen Lochkartenmaschinen auf mechanischer und elektrischer Grundlage, auch Hollerithmaschinen genannt. Darüber hinaus werden die mechanischen Rechenmaschinen verbessert, ihre Bedienung vereinfacht und ihre Geschwindigkeit durch elektrischen Antrieb erhöht.

Die Entwicklung vom elektromechanischen Relaisrechner bis zur modernen elektronischen Datenverarbeitungsanlage behandelt die dritte Periode, die etwa 1930 beginnt und noch andauert. Dieser Fortschritt verläuft in den europäischen Ländern parallel zu den Vereinigten Staaten.

3.11 *Erste Periode: Mechanische Rechenmaschinen*

Dem achtzehnjährigen Franzosen BLAISE PASCAL wurde bislang der Bau der ersten, wirklich arbeitenden, Rechenmaschine im Jahre 1641 zugeschrieben, die allerdings nur addieren konnte. Durch neuere Forschungen ist bekannt geworden, daß der Deutsche WILHELM SCHICKARD (1592 - 1635) schon 1623, im Geburtsjahre PASCALS, in Tübingen eine Rechenmaschine gebaut hat, die Additionen und Subtraktionen durchführte und eine einwandfreie Zehnerübertragung über sechs Stellen gewährleistete. Es war sogar möglich, mit Hilfe einer verstellbaren Einmaleinstafel, zu multiplizieren und zu dividieren. Anhand von Briefen und Skizzen gelang es, 1960 ein Modell nachzubauen, das diese Angaben bestätigt. Eines dieser Modelle steht heute im Tübinger Rathaus.

Von dem deutschen Philosophen und Mathematiker G.W. LEIBNIZ stammt die Staffelwalze (1671), die zur Grundlage für die Entwicklung der ersten Rechenmaschine durch den Deutschen PH.M. HAHN (1770) wurde und die in der Lage war, ohne Hilfsmittel zu addieren, zu subtrahieren, zu multiplizieren und zu dividieren. Die Rechenmaschine von LEIBNIZ enthielt für jede Dezimalstelle ein Zählrad. Dieses Zählrad wurde bei der Addition von Ziffern um die entsprechende Anzahl von Einheiten bewegt. Ging das Ergebnis der Addition über 9 hinaus, so erfolgte eine Zehnerübertragung auf das nächst höhere Zählrad. Zählräder blieben seitdem die Grundelemente mechanischer Rechenmaschinen. Bild 9 zeigt die Rechenmaschine von BLAISE PASCAL, in Bild 10 ist die Addition mit Hilfe eines Zählrades zu sehen.

Bild 9: Additionsmaschine von BLAISE PASCAL

LEIBNIZ wies zur gleichen Zeit nach, daß es außer dem gebräuchlichen Dezimalsystem auch noch andere Zahlensysteme gibt. Das technisch einfachste ist das binäre Zahlensystem, das statt auf den Ziffern 0 bis 9 nur auf den beiden Zahlen 0 und 1 beruht. Da das binäre Zahlensystem eine wichtige Grundlage der elektronischen Rechentechnik bildet, ist es erforderlich, in einem getrennten Abschnitt auf seine Darstellung und Anwendung einzugehen.

Die Erfindung der Programmsteuerung von Rechenmaschinen wird dem Engländer CHARLES BABBAGE zugeschrieben. Bereits 1804

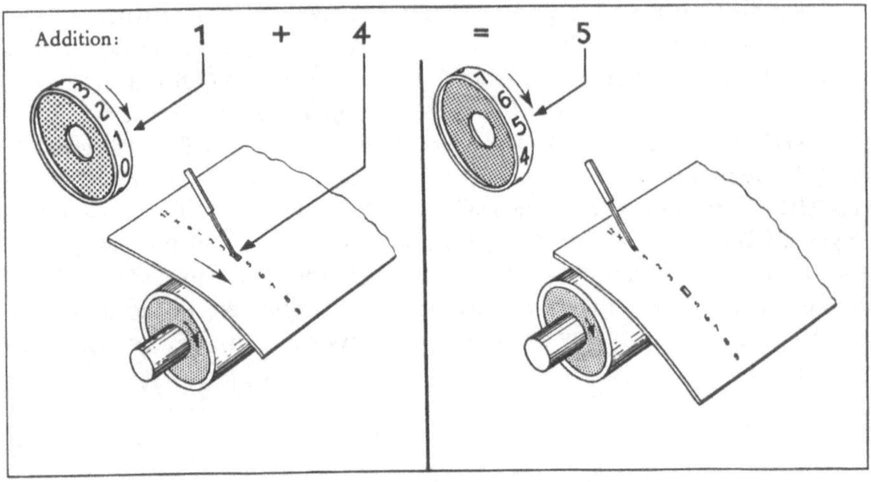

Bild 10: Addition mit Hilfe eines Zählrades (Werkbild IBM)

steuerte der Franzose JACQUARD seine Webstühle mit Hilfe aneinandergereihter Lochkarten. BABBAGE griff diese Idee auf, verbesserte 1848 seine im Jahre 1821 gebaute Rechenmaschine und beschäftigte sich mit dem Plan, eine Maschine zu bauen, die nicht nur nach einem vorgegebenen Programm arbeitete, sondern auch bereits eintausend Ziffern aufbewahren konnte. Aber sowohl die Programmsteuerung als auch die Möglichkeit, eine größere Anzahl von Daten zu speichern, lassen sich bei mechanischen Rechenmaschinen nur schwer verwirklichen. Die Aneinanderreihung von Programmschritten und die Speicherung von Daten wurden deshalb erst bei Verwendung elektrischer und elektronischer Elemente möglich. Die Idee jedoch, Rechenoperationen, Programmsteuerung und Datenspeicherung in einer Maschine zu kombinieren, muß auf BABBAGE zurückgeführt werden.

3.12 *Zweite Periode: Herkömmliche Lochkartenmaschinen*

Die Ausgangsidee, mit Hilfe von Löchern einen lesbaren Beleg für die maschinelle Auswertung zu schaffen, stammt von HERMANN HOLLERITH. Sein Vater, ein Deutscher, wanderte mit seiner Familie nach Amerika aus, wo Hermann Hollerith 1860 in Buffalo geboren wurde. Bereits mit neunzehn Jahren besaß er das Diplom eines Bergwerksingenieurs. 1880 arbeitete er an der Vorbereitung und Durchführung der 10. amerikanischen Volkszählung mit. Die aufwendige und eintönige Arbeit bei der Auswertung, hervorgerufen durch die Notwendigkeit, jeden Zählbeleg mehrmals auszuwerten (für die Zählung nach Wohnort, Geschlecht, Arbeitsort, Anzahl der Kinder, den Wohnverhältnissen usw.) brachte ihn auf den Gedanken, eine Zählmaschine zu bauen. Ausgang der maschinellen Auswertung mußte ein Beleg sein, den eine Maschine "lesen" konnte. Dazu bot sich die "Lochkarte" an, mit der Jacquard bereits seine Webstühle steuerte.

Schon bei der 11. amerikanischen Volkszählung, im Jahre 1890, bestanden die ersten Hollerithmaschinen ihre Bewährungsprobe. Die Auswertung durch diese Maschinen war achtmal schneller als die Zählmethode von Hand. Die bisher verwendeten Zählblätter wurden durch Zählkarten ersetzt. Die Zählkarte (zusammen mit dem Zählblatt in Bild 11 dargestellt) nahm die einzelnen Begriffe der Volkszählung in Form runder Löcher auf. Zum

ALTER	STAND	BERUF	RELIGION
bis 5 Jahre	ledig	Industrie-Arbeiter ✓	prot. ✓
6-10 J.	verheir. ✓	Land-Arbeiter	kath.
11-20 J.	gesch.	Kaufm. Angest.	jüd.
21-30 J.	Zahl der Kinder	Leitend. kaufm.Ang.	andere
31-40 J.	1 Kind	Staats-dienst	Mtl. Eink.
41-50 J. ✓	2 Kinder	Freier Beruf	bis 100 $ ✓
51-60 J.	3 Kinder ✓	andere Berufe	bis 200 $
61-70 J.	4 Kinder	Bürger-Recht	bis 500 $
71-80 J.	5 Kinder	ja ✓	über 500 $
über 80 Jahre	mehr Kinder	nein	

ALTER	STAND	BERUF	RELIGION
bis 5 Jahre	ledig	Industrie-Arbeiter ●	prot. ●
6-10 J.	verheir. ●	Land.-Arbeiter	kath.
11-20 J.	gesch.	Kaufm. Angest.	jüd.
21-30 J.	Zahl der Kinder	Leitend. kaufm.Ang.	andere
31-40 J.	1 Kind	Staats-dienst	Mtl. Eink
41-50 J. ●	2 Kinder	Freier Beruf	bis 100 $ ●
51-60 J.	3 Kinder ●	andere Berufe	bis 200 $
61-70 J.	4 Kinder	Bürger-Recht	bis 500 $
71-80 J.	5 Kinder	ja ●	über 500 $
über 80 Jahre	mehr Kinder	nein	

Bild 11: An die Stelle des mit Häkchen versehenen Zählblattes tritt die gelochte Zählkarte (Werkbild IBM)

Lochen der Zählkarte diente der Einstempel-Locher (Bild 12). Die Löcher steuerten dann beim Abfühlen bestimmte Zähler der Zählmaschine, die in Bild 18 zu sehen ist. Hollerith bediente sich der Möglichkeit "Loch oder kein Loch", um damit auszudrücken, ob beispielsweise ein Mann auf dem Lande oder in der Stadt lebte, und ob er verheiratet oder ledig war. Die Lochungen in der Karte wurden durch Metallstifte abgefühlt. An den Stellen, die gelocht waren, traten die Metallstifte durch die Löcher und schlossen elektrische Kontakte. Die hierdurch entstandenen elektrischen Impulse

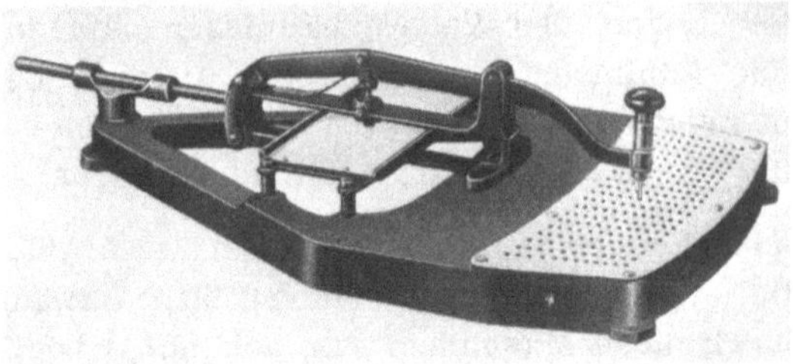

Bild 12:
Erster Locher (Einstempel-Locher) (Werkbild IBM)

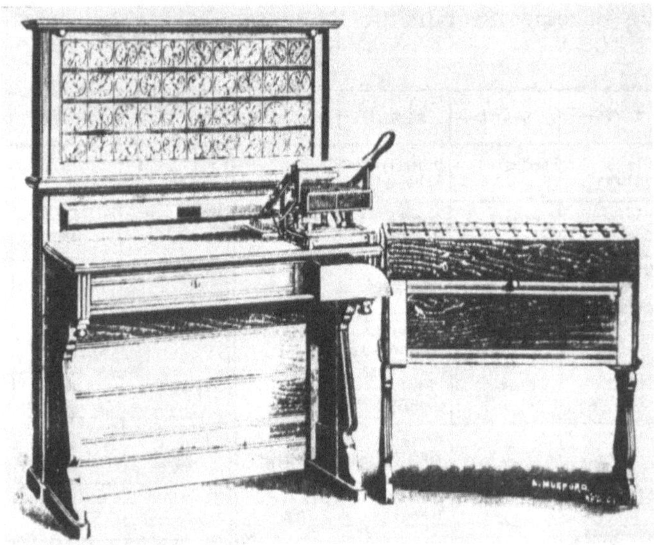

Bild 13: Erste elektrische Lochkartenapparatur mit Kontaktpresse, Zählwerken und Sortierkasten (Werkbild IBM)

erregten wiederum elektromagnetische Relais, die ihrerseits die Zähler betätigten. Das elektrische Prinzip des Hollerithverfahrens gilt auch heute noch bei Lochkartenmaschinen.

Zur Auswertung seiner Ideen gründete Hollerith 1896 die Tabulating Machine Company, aus der, nach dem Zusammenschluß mit anderen Unternehmen, die heutige International Business Machines Corporation (IBM) hervorging. Aus der Deutschen Hollerith-Maschinen-Gesellschaft mbH, die 1910 gegründet wurde, entstand nach dem Zweiten Weltkrieg die IBM Deutschland. Die erste Lochkartenabteilung in Deutschland errichteten die Farbenfabriken, vormals Fr. Bayer & Co., in Elberfeld. Bild 14 zeigt diese erste Lochkartenabteilung, Bild 15 eine Lochkarte für die Volkszählung von 1910.

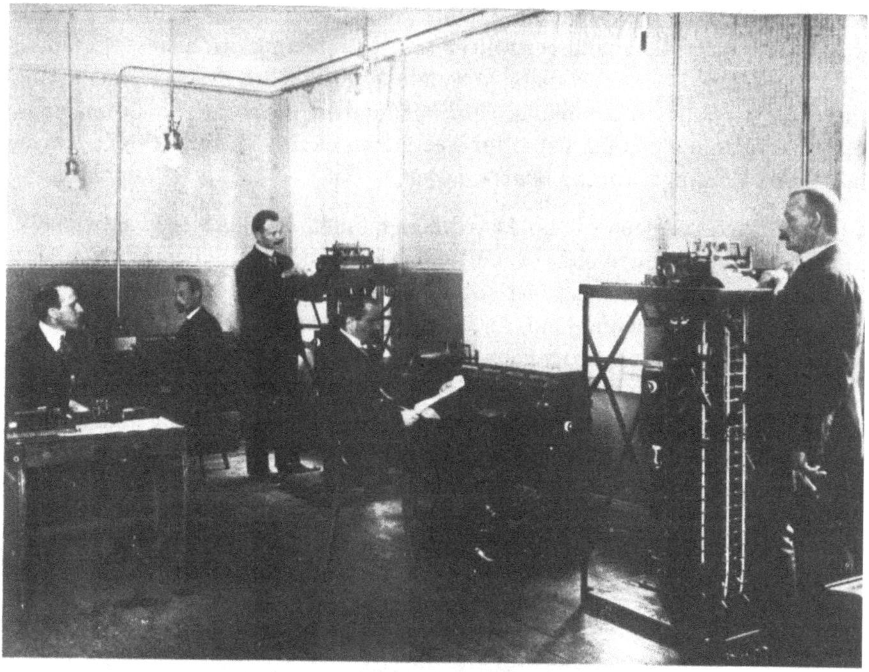

Bild 14: Erste Lochkartenabteilung in Deutschland (Werkbild IBM)

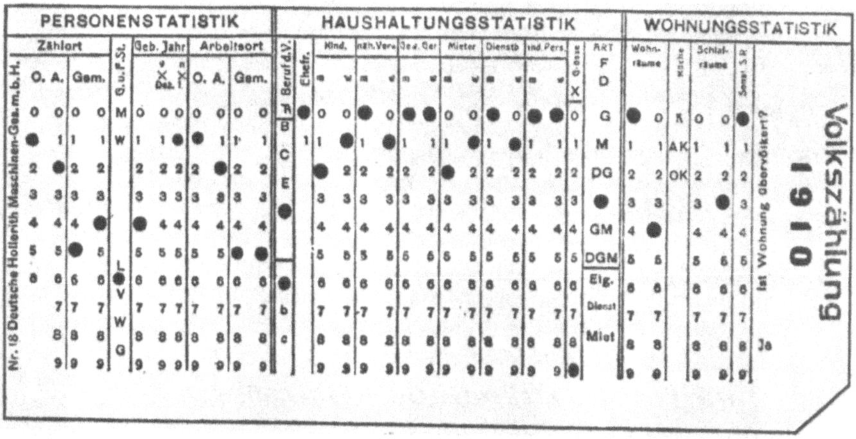

Bild 15: Erste deutsche Volkszählungskarte, 1910 (Werkbild IBM)

JAMES POWERS, ein Techniker und Arbeitskollege von HOLLERITH, baute das Lochkartenverfahren weiter aus und entwickelte neue Maschinen. Zur Auswertung seiner Patente gründete er 1911 die Powers Accounting Machine Company, die bereits 1912 die ersten horizontalen Sortiermaschinen und schreibenden Tabelliermaschinen baute. Powers Firma wurde später von Remington Rand übernommen.

In der Folgezeit wurden die Lochkartenmaschinen ständig weiterentwickelt. Rechnende und schreibende Tabelliermaschinen, der Schreiblocher, die Leitkammer als mechanisches Steuerungssystem, Saldiervorrichtungen an der Tabelliermaschine und Ergänzungsmaschinen, wie Kartenmischer, Lochkartenbeschrifter, Kartendoppler, Zeichenlocher und andere, sind die wichtigsten Namen und Stationen dieser Entwicklungsgeschichte. Ferner müssen die elektrische Schalttafelsteuerung und die Ausrüstung lochkartenmaschineller Rechengeräte mit elektronischen Elementen genannt werden. Bild 16 zeigt eine herkömmliche Lochkartenanlage.

Bild 16: BULL-Lochkartenanlage (Werkbild Bull)

3.13 *Dritte Periode: Elektronische Rechenanlagen*

Zur gleichen Zeit, da elektronische Elemente die mechanischen Zählräder in lochkartenmaschinellen Rechengeräten ablösten, wurden die ersten elektronischen Rechenanlagen, die man bis zu dieser Zeit nur für wissenschaftliche und militärische Zwecke verwendete, für kaufmännische

Aufgaben eingesetzt. Die unterschiedlichen Aufgaben wissenschaftlich-technischer und kaufmännischer Datenverarbeitung machten eine abweichende Ausrüstung der Rechenanlagen erforderlich. Wollte man diese Maschinen auch im kaufmännischen Bereich anwenden, mußte es möglich sein, eine große Anzahl Daten schnell, sicher und wirtschaftlich ein- und auszugeben. Dazu aber waren damals nur die bekannten Geräte und Maschinen der herkömmlichen Lochkartentechnik in der Lage. So wurden die ersten elektronischen Rechenanlagen für den Einsatz im kaufmännischen Büro und in der Verwaltung mit Lochkartenlese- und -stanzgeräten sowie mit Tabelliermaschinen ausgerüstet. Aus diesen Ein- und Ausgabegeräten entstanden später Lese- und Stanzgeräte sowie Schnelldrucker für elektronische Datenverarbeitungsanlagen mit wesentlich höherer Geschwindigkeit und automatischer Ein- bzw. Ausgabekontrolle. Die Kombination einer elektronischen Rechenanlage mit herkömmlichen Lochkartenmaschinen für die Datenein- und -ausgabe stellt jedoch lediglich einen Übergang zur elektronischen Datenverarbeitung dar. Maschinen dieser Art werden heute nicht mehr gebaut.

In Europa und in den USA begann die Entwicklung programmgesteuerter Rechenanlagen auf elektromagnetischer und später elektronischer Grundlage etwa zur gleichen Zeit. In Frankreich beschäftigte sich von 1930 ab COUFFIGNAL mit den theoretischen Grundlagen programmgesteuerter Rechenmaschinen nach den Plänen von CHARLES BABBAGE. Seine Vorstellungen wurden aber erst nach dem Zweiten Weltkrieg von der französischen Firma BULL verwirklicht.

Ein Pionier auf dem Gebiet der elektronischen Rechentechnik ist KONRAD ZUSE, der 1935 in Deutschland die erste programmgesteuerte Rechenmaschine entwickelte. Der noch mechanisch arbeitenden ZUSE Z 1 (Bild 17) folgte bald die verbesserte ZUSE Z 2. Die Z 3, die 1939 entstand, war mit mehreren tausend elektromagnetischen Relais ausgerüstet und arbeitete bereits auf der Grundlage des binären Zahlensystems. Der kurz vor Kriegsende fertiggestellte Relaisrechner Z 4 konnte gerettet werden und wurde nach dem Kriege von der Eidgenössischen Technischen Hochschule in Zürich übernommen. Die erste nach dem Kriege gebaute Rechenmaschine Z 5 ist gleichzeitig das letzte Gerät, das mit Relais bestückt ist. Alle folgenden Anlagen arbeiten mit Elektronenröhren, Transistoren oder anderen elektronischen Elementen. Neben einigen technischen Hochschulen befaßten sich später im wesentlichen die Olympia Werke AG, die Siemens & Halske AG, die Standard Elektrik Lorenz AG, die Telefunken GmbH und die VEB Carl Zeiss in Jena mit der Entwicklung und dem Bau elektronischer Rechen- und Datenverarbeitungsanlagen.

Neben den Universitäten sind in England zahlreiche Unternehmen bekannt,

Bild 17: Mechanischer Speicher der ZUSE Z1 (Werkbild Zuse)

die sich auf diesem Gebiete betätigen. In der Bundesrepublik ist davon nur die International Computers and Tabulators GmbH (ICT) vertreten, ein Zusammenschluß der bedeutendsten englischen Herstellerfirmen. Aus den Niederlanden kam 1958 das leistungsfähige elektronische Datenverarbeitungssystem X1 der Firma Electrologica auf den Markt, von dem mehrere Anlagen in der Bundesrepublik eingesetzt sind, später folgte die X 8. Heute ist die Firma Electrologica eine Tochter der niederländischen Philips GmbH, die seit kurzem ebenfalls den Bau und den Vertrieb von Datenverarbeitungsanlagen betreibt.

Den weitaus größten Anteil an der Entwicklung und dem Bau elektronischer Rechen- und Datenverarbeitungsanlagen haben die USA. Schon im Kriege wurden erhebliche Mittel zur Verfügung gestellt, um diese Maschinen für militärische Aufgaben einzusetzen. Das Raketenprogramm trug weiter dazu bei, die Entwicklung stark zu fördern. 1944 baute HOWARD AIKEN in Zusammenarbeit mit IBM-Ingenieuren den Relaisrechner MARK I. Zwei Jahre später gelang einer zweiten Gruppe unter ECKERT, MAUCHLY und GOLDSTINE die Entwicklung der mit 18.000 Elektronenröhren ausgerüsteten Rechenanlage ENIAC (**E**lectronic **N**umerical **I**ntegrator and **A**utomatic **C**omputer). Der ENIAC ist zugleich die erste elektronische Rechenanlage der Welt. Von dieser Zeit an werden die elektromagnetischen Relais durch elektronische Elemente ersetzt. Dem ENIAC folgten 1948 MARK II, 1950 MARK III, 1952 MARK IV und EDVAC. 1951 ist der Beginn der berühmten UNIVAC-Serie von Remington Rand. Die UNIVAC I ist die erste serienmäßige Großrechenanlage für kaufmännische Aufgaben. Bild 18 zeigt den ENIAC, Bild 19 die UNIVAC I.

Bild 18: ENIAC – die erste digitale Rechenanlage (Werkbild Remington Rand)

Bild 19: UNIVAC I – die erste Rechenanlage für kaufmännische Zwecke (Werkbild Remington Rand)

Während sowohl in Europa als auch in den Vereinigten Staaten die ersten Elektronenrechner ausschließlich wissenschaftlichen oder militärischen Zwecken dienten, sah man bald die Möglichkeit, diese Anlagen auch für die Lösung kommerzieller Aufgaben einzusetzen. Elektronische Rechenanlagen, die ausschließlich der Lösung wissenschaftlich-mathematischer Aufgaben dienen, unterscheiden sich von den elektronischen Datenverarbeitungsanlagen für kaufmännische Zwecke: Bei wissenschaftlich-mathematischen Aufgaben werden meist nur verhältnismäßig wenige Daten in die Anlage eingegeben, dann aber einer großen Anzahl schwieriger Rechenoperationen unterworfen und schließlich nur wenige Daten wieder ausgegeben. Elektronische Rechenanlagen für wissenschaftliche Anwendung müssen in der Lage sein, eine große Anzahl von Befehlen, Tabellenwerten und Zwischenergebnissen aufzunehmen und schnell abzugeben; sie benötigen einen großen Arbeitsspeicher mit schnellem Zugriff. Umfangreiche wissenschaftliche Programme machen darüber hinaus eine hohe interne Verarbeitungsgeschwindigkeit erforderlich. Dagegen ist es nicht notwendig, für die Ein- und Ausgabe extrem schnelle Ein- und Ausgabegeräte anzuschließen.

Im Gegensatz dazu bestehen kommerzielle Programme aus relativ wenigen Befehlen, mit denen große Datenmengen auf die gleiche Art und Weise verarbeitet werden. Großraumspeicher, die für den Nachschub der Daten sorgen, ergänzen die Arbeitsspeicher mit relativ geringer Kapazität. Einer niedrigeren Rechengeschwindigkeit stehen hohe Leistungen der Ein- und Ausgabegeräte sowie externen Speicher gegenüber.

Die genannten elektronischen Rechen- und Datenverarbeitungsanlagen werden auch als digitale Systeme bezeichnet, weil sie "digital" (lateinisch: "mit den Fingern") zählen und rechnen. Demgegenüber arbeiten Analogrechner, deren bekanntes (nicht-elektronisches) Beispiel der Rechenschieber ist, mit physikalischen Analogien, z.B. Längen, Temperaturen, Drücken, elektrischen Werten usw. Bild 20 zeigt Beispiele für analoge und digitale Darstellungen.

Seit dem ersten Einsatz von Elektronenrechnern für kaufmännische Zwecke vor knapp 20 Jahren ist die Entwicklung elektronischer Datenverarbeitungsanlagen geradezu stürmisch verlaufen. Besonders hervorzuheben sind die Konstruktion neuer elektronischer Bauelemente, größerer und schnellerer Speicher für die Daten- und Programmaufnahme sowie die Erhöhung der Geschwindigkeit und die Verbesserung der Zuverlässigkeit der Ein- und Ausgabegeräte. Dieser Fortschritt macht es überhaupt erst möglich, die Anlagen zur automatischen Abwicklung ganzer Arbeitskomplexe wirtschaftlich einzusetzen. Bild 21 zeigt ein modernes Datenverarbeitungssystem.

In Bild 22 ist noch einmal eine Übersicht über die Gruppen der elektronischen Rechenanlagen dargestellt. Neben den Analogrechnern interessiert besonders die große Gruppe der Digitalrechner, die wiederum in elektronische digitale Rechenanlagen für wissenschaftlich-mathematische und

		Analog	Digital
Elektro-Ausfuhr der BR. D nach:	Niederl. Italien USA Iran Saud.-Ar.	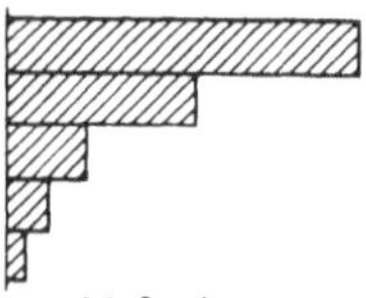 Maßstab: ⊢⊣ ≙ 40 Millionen DM	240 759 127 171 50 082 24 753 10 978 Code: Dezimal Niedrigstwert. Stelle: 1000 DM
Spannungsmesser		 (Maßstab: 1 Teilstrich ≙ 0,1 Volt Endausschl. 10 Volt)	001,578 007,543 009,002
Einfache Rechen-maschinen		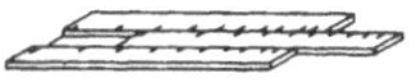 Rechenschieber	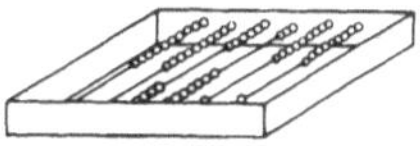 4711 Abakus

Bild 20: Beispiele für analoge und digitale Darstellungen

Bild 21: Datenverarbeitungssystem UNIVAC 9400 (Werkbild Remington Rand)

für kaufmännische Zwecke zu unterteilen ist. Neuerdings werden die kommerziellen elektronischen Rechenanlagen weitergegliedert in die mittlere Datentechnik der Magnetkontencomputer und in die EDV-Anlagen.

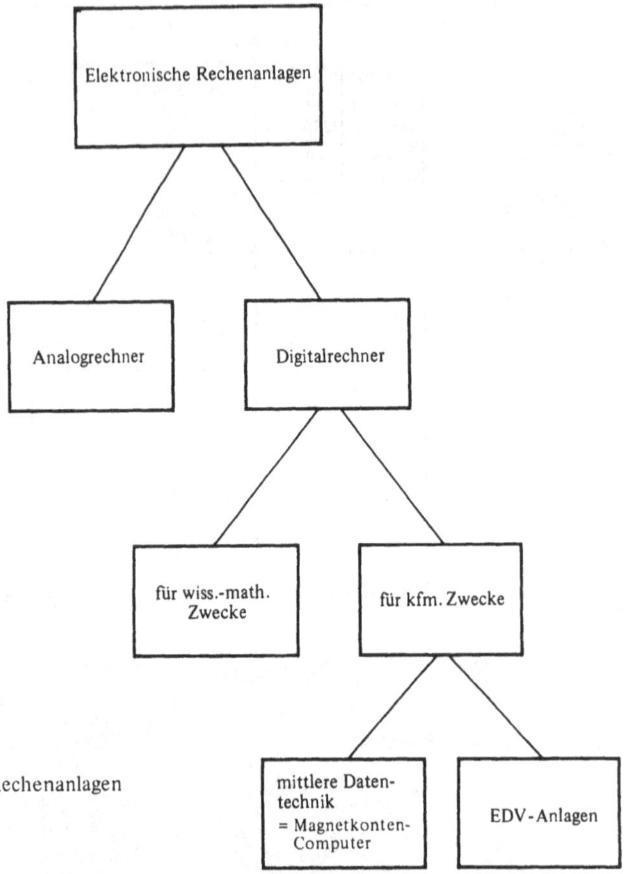

Bild 22:
Übersicht: Elektronische Rechenanlagen

Die mittlere Datentechnik hat sich aus den elektronischen Buchungs- und Fakturiermaschinen heraus entwickelt und dringt heute stark in den Markt der kommerziellen Datenverarbeitung ein. Da sich jedoch dieses Buch ausschließlich mit den elektronischen Datenverarbeitungsanlagen beschäftigt, sei auf die einschlägige Literatur verwiesen.*)

3.2 Von der Elektronik und den Binärzahlen

3.21 *Elektronische Bauelemente*

Der große Fortschritt der elektronischen Rechentechnik wäre ohne die bedeutenden Erfindungen und Entwicklungen auf dem Gebiet der elektronischen Bauteile nicht möglich gewesen. Die Vorgänger elektronischer

*) Insbesondere, Heinrich, Mittlere Datentechnik, DV-Praxis 4, Verlagsgesellschaft Rudolf Müller, Köln-Braunfels, 1968

Rechenmaschinen in den Entwicklungsjahren bis kurz nach dem Zweiten Weltkrieg waren mit elektromagnetischen Relais ausgerüstet. Ein Relais, wie es beispielsweise die elektrische Klingel benützt, besitzt den großen Nachteil, daß sein mechanischer Teil (die Relaiskontakte) dem sogenannten Trägheitsgesetz unterliegt. Dieses Gesetz, von dem englischen Naturforscher NEWTON aufgestellt, besagt, daß jeder Körper eine Trägheit besitzt, die einer Änderung der Größe und Richtung seiner Geschwindigkeit einen Widerstand entgegensetzt. Das bedeutet, daß die Geschwindigkeit, mit der das Relais als elektromechanisches Element arbeitet, über eine bestimmte Grenze hinaus nicht gesteigert werden kann. Nachteilig für die Zuverlässigkeit und für die Wartung der Anlage wirken sich auch die Abnutzung und die Verschmutzung der Relaiskontakte aus. Bild 23 zeigt den Aufbau eines Relais.

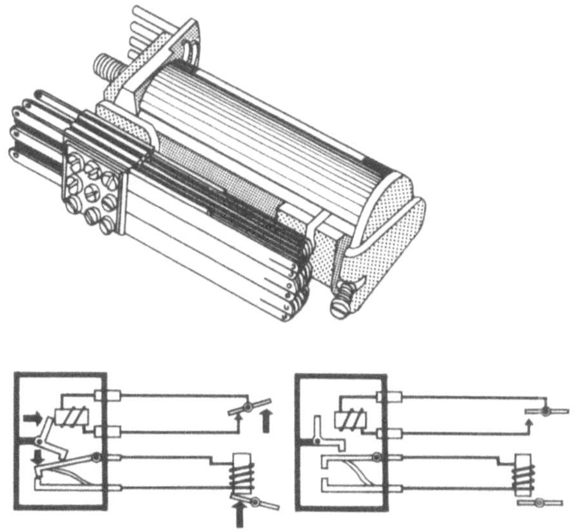

Bild 23:
Aufbau eines elektromagnetischen Relais

Elektronenröhren dagegen, wie sie von der Radio- und Fernsehtechnik her bekannt sind, arbeiten trägheitslos. Da sie keinerlei mechanische Teile haben, erreichen sie hohe Schaltgeschwindigkeiten. Elektronische Röhren können aber nicht nur - wie beim Radiogerät - Stromimpulse verstärken, sie lassen sich auch wie ein Relais benutzen. Durch Öffnen und Schließen kann die Röhre so gesteuert werden, daß entweder Strom oder kein Strom durch sie hindurchfließt. Die Vorzüge gegenüber dem elektromechanischen Relais sind offensichtlich. Aber auch Elektronenröhren haben so wesentliche Nachteile, daß sie heute kaum noch als Bauelemente bei elektronischen Anlagen benutzt werden. Ihr verhältnismäßig hoher Platzbedarf, ihre große Anfälligkeit bei starker Beanspruchung sowie die erhebliche Energie-

Aufnahme und die entsprechend hohe Wärmeabgabe, die durch aufwendige Klimaanlagen geregelt werden muß, haben die Technik vor neue Probleme gestellt. Die mit Elektronenröhren ausgerüsteten Maschinen werden heute als Rechenanlagen der I. Generation bezeichnet. Bild 24 zeigt den Aufbau einer Elektronenröhre.

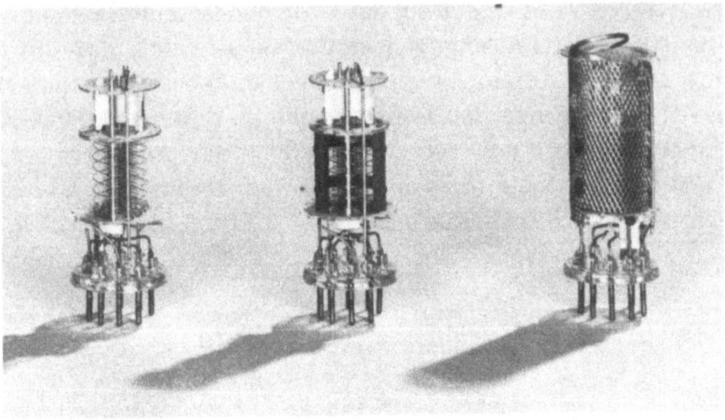

Bild 24: Aufbau einer Elektronenröhre (Werkbild Siemens)

Mit der Entwicklung der Halbleitertechnik wurde ein bedeutender Schritt auf der Suche nach neuen elektronischen Elementen mit besseren Eigenschaften als denen der Elektronenröhre gemacht. Kristalldioden, Transistoren, Ferraktoren und andere neuartige Bauteile weisen bei hohen Schaltgeschwindigkeiten und fast unbegrenzter Haltbarkeit den Vorzug eines geringen Platzbedarfs auf. Die sehr kleine Energieaufnahme und Wärmeabgabe bedürfen nur noch einer geringen Klimatisierung. Die Elemente sind auf Kunststoffplatten (von der Größe einer Postkarte) zu Baugruppen zusammengefaßt, wobei die Verbindungen durch eingeätzte und im Tauchverfahren aufgebrachte Metallschaltungen (sogenannte "gedruckte Schaltungen") hergestellt werden. Diese leicht auswechselbaren Einschubplatten bilden die Voraussetzung für eine geringe Ersatzteilhaltung, für die vereinfachte Wartung und die hohe Zuverlässigkeit und Betriebssicherheit der elektronischen Datenverarbeitung. Rechenmaschinen dieser Entwicklungsstufe, die vor etwa 3 bis 4 Jahren abgeschlossen wurde, werden als Computer der II. Generation bezeichnet. Typischer Vertreter dieser Maschinengeneration ist die Datenverarbeitungsanlage IBM 1401. Die Bilder 25 bis 28 zeigen Größenvergleiche der elektronischen Elemente aus der ersten und zweiten Computergeneration sowie Einschubplatten mit gedruckten Schaltkreisen.

Mit elektronischen Elementen ausgerüstet, die aus der amerikanischen

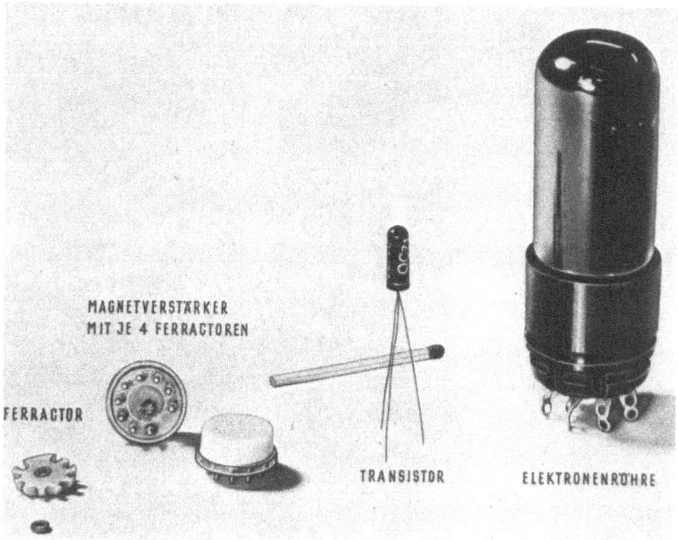

Bild 25: Elektronische Elemente (Werkbild Remington Rand)

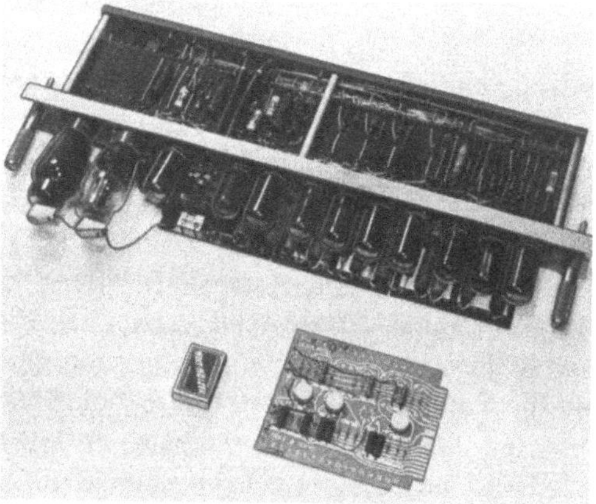

Bild 26:
Vergleich zwischen röhrenbestücktem Chassis und einer gedruckten Schaltung (Werkbild Remington Rand)

Raumfahrttechnik heraus entwickelt wurden, sind inzwischen die Computer der III. Generation im Einsatz. Sie verfügen über neuentwickelte, erheblich verkleinerte Schaltelemente der sogenannten SLT-Technik (SLT = englisch: Solid Logic Technology). Diese Schaltkreise, wie sie unter anderem für das System IBM/360 verwendet werden, sind in einer völlig neuartigen technischen Konzeption hergestellt. Die wichtigsten Bauteile der SLT-Technik sind Miniaturtransistoren von der Größe eines Salzkornes, die, zu

Bild 27: Gedruckter Schaltkreis (Werkbild Remington Rand)

gedruckten Schaltungen zusammengefaßt, auf einer Keramikplatte von der Größe des vierten Teils einer Briefmarke aufgebracht sind. Die neuen Mikroschaltungen, auch SLT-Modules genannt, erlauben eine wesentliche Verkürzung der Leitungswege für die elektronischen Impulse und ermöglichen damit eine bedeutende Erhöhung der internen Arbeitsgeschwindigkeit. Die Entwicklung und Serienherstellung dieser Schaltkreise, die in den Bildern 29 und 30 zu sehen sind, stellt einen bedeutenden technischen Fortschritt dar. Gleichzeitig nähern sich die erreichten Geschwindigkeiten der theoretischen Grenze, die in der Elektronentechnik zu erreichen ist. Von der Rechengeschwindigkeit in Millisekunden (eine Millisekunde = = 1/1000 Sekunde) bei röhrenbestückten Computern der I. Generation über die Geschwindigkeiten in Mikrosekunden (eine Mikrosekunde = 1/1.000.000 Sekunde) der II. Computergeneration bis hin zu den Rechengeschwindigkeiten im Nanosekundenbereich (eine Nanosekunde = 1/1.000.000.000 Sekunde) bei den Computern der III. Generation läßt sich die schnelle Entwicklung auf dem Gebiet der Elektronentechnik verfolgen.

Bild 28: Gedruckter Schaltkreis in der zentralen Recheneinheit der UNIVAC UCT 1 (Werkbild Remington Rand)

3.22 *Das binäre Zahlensystem*

3.221 Die Darstellung von Ziffern und Buchstaben

Mechanische Rechenmaschinen verwenden das dem Menschen vertraute Dezimal- oder Zehnersystem. Für jede Dezimalstelle ist ein Zählrad vorhanden, dessen Einteilung den 10 Ziffern von 0 bis 9 entspricht. Bei der Addition wird das Zählrad in jeder Stelle um die entsprechende Anzahl von Einheiten bewegt. Ein auftretender Übertrag dreht das Zählrad der nächsthöheren Dezimalstelle um eine Einheit weiter. Bild 10 zeigte die Addition mit Hilfe eines Zählrades, das auch als "zehnwertiges" Element bezeichnet werden kann.

Bild 29: SLT-Modul (Werkbild IBM)

Elektronische und magnetische Elemente sind dagegen immer "zweiwertig". Man kann sie mit einem Lichtschalter vergleichen, der nur die beiden Stellungen EIN (Strom) und AUS (kein Strom) besitzt: Die Kontakte eines Relais sind entweder in Ruhe- oder in Arbeitsstellung, durch eine elektronische Röhre fließt Strom oder kein Strom, ein Magnetkern hat einen rechts- oder linksgerichteten Magnetfluß. Eine dritte Möglichkeit gibt es nicht. Zweiwertige Bauelemente schließen die Verwendung des Zehnersystems aus, eignen sich jedoch ideal für die Benutzung des Zweiersystems. Statt der beim Zehnersystem verwendeten 10 Ziffern von 0 bis 9, kennt das Zweiersystem (als Binär- oder Dualsystem bezeichnet) nur die beiden Ziffern 0 und 1. Auf die Schaltung einer Elektronenröhre bezogen, bedeutet die Binärziffer 1, daß die betreffende Röhre gerade Strom führt und die Binärziffer 0, daß gerade kein Stromdurchfluß erfolgt.

Jede Dezimalzahl läßt sich nun durch binäre Zahlen darstellen. Bevor die Daten in der elektronischen Datenverarbeitungsanlage verarbeitet werden, müssen sie vom Dezimal- in das binäre Zahlensystem umgewandelt und

Bild 30:
Schaltelemente
früher und heute

umgekehrt die Ergebnisse wieder vom maschineninternen Binärsystem in das Dezimalsystem zurückgeschlüsselt werden. So wie das Dezimalsystem den Potenzen der Grundzahl 10 entspricht (die Stellenwerte des Dezimalsystems sind 1, 10, 100, 1000 usw.), bauen die Stellenwerte des Binärsystems entsprechend auf den Potenzen der Grundzahl 2 auf. Während Dezimalstellen immer um den Faktor 10 voneinander abweichen, wird die Binärzahl durch Verdoppelung ihres vorhergehenden Wertes erzeugt, also 1, 2, 4, 8, 16, 32 usw.

Die nachfolgende Darstellung zeigt eine Gegenüberstellung von Dezimal- und Binärsystem sowie das Beispiel der Umwandlung einer Dezimalzahl in eine Binärzahl. Bei der Umwandlung ist zu beachten, daß zunächst die höchstmögliche Zweierpotenz gesucht wird, die in der zu verschlüsselnden Dezimalzahl gerade noch geht. Weiterhin muß, genauso wie beim Dezimalsystem, jede einzelne Stelle besetzt sein. Das bedeutet, daß die nicht verwendeten Zweierpotenzen durch eine binäre 0 ausgedrückt werden müssen.

Dezimal- und Binärsystem

Dezimalsystem (Beispiele)

3.056 =	3	×	1.000	($= 10^3$)	=	3.000
	+ 0	×	100	($= 10^2$)	=	0
	+ 5	×	10	($= 10^1$)	=	50
	+ 6	×	1	($= 10^0$)	=	6
	3.056				=	3.056
183 =	1	×	100	($= 10^2$)	=	100
	+ 8	×	10	($= 10^1$)	=	80
	+ 3	×	1	($= 10^0$)	=	3
	183				=	183

Binärsystem (Beispiele)

1	×	2.048	($= 2^{11}$)	=	2.048
+ 0	×	1.024	($= 2^{10}$)	=	0
+ 1	×	512	($= 2^9$)	=	512
+ 1	×	256	($= 2^8$)	=	256
+ 1	×	128	($= 2^7$)	=	128
+ 1	×	64	($= 2^6$)	=	64
+ 1	×	32	($= 2^5$)	=	32
+ 1	×	16	($= 2^4$)	=	16
+ 0	×	8	($= 2^3$)	=	0
+ 0	×	4	($= 2^2$)	=	0
+ 0	×	2	($= 2^1$)	=	0
+ 0	×	1	($= 2^0$)	=	0
101111110000				=	3.056

1	×	128	($= 2^7$)	=	128
+ 0	×	64	($= 2^6$)	=	0
+ 1	×	32	($= 2^5$)	=	32
+ 1	×	16	($= 2^4$)	=	16
+ 0	×	8	($= 2^3$)	=	0
+ 1	×	4	($= 2^2$)	=	4
+ 1	×	2	($= 2^1$)	=	2
+ 1	×	1	($= 2^0$)	=	1
10110111				=	183

Umwandlungsverfahren

Dezimalzahl 229 =		229	
	2^7 =	– 128	(= höchstmögliche Zweierpotenz)
	Rest	101	
	2^6 =	– 64	
	Rest	37	
	2^5 =	– 32	
	Rest	5	
	2^2 =	– 4	
	Rest	1	
	2^0 =	– 1	
	Rest	0	

Binärzahl (unter Einfügung der Stellenwerte 2^4, 2^3 und 2^1)

= 11100101

Anschließend sind die Binärzahlen für die Dezimalzahlen von 0 bis 20 dargestellt. Es ist ersichtlich, daß alle Dezimalzahlen durch eine Kombination der beiden binären Ziffern 0 und 1 ausgedrückt werden. Weiter fällt auf, daß für die binäre Verschlüsselung dezimaler Zahlen eine unterschiedliche Anzahl binärer Stellen notwendig ist. In der Fachsprache wird eine Binärstelle mit dem Ausdruck "Bit" bezeichnet. Hierbei bedeutet das Wort Bit eine Abkürzung des englischen **Bi**nary Digi**t** (= Binärstelle). Anders ausgedrückt läßt sich sagen, daß beispielsweise die Dezimalzahl 20 aus Einerbits mit den Stellenwerten 2^4 und 2^2 und aus Nullerbits mit den Stellenwerten 2^3, 2^1 und 2^0 besteht.

Binäre Darstellung der Dezimalzahlen 0 bis 20

← usw. 2^4 (16)	2^3 (8)	2^2 (4)	2^1 (2)	2^0 (1)	Binärsystem / Dezimalsystem
				0	0
				1	1
			1	0	2
			1	1	3
		1	0	0	4
		1	0	1	5
		1	1	0	6
		1	1	1	7
	1	0	0	0	8
	1	0	0	1	9
	1	0	1	0	10
	1	0	1	1	11
	1	1	0	0	12
	1	1	0	1	13
	1	1	1	0	14
	1	1	1	1	15
1	0	0	0	0	16
1	0	0	0	1	17
1	0	0	1	0	18
1	0	0	1	1	19
1	0	1	0	0	20

Elektronische Rechenanlagen für wissenschaftlich-mathematische Anwendungen rechnen meist im reinen Binärsystem. Da nur verhältnismäßig wenige Daten ein- und ausgegeben werden müssen, fallen die umständlichen und zeitraubenden Umwandlungen vom Dezimal- in das Binärsystem und zurück nicht so stark ins Gewicht, wie das bei den großen Datenmengen in der kaufmännischen Datenverarbeitung der Fall ist.

Elektronische Datenverarbeitungsanlagen für die rein kommerzielle Anwendung benutzen wegen der umständlichen Umwandlung eine Kombination aus Dezimal- und Binärsystem. Im Gegensatz zum reinen Binärsystem verschlüsselt man beim sogenannten binärverschlüsselten Dezimalsystem jede Ziffer einer Dezimalzahl gesondert, wobei die Dezimalstellen erhalten bleiben, die einzelnen Ziffern jedoch binär ausgedrückt werden. Die Verschlüsselung bereitet keinerlei Schwierigkeiten, weil die Dezimalziffern den binären Kombinationen nur zugeordnet werden. Ein weiterer Vorteil besteht darin, daß jede Dezimalziffer durch die gleiche Anzahl von vier Binärstellen dargestellt wird; jeder Viererblock bildet eine sogenannte Tetrade. Mit geringer Übung vermag auch der Anfänger jede beliebige große Dezimalzahl sofort zu verschlüsseln und umgekehrt jede Binärzahl wieder in das Dezimalsystem zu verwandeln.

Die nachfolgende Tabelle zeigt die binären Kombinationen für die Dezimalziffern 0 bis 9. Da die binären Wertigkeiten 8, 4, 2 und 1 sind, wird dieses kombinierte System auch als 8421-Code bezeichnet. Wie aus der Darstellung ersichtlich, lassen sich bei Verwendung von vier Stellen insgesamt 16 Binärkombinationen bilden, von denen die ersten zehn erwünschte Tetraden, die restlichen sechs unerwünschte Tetraden (sogenannte Pseudotetraden) sind. Die Pseudotetraden entstehen beim Rechnen und müssen danach auf erwünschte Tetraden zurückgeführt werden. Die Vorteile bei der Verwendung des 8421-Codes liegen in der einfachen Umschlüsselung, weil jeweils vier Binärziffern für eine Dezimalziffer verwendet werden. Schwierigkeiten gibt es dagegen bei der Behandlung des Übertrages beim Rechnen: Während der Übertrag auf die nächsthöhere Stelle im Dezimalsystem bei einem Ergebnis größer neun erfolgt, ist dies beim 8421-Code nicht der Fall. Ein Übertrag findet erst statt, wenn das Ergebnis - entsprechend der Kombinationsmöglichkeit - größer 15 ist. Diese Unterschiede müssen über gesonderte Schaltkreise ausgeglichen werden.

Um auch alphabetische Begriffe darstellen und speichern zu können, müssen noch zwei weitere Bits je Zeichen hinzukommen. Mit sechs Bits können insgesamt 64 Kombinationen gebildet werden, und zwar 10 für die Ziffern 0 bis 9, 26 für die Buchstaben von A bis Z und 28 für Sonderzeichen, wie z.B. +, –, /, % und andere.

Elektronische Datenverarbeitungsanlagen der III. Generation verfügen aber nicht nur über sechs Bits je Stelle. Sie haben eine sogenannte Bytestruktur, bei der jedes Byte aus insgesamt neun Bits besteht, und zwar acht Datenbits und ein Prüfbit. Das Prüfbit (auch als C-Bit bezeichnet) dient zur internen Kontrolle auf richtige Übertragung. In den acht Datenbits eines Bytes können nun entweder zwei Ziffern (à vier Bits) oder aber ein nichtnumerisches Zeichen (Buchstabe oder Sonderzeichen) gespeichert werden. Bei dieser Anordnung geht man davon aus, daß in der kaufmänni-

8421-Code mit Beispielen

2^3	2^2	2^1	2^0	binär / dezimal	
8	4	2	1		
0	0	0	0	0	
0	0	0	1	1	erwünschte Tetraden
0	0	1	0	2	
0	0	1	1	3	
0	1	0	1	4	
0	1	0	1	5	
0	1	1	0	6	
0	1	1	1	7	
1	0	0	0	8	
1	0	0	1	9	
1	0	1	0	10	
1	0	1	1	11	Pseudotetraden (entstehen nur beim Rechnen)
1	1	0	0	12	
1	1	0	1	13	
1	1	1	0	14	
1	1	1	1	15	

Beispiele

3056 =	0011	0000	0101	0110
	3	0	5	6
183 =		0001	1000	0011
		1	8	3
229 =		0010	0010	1001
		2	2	9

schen Datenverarbeitung überwiegend numerische Werte, also Zahlen, verarbeitet werden, für die ein Achtbitspeicher besser als ein Speicher mit einem Stellenaufbau zu je sechs Bits ausgenutzt wird. Ergänzend sei hinzugefügt, daß zunächst auch hier die Ziffern einzeln gespeichert werden (= ungepackte Darstellung), um erst nach der Eingabe umgepackt zu werden. Außerdem muß auch das Vorzeichen einer Zahl mitgespeichert werden. Die anschließende Darstellung zeigt den Byteaufbau und Beispiele dezimal-binärer Darstellungen.

Binär-dezimale Darstellung im Byte-Aufbau mit Beispielen

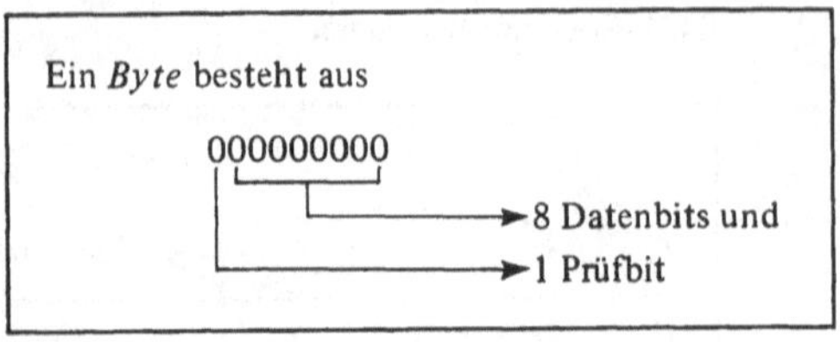

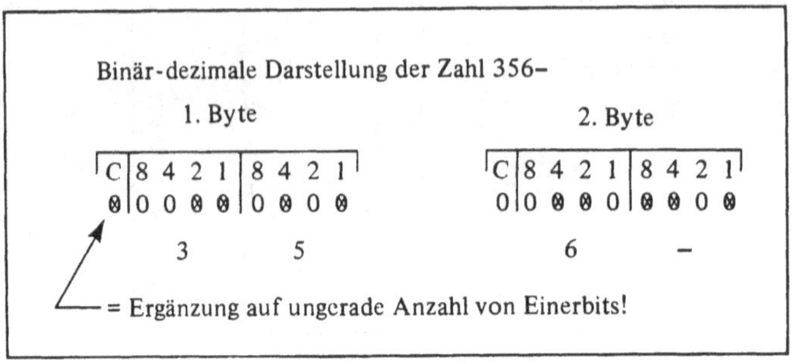

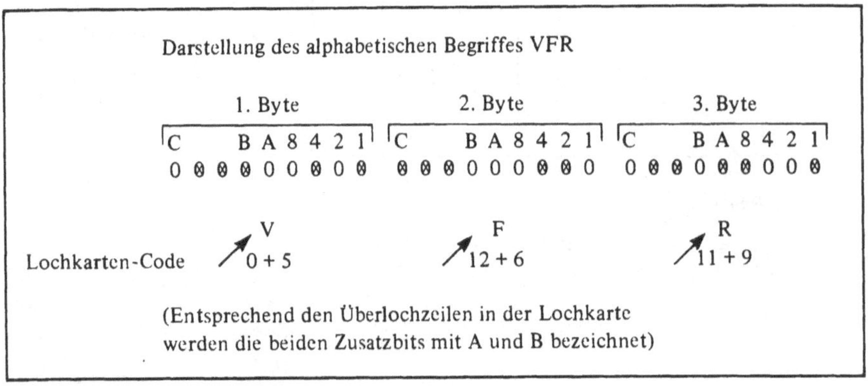

3.222 Das Rechnen mit Binärzahlen

Elektronische Rechenanlagen addieren zwei Zahlen in der gleichen Weise wie der Mensch. Mit der kleinsten Stelle beginnend, wird jede Stelle einer Zahl, unter Berücksichtigung des Übertrages, einzeln addiert. Die einzige Rechenregel, die elektronische Anlagen kennen, lautet:

$0 + 0 \Longrightarrow 0$ (Null plus Null ergibt Null)

$0 + 1 \Longrightarrow 1$ (Null plus Eins ergibt Eins)

$1 + 0 \Longrightarrow 1$ (Eins plus Null ergibt Eins)

$1 + 1 \Longrightarrow 10$ (Eins plus Eins ergibt Null und einen Übertrag).

Da es sich bei den Ziffern um binäre Werte, nicht um Dezimalzahlen handelt, muß anstelle des Gleichheitszeichens das Zeichen ⟹ (ergibt) verwendet werden. In den folgenden Beispielen wird die Anwendung der binären Additionsregeln anhand von Beispielen erklärt. Da der Benutzer das elektronische Rechnen nur zum besseren Verständnis der Anlagen, nicht jedoch für die praktische Handhabung eines EDV-Systems kennen muß, haben wir uns auf das Rechnen mit reinen Binärzahlen beschränkt. Das Rechnen im 8421-Code geschieht auf dieselbe Weise, jedoch müssen hier (wegen der Pseudotetraden) die Überträge noch berichtigt werden. Nachfolgend drei Beispiele für die Addition im reinen Binärsystem:

Additionen im Binärsystem

Beispiele

	dezimal	*binär*	
①	8	1000	
	+ 1	+ 1	
	= 9	= 1001	(= 9)
②	19	10011	
	+ 21	+ 10101	
	= 40	= 00110	
		+ 1 1	binäre Überträge
		= 100100	
		+ 1	binärer Übertrag
		= 100000	
		+ 1	binärer Übertrag
		= 101000	
		(= 40)	
③	50	110010	
	+ 67	+ 1000011	
	= 117	= 1110001	
		+ 1	binärer Übertrag
		= 1110101	
		(= 117)	

Mechanische Rechenmaschinen subtrahieren durch Rückwärtsbewegung der Zählräder um die entsprechende Anzahl von Einheiten. Elektronische Rechenanlagen kennen eine solche zweiseitige Bewegungsrichtung nicht. Sie umgehen diese Schwierigkeit durch Addition des entsprechenden Ergänzungs- oder Komplementwertes. Wird beispielsweise 4 von 7 subtrahiert, so erhält man 3. Zu dem gleichen Ergebnis gelangt man, wenn man das sogenannte Zehnerkomplement von 4 (= 6) zu 7 hinzuaddiert und die übergelaufene 1 abtrennt (genauer: 10 wieder subtrahiert).

Zehnerkomplement

7 – 4 = 3 oder 7 + 6 = 13 – 10 = 3

Korrektur

Statt der Ergänzung auf die Grundzahl 10 kann man auch das Komplement auf die Grundzahl 10 - 1 = 9 verwenden. In diesem Fall muß aber das Ergebnis nicht nur mit - 10, sondern auch noch mit + 1 korrigiert werden, weil es um 1 zu klein ist (die Korrektur mit - 10 bezieht sich naturgemäß auf zweistellige Ergebniszahlen).

Neunerkomplement | Korrektur

7 – 4 = 3 oder 7 + 5 = 12 – 10 + 1 = 3

zusätzliche Korrektur

Daß man bei der "elektronischen Subtraktion" anstelle des Zehnerkomplements die Ergänzung auf die Zahl 9 benutzt, ist nicht rein zufällig. Diese Art der Komplementbildung bietet den Vorteil, daß alle binären Nullen nur durch binäre Einsen und umgekehrt alle binären Einsen nur durch binäre Nullen zu ersetzen sind, um die binäre Ergänzung zu erhalten. Hierbei ist es ratsam - wie auch im ersten, nachfolgenden Beispiel dargestellt - den Subtrahenden bis zur Länge des Minuenden vorn mit Nullen aufzufüllen, weil diese Stellen sonst beim Komplementieren leicht vergessen werden. Beispiele für die Subtraktion im Binärsystem (s. S. 51).

Elektronische Anlagen multiplizieren zwei Zahlen miteinander, indem sie den Multiplikanden fortgesetzt zu sich selbst addieren. Hierbei gibt der Multiplikator die Anzahl der Additionen an. Bei den meisten Anlagen ist die fortgesetzte Addition mit einer gleichzeitigen Stellenverschiebung verbunden. Wie bei der Addition und Subtraktion, wird das Vorzeichen des Ergebnisses auch hier automatisch nach den arithmetischen Regeln gebildet. Nachfolgend das Beispiel einer dezimalen Multiplikation.

Multiplikation im Dezimalsystem mit Stellenverschiebung

Multiplikand	×	Multiplikator	=	Produkt	
17	×	12	=	17	
			+	17	
			+	17	Stellenverschiebung
			=	204	

Subtraktionen im Binärsystem — *Beispiele*

① *dezimal*

	46	
–	12	
=	46	
+	87	Komplement zu 99
=	133	
+	1	Korrektur mit +1
=	134	
–	100	Entfernung des Überlaufs
=	34	

binär

	101110	Minuend
–	001100	Subtrahend
=	101110	Minuend
+	110011	Komplementwert Subtrahend
=	011101	
+	1 1	Überlauf und Übertrag
=	1011001	
+	1	binärer Übertrag
=	1010001	
+	1	binärer Übertrag
=	1000001	
+	1	binärer Übertrag
=	1100001	
+	└──►1	Korrektur mit +1 und Entfernung des Überlaufs
=	100000	
+	1	
	100010	(= 34)

② *dezimal*

	81	
–	19	
=	81	
+	80	Komplement zu 99
=	161	
+	1	Korrektur mit +1
=	162	
–	100	Entfernung des Überlaufs
=	62	

binär

	1010001	
–	0010011	
=	1010001	
+	1101100	Komplementwert
=	0111101	
+	1	Überlauf
=	10111101	
+	└──►1	Korrektur mit +1 und Entfernung des Überlaufs
=	111100	
+	1	
	111110	(= 62)

③ *dezimal*

	63	
–	17	
=	63	
+	82	Komplement zu 99
=	145	
+	1	Korrektur mit +1
=	146	
–	100	Entfernung des Überlaufs
=	46	

binär

	111111	
–	010001	
=	111111	
+	101110	Komplementwert
=	010001	
+	1 111	Überlauf und Überträge
=	1001101	
+	1	Übertrag
=	1101101	
+	└──►1	Korrektur mit +1 und Entfernung des Überlaufs
=	101100	
+	1	
=	101110	(= 46)

Das gezeigte Beispiel läßt erkennen, daß die Multiplikationszeit im Computer nicht nur vom Verfahren selbst, sondern auch von der Größe des Multiplikators abhängt. Um eine möglichst hohe Rechengeschwindigkeit bei der Multiplikation zu erzielen, hat der Programmierer darauf zu achten, daß der kleinste Faktor als Multiplikator verwendet wird: also nicht 15 × 999, sondern umgekehrt 999 × 15 multiplizieren!

Die Division ist auch im Binärsystem die komplizierteste der vier Grundrechnungsarten. Bei der Division wird der Divisor so oft vom Dividenden abgezogen, bis der Restdividend kleiner als der Divisor ist. Die Anzahl der vorgenommenen Subtraktionen zeigt das Ergebnis (den Quotienten) an. Eine Division, dezimal dargestellt, zeigt das folgende Beispiel:

Division im Dezimalsystem

Dividend	:	Divisor		Quotient	
30	:	7	=	30	
			–	7	1. Subtraktion
			=	23	
			–	7	2. Subtraktion
			=	16	
			–	7	3. Subtraktion
			=	9	
			–	7	4. Subtraktion
			=	2	(Rest)

Ergebnis: 4, Rest 2

4. *Aufbau und Arbeitsweise von EDV-Anlagen*

4.1 Arbeitsablauf der Datenverarbeitung

Die Arbeitsweise einer elektronischen Datenverarbeitungsanlage läßt sich mit der Arbeitsdurchführung eines kaufmännischen Angestellten vergleichen. Wie in Bild 31 dargestellt, entnimmt der Sachbearbeiter bestimmte Angaben aus einem Beleg, ergänzt diese Daten aus seiner Kartei, verarbeitet sie nach festgesetzten Regeln und schreibt das Ergebnis seiner Verarbeitung als Ausgabe nieder. Beispielsweise werden die "Eingabedaten" einem Kundenauftrag entnommen, durch Angaben eines "externen Speichers" - der Kundenstammkarte - ergänzt, nach Maßgabe bestimmter Arbeitsanweisungen verarbeitet (der Auftrag wird auf Lieferbarkeit geprüft, danach erfolgt die Ausrechnung der Einzelbeträge durch Multiplikation von Menge mal Einzelpreis, es wird die Gesamtsumme der Rechnung errechnet, der Rabattbetrag abgezogen usw.) und als "Ausgabe" Lieferschein und Rechnung geschrieben.

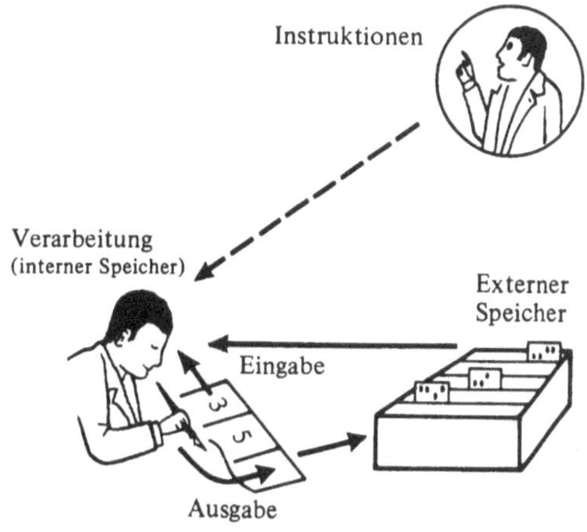

Bild 31:
Prinzip der Datenverarbeitung

Nach dem gleichen Prinzip läuft die Arbeit bei einer EDV-Anlage ab: neue Geschäftsvorfälle werden der EDV-Anlage, meist über Lochkarten, eingegeben, durch extern gespeicherte Stamm- und Bestandsangaben ergänzt, nach Maßgabe des vor Beginn der Arbeit gespeicherten Programms verarbeitet und das Arbeitsergebnis (in Form eines Formulars oder einer Liste) ausgegeben. Gleichzeitig schreibt die Maschine die neuen Kontenbestände auf den externen Speicher zurück. Entsprechend diesem Vorgang unterscheidet man Eingabeoperationen (= Einlesen von Daten aus Lochkarten oder Lochstreifen bzw. externen Speichern), Verarbeitungsoperationen (= Rechenvorgänge und logische Entscheidungen) und Ausgabeoperationen (= Ausgabe von Daten auf Formulare und Listen, in Lochkarten oder auf Magnetbänder, Magnetplatten oder andere externe Speicher). Bild 32 zeigt den Arbeitsablauf bei einer elektronischen Datenverarbeitungsanlage, Bild 33 ein Datenverarbeitungssystem mit Zentraleinheit, Ein-/Ausgabegeräten und externen Speichern. Im Gegensatz zur Zentraleinheit werden die Ein-/Ausgabegeräte und die externen Speicher auch als periphere Geräte einer EDV-Anlage bezeichnet.

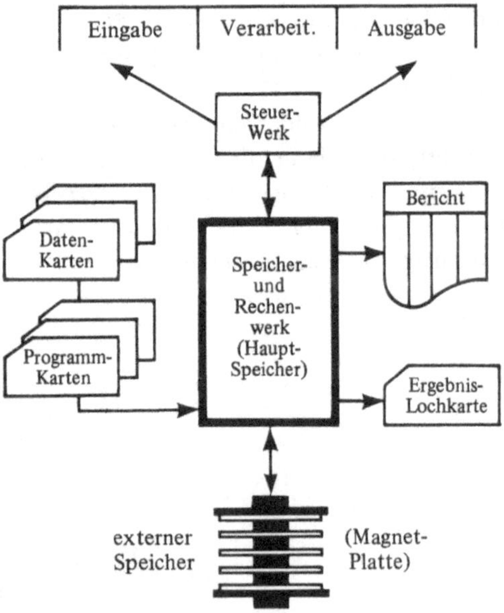

Bild 32:
Prinzip eines elektronischen Datenverarbeitungs-Systems

4.2 Die Zentraleinheit

4.21 *Das Steuerwerk*

Jede Maschine muß gesteuert werden. Die Steuerung kann entweder manuell während des maschinellen Ablaufs erfolgen oder aber automatisch, wenn die Maschine über eine automatische Steuerungseinrichtung verfügt. In diesem Falle wird die Steuerung durch die Maschine selbst bzw. durch besondere Einrichtungen durchgeführt, ohne daß es eines

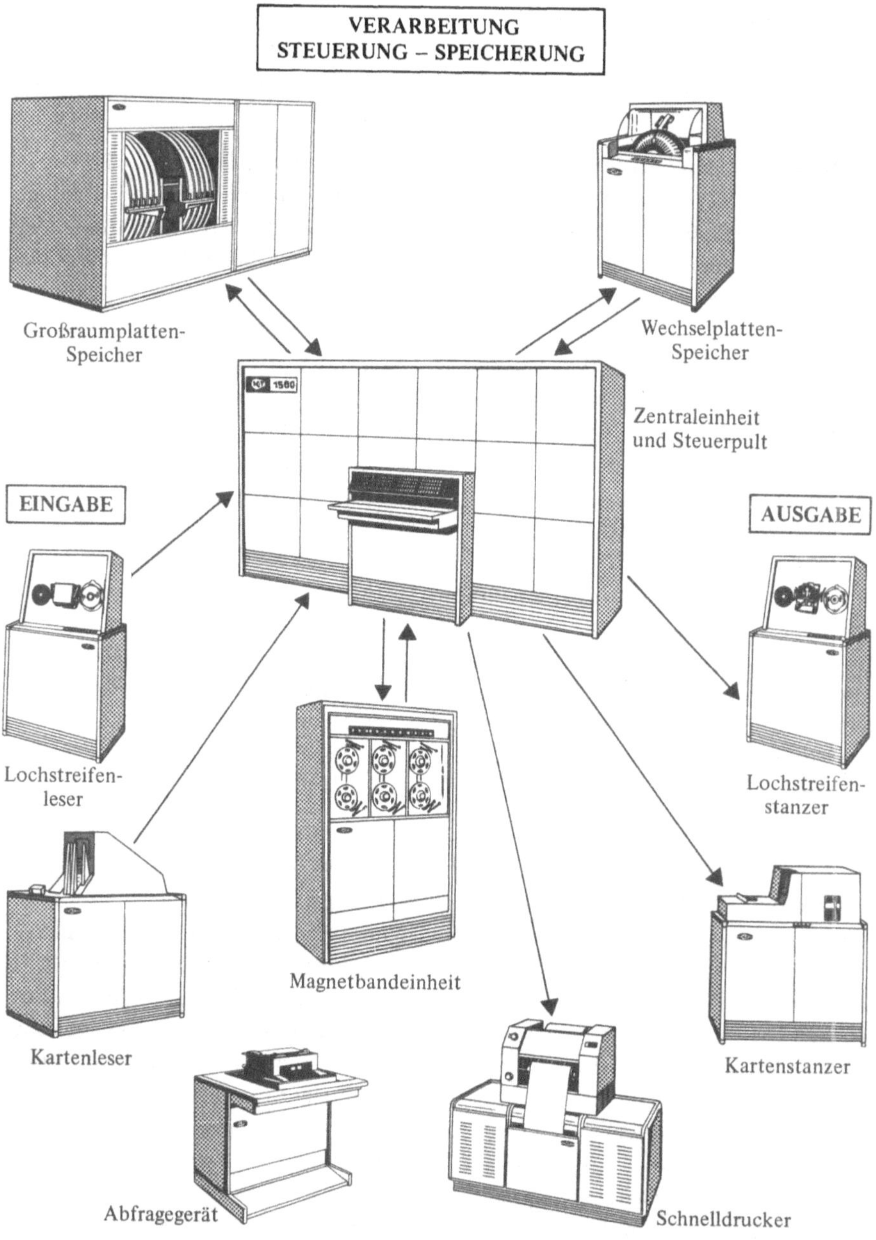

Bild 33: Aufbau eines EDV-Systems

ständigen Eingriffes des Menschen während des Arbeitsprozesses bedarf. Bei einer solchen Einrichtung erfolgt die Steuerung aufgrund eines vorgegebenen Plans (= Programms). So wird der Jacquard-Webstuhl durch aneinandergereihte Lochkarten gesteuert, auf diese Weise spielt ein elektrisches Klavier, und nach einem vorgegebenen Programm arbeiten automatisch gesteuerte Werkzeugmaschinen.

Auch herkömmliche Büromaschinen werden gesteuert. Bei einer Tischrechenmaschine tastet der Benutzer nicht nur die zu addierenden Zahlen in die Maschine ein, er betätigt auch bestimmte Steuerungstasten: Addition, Zwischensumme, Endsumme oder Löschen. Wie bekannt, erfolgt die Steuerung dieser Maschinen während der Tätigkeit unmittelbar durch den Menschen.

Herkömmliche Lochkartenanlagen besitzen demgegenüber bereits eine, wenn auch begrenzte, Selbststeuerung: Sie führen einzelne Arbeitsoperationen nach einem vorher festgelegten Programm durch. Bei diesen Maschinen ist bereits eine klare Trennung von Programmierung und Steuerung vorhanden. Bevor eine Arbeit durchgeführt wird, muß der Tabellierer den Arbeitsablauf durch Verbindung bestimmter Buchsen auf der Schalttafel "programmieren". Während des eigentlichen Arbeitsablaufes wird die Lochkartenmaschine dann mit Hilfe einer so vorbereiteten Schalttafel gesteuert. Die Tabelliermaschine fühlt die Lochungen in der Lochkarte ab, addiert die in der Karte enthaltenen Werte, druckt sie auf ein Formular und stanzt, über einen angeschlossenen Summenlocher, eine neue Vortrags- oder Summenkarte. Dieser Vorgang wiederholt sich, bis die letzte Lochkarte in der Maschine verarbeitet ist. Bild 34 zeigt die Programmierung und Steuerung von Lochkartenmaschinen.

Der Unterschied in der Steuerung von herkömmlichen Lochkartenmaschinen und elektronischen DV-Anlagen besteht weniger im Prinzip (beide Maschinen werden mit Hilfe eines vorgegebenen Programms gesteuert) als in der Technik. Das Programm einer EDV-Anlage wird nicht, wie bei Lochkartenmaschinen, auf einer Schalttafel gesteckt, sondern statt dessen (über Lochkarten, Magnetband oder Magnetplatten) jeweils vor Beginn einer Arbeit in den internen Speicher der Anlage übertragen (das Programm wird geladen). Das Steuerwerk ist die komplizierteste Einheit eines elektronischen Datenverarbeitungssystems. Es hat die Aufgabe, die Arbeit der EDV-Anlage (nach Maßgabe des geladenen Programms sowie fest eingebauter Kontrolleinrichtungen) zu steuern und den ordnungsgemäßen Ablauf der Datenverarbeitung sicherzustellen. EDV-Anlagen werden deshalb auch als programmgesteuerte Maschinen bezeichnet, weil sie in der Lage sind, umfangreiche Aufgaben nach einem vorgegebenen Programm selbsttätig und selbstkontrollierend durchzuführen. Sieht man einmal von den wenigen Eingriffsmöglichkeiten durch den Bediener ab, so handelt es sich bei EDV-Anlagen um Maschinen mit rein interner, automatischer Steuerung und Kontrolle.

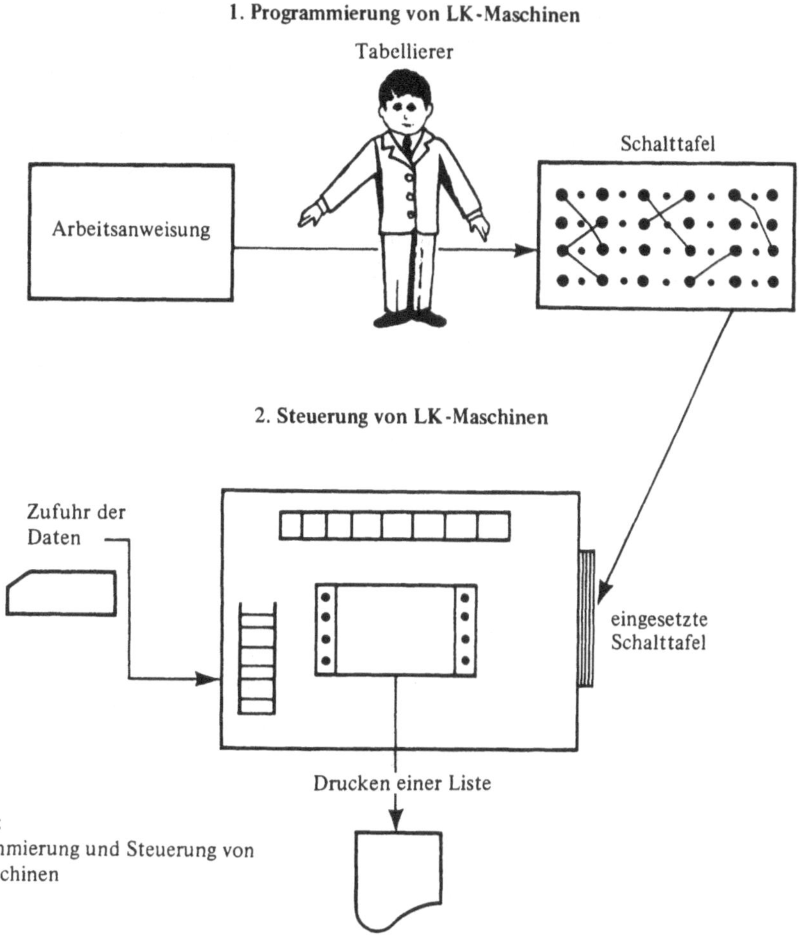

Bild 34:
Programmierung und Steuerung von LK-Maschinen

Bei den Steuerungs- und Kontrollfunktionen einer EDV-Anlage muß zwischen der Hardware- und der Programmsteuerung unterschieden werden. Die erstgenannte Einrichtung ist vom Hersteller fest in die Maschine eingebaut. Sie dient dazu, eine störungsfreie Arbeit der Anlage zu gewährleisten und den Bediener auf bestimmte Vorgänge hinzuweisen. Zu diesen Steuerungsfunktionen gehören Prüfungen und Kontrollen bei der Ein- und Ausgabe, bei der Speicherung und beim Rechnen. Beispiele hierfür sind die Lochzählung, die Bitzahlprüfung, die Prüfung auf gültiges Zeichen, Kontrollen bei Schreib- und Lesevorgängen, Sicherung bei leerem oder vollem Kartenmagazin, Überlaufanzeigen beim Rechnen und viele andere.

Die Hauptbedeutung der Steuerung bei einer EDV-Anlage kommt jedoch der Programmsteuerung zu. Ein Programm besteht aus einer Folge von Einzelschritten; es wird für jede Aufgabe getrennt angefertigt. Eine solche Kette von Schritten (in der Fachsprache Instruktionen genannt) bildet ein Programm, das jeweils vor dem Arbeitsablauf in den internen Arbeits- oder Hauptspeicher der Anlage geladen wird. Nach dem Start des Programms überträgt die Anlage nun die erste Instruktion aus dem internen Speicher zum Steuerwerk, das dann - abhängig von der Art dieser Instruktion - den Arbeitsablauf steuert: Das Steuerwerk stellt fest, um was für einen Befehl es sich handelt und wo die Daten gespeichert sind, die mit Hilfe dieses Befehls verarbeitet werden sollen. So sollen beispielsweise eine Lochkarte eingelesen (= Eingabeoperation), die Daten einer Lochkarte verarbeitet (= Verarbeitungsoperation) oder eine Zeile ausgedruckt (= Ausgabeoperation) werden. Erst nach der Ausführung des Befehls wird die nächste Instruktion ins Steuerwerk übertragen, interpretiert und ausgeführt - ein Vorgang, der sich so oft wiederholt, bis die letzte Datenkarte verarbeitet ist. Bild 35 zeigt das Laden eines Programms und den sich anschließenden Arbeitsablauf.

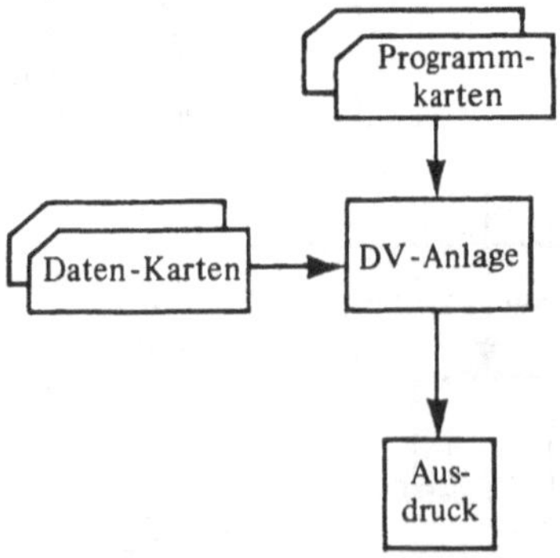

Programm-Laden:
Programmkarten werden *vor Beginn* des Ablaufs eingelesen (Instruktionen werden in den internen Speicher übertragen).

Arbeitsablauf:
Die zu verarbeitenden Daten werden *während des Ablaufs und nacheinander* abgefühlt und verarbeitet.

Bild 35: Laden und Ablauf eines Programms

Der externen Steuerung von EDV-Anlagen durch das Bedienungspersonal kommt eine nur geringe Bedeutung zu. Außer dem Knopfdruck, der die Anlage in Tätigkeit setzt oder stoppt, sind es nur wenige Einzelmaßnahmen, mit denen der Bediener in den Ablauf der Maschine eingreifen kann. Als Einrichtungen der externen Steuerung seien genannt: Start- und Stopptasten, Drucktasten zum Löschen von Registern, Speicherplätzen und Prüfanzeigen, Schalter für die Steuerung einzelner Operationen (z.B. Magnetband um einen Satz zurücksetzen oder Band zurückspulen), Knöpfe für den Kartenauslauf beim Lese- und Stanzgerät, für den manuellen Zeilentransport beim Drucker und zum Laden der Programmkarten sowie

Steuerungselemente für den Programmtest. Bild 36 zeigt das Steuerpult mit Steuerpultschreibmaschine einer EDV-Anlage.

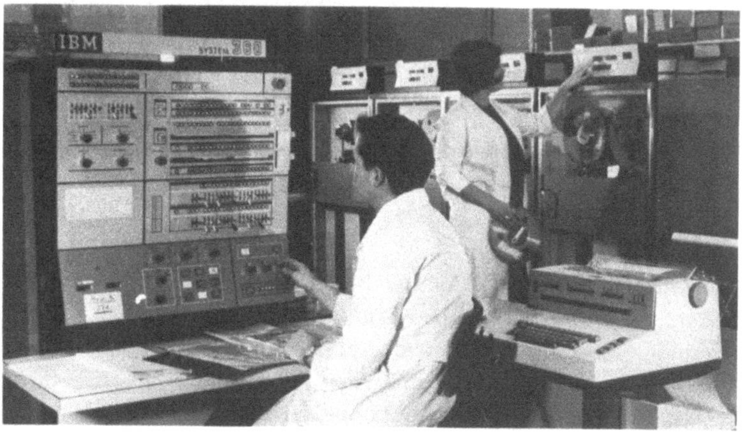

Bild 36: Steuerpult mit Schreibmaschine der IBM/360, Modell 40 (Werkbild IBM)

4.22 *Die Recheneinheit*

Die Recheneinheit einer elektronischen Datenverarbeitungsanlage führt die arithmetischen Rechen- und die logischen Vergleichs- und Verzweigungsoperationen durch. Elektronische Rechner können, wie bereits beim binären Zahlensystem erläutert, nur addieren. Die Subtraktion wird auf die Addition des komplementären Subtrahenden, die Multiplikation auf die fortgesetzte Addition und die Division entsprechend auf die fortlaufende Subtraktion (also fortgesetzte Addition des komplementären Subtrahenden) zurückgeführt. Die einfachste Form der Addition und Subtraktion ist die Zuordnung der beiden Operanden zu einer Additions- bzw. Subtraktionstabelle. Jedes mögliche Ergebnis einer Addition zweier Ziffern ist in der Tabelle gespeichert. Aus den beiden Ziffern, die die Maschine addieren soll, wird eine Speicheradresse gebildet, in der das Ergebnis der Addition steht. Findet die Maschine das Ergebnis in der rechten unteren Hälfte der Tabelle (vergleiche hierzu Bild 37), so ist ein Übertrag entstanden, den sie als zusätzliche Addition einer 1 in der nächst höheren Stelle berücksichtigen muß. Der entsprechende Vorgang gilt umgekehrt bei der Subtraktion. Multiplikation und Division werden über ein Unterprogramm - durch fortgesetzte Addition bzw. Subtraktion mit zusätzlicher Stellenverschiebung - durchgeführt.

Die meisten Recheneinheiten besitzen jedoch statt der Tabellen ein

Bild 37:
Additionstabelle

Ohne Übertrag ↑ | Mit Übertrag ↓

	0	1	2	3	4	5	6	7	8	9
0	0	1	2	3	4	5	6	7	8	9
1	1	2	3	4	5	6	7	8	9	0
2	2	3	4	5	6	7	8	9	0	1
3	3	4	5	6	7	8	9	0	1	2
4	4	5	6	7	8	9	0	1	2	3
5	5	6	7	8	9	0	1	2	3	4
6	6	7	8	9	0	1	2	3	4	5
7	7	8	9	0	1	2	3	4	5	6
8	8	9	0	1	2	3	4	5	6	7
9	9	0	1	2	3	4	5	6	7	8

Rechenwerk, das aus einer großen Anzahl elektronischer Schaltelemente besteht, die die Rechenoperationen durch Öffnen und Schließen ihrer Stromkreise steuern. Während ältere EDV-Anlagen zwei Rechenwerke besaßen, in denen jede Rechenoperation parallel ablief und die beiden Ergebnisse anschließend auf Übereinstimmung verglichen wurden, findet bei modernen EDV-Anlagen statt dessen eine ständige automatische Funktionskontrolle der Rechenschaltkreise statt.

Die Schaltkreise der Recheneinheit dienen außerdem dazu, zwei Angaben miteinander zu vergleichen, um aufgrund des Vergleichsergebnisses im Programm zu verzweigen. Hierbei kann a gleich b, a ungleich b, a größer b und a kleiner b sein. Wird beispielsweise ein Gutschriftsbetrag bei der Rechnungsschreibung mit der Kennlochung 9 an einer bestimmten Stelle in der Lochkarte ausgedrückt (a gleich 9), so verzweigt das Programm aufgrund dieses Vergleichsergebnisses in das Unterprogramm "Gutschriftsrechnung", wo der betreffende Betrag der Rechnungssumme nicht hinzuaddiert, sondern von dieser abgezogen wird. Die Fähigkeit, mit Hilfe logischer Vergleichsoperationen selbständig Ja/Nein-Alternativen treffen und das Programm hierdurch steuern und variieren zu können, gehört zu den bedeutendsten Merkmalen der elektronischen Datenverarbeitungstechnik. Bild 38 zeigt das Beispiel eines Programms mit Programmverzweigungen.

4.23 *Der interne Speicher*

4.231 Aufgaben und Begriffe

Jedes Mittel, das dazu dient, Daten für eine gewisse Zeit aufzubewahren, kann ganz allgemein als Speicher bezeichnet werden. Sowohl der Mensch als auch ein elektronisches Datenverarbeitungssystem besitzen Einrichtungen, um notwendige und wissenswerte Angaben festzuhalten.

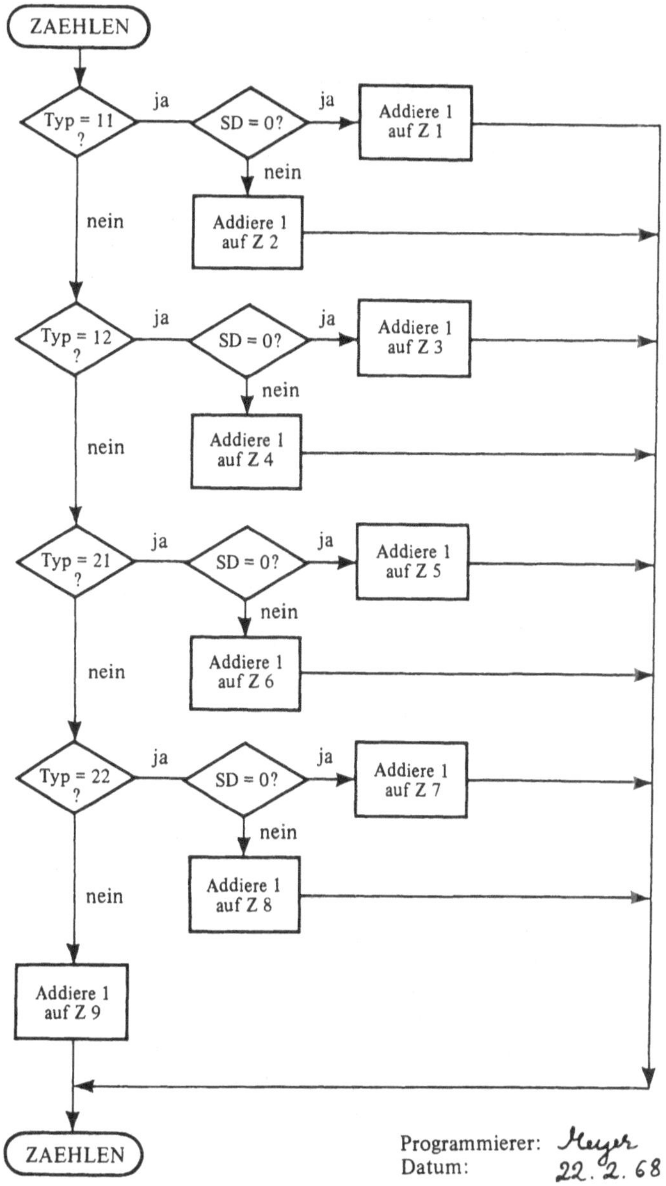

Bild 38: Programmablaufplan

Der "innere Speicher" des Menschen ist sein Gedächtnis. Die begrenzte Aufnahmefähigkeit und die geringe Zuverlässigkeit machen es erforderlich, das Gedächtnis durch äußere Speichermittel zu ergänzen. Diesen Zweck erfüllt das Papier, das uns in Form von Notizzetteln, Verzeichnissen, Nachschlagewerken und Büchern als "externer Zusatzspeicher" mit unbegrenzter Aufnahmefähigkeit zur Verfügung steht. Dem Gedächtnis des Menschen ist der interne Arbeitsspeicher oder Hauptspeicher einer EDV-Anlage vergleichbar. Seine Aufgabe besteht darin, die eingegebenen Daten aufzunehmen und an die Recheneinheit weiterzugeben, die Ergebnisse der Verarbeitung zu speichern und sie rechtzeitig zum Ausgabegerät zu transportieren. Außerdem versorgt der interne Speicher das Steuerwerk mit Instruktionen, die der Anlage mitteilen, welche Operationen sie ausführen soll. Der Hauptspeicher ist fest mit der Anlage verbunden und gehört zur Zentraleinheit. Er ist in der Lage, Daten mit hoher Geschwindigkeit aufzunehmen und abzugeben. Seine Aufnahmefähigkeit ist, bedingt durch die hohen Kosten, begrenzt und umfaßt selten mehr als einige 100.000 Zeichen. Etwa 90 % aller im Einsatz befindlichen EDV-Anlagen verwenden als internen Arbeitsspeicher Magnetkernspeicher. Gegenwärtig besitzen nur verhältnismäßig wenige EDV-Anlagen statt des Magnetkernspeichers einen Magnetdraht- oder Dünnschichtspeicher.

Um Aufbau und Arbeitsweise eines Speichers besser zu verstehen, ist es notwendig, häufig verwendete Begriffe zu erklären: Unter der *Kapazität* eines Speichers versteht man seine Aufnahmefähigkeit. Sie wird beim internen Speicher in Stellen (eine Stelle = 1 alphanumerisches Zeichen), in Bytes (1 Byte = 1 Buchstabe/Sonderzeichen oder 2 Ziffern) oder in Worten (1 Speicherwort = mehrere Zeichen) angegeben. Die Speicherkapazität kann bei den meisten EDV-Anlagen durch Ausbau bis zu einer maximalen Kapazität erhöht werden.

Die *Zugriffszeit* gibt den Zeitraum an, der benötigt wird, um Daten in den Speicher zu übertragen oder von dort abzuholen. Da interne Speicher keinerlei mechanische Bewegungen durchführen, ist die Zugriffszeit zu jeder einzelnen Stelle gleich groß, weshalb auch von einem Direktzugriff (engl. = Direct Access) gesprochen wird. Im allgemeinen beträgt die Zugriffszeit bei internen Speichern einige Mikrosekunden bis einige Hundert Nanosekunden.

Die Übertragung von Daten in den Speicher wird als *Speichern* oder *Schreiben* bezeichnet, das Abholen vom Speicher als *Lesen*. Hierbei ist zu beachten, daß Daten, die aus dem Speicher herausgelesen werden, unverändert erhalten bleiben. Nur der Inhalt des aufnehmenden Speicherplatzes wird gelöscht und durch die neuen Daten ersetzt. Das gilt grundsätzlich für alle heutigen Speichereinrichtungen genauso wie die Tatsache, daß ein Speicher seinen Inhalt bei Stromausfall oder -unterbrechung nicht verliert.

Um ein Zeichen zu einem bestimmten Platz im Speicher übertragen oder dort abrufen zu können, müssen die Speicherplätze Nummern (in der Fachsprache *Adressen*) tragen. Üblicherweise werden die Speicherplätze durch fortlaufende numerische Adressen gekennzeichnet, die die EDV-Anlage natürlich genau kennt (die Adressen sind fest "verdrahtet"). Die Adressen eines Speichers dürfen jedoch nicht mit ihrem Inhalt verwechselt werden: Man kann einen Speicher mit den Schließfächern eines Postamtes vergleichen. Jedes Fach ist durch eine fortlaufende Nummer gekennzeichnet, die jedoch nichts über seinen Inhalt aussagt. Das Fach kann leer sein oder Briefe, Zeitungen, Drucksachen oder Päckchen enthalten.

Der Inhalt einer Speicheradresse kann ebenfalls leer oder mit einem Zeichen belegt sein. Je nach Speichertyp und EDV-Anlage besitzt jede einzelne Speicherstelle bzw. jedes einzelne Speicherbyte eine eigene Adresse, oder aber es sind immer mehrere Speicherstellen zu gleichgroßen Gruppen (= Speicherworten) unter einer gemeinsamen Adresse zusammengefaßt. Ein Speicherwort dieser sogenannten Wortmaschinen hat eine Länge von meist 4, 6, 10 oder 12 Stellen. Die Wortlänge ist vom Hersteller der Anlage festgelegt und kann nicht geändert werden. Da jeder Adresse in diesem Falle ein Speicherwort zugeordnet ist, kann auch jeweils nur ein ganzes Speicherwort angesprochen und übertragen werden. Stellen- oder byteadressierte Speicher werden, im Gegensatz zum Wortspeicher, auch als Speicher mit variabler Wortlänge bezeichnet, weil die Anzahl der Speicherstellen für einen Datenbegriff (z.B. eine mehrstellige Zahl, ein Betrag oder ein Name) beliebig und unterschiedlich groß sein kann. Bild 39 zeigt noch einmal den Unterschied zwischen Speicheradressen und -inhalt.

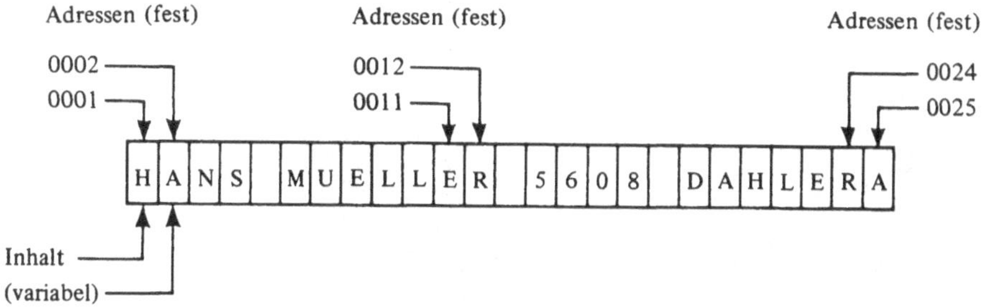

Bild 39: Adressen und Inhalt eines Speichers (Ausschnitt)

4.232 Der Magnetkernspeicher

Der Magnetkern- oder Ferritspeicher gehört wegen seiner günstigen Eigenschaften gegenwärtig zu den am meisten verwendeten Arbeitsspeichern. Von allen anderen magnetischen Speichereinrichtungen (Magnettrommel, Magnetband und Magnetplattenspeicher) unterscheidet sich der Magnetkernspeicher dadurch, daß die Zeichen nicht auf einer magnetisierbaren Oberfläche, sondern in kleinen Eisen- (oder Ferrit-) Ringen gespeichert werden, die gänzlich aus magnetisierbarem Material (eine Mischung von Eisenoxydpulver und anderen Materialien) bestehen. Der geringe Platzbedarf sowie die schnelle Magnetisierung sind die wesentlichen Vorzüge des Magnetkernspeichers.

Ein Magnetkern ist ein kleiner Ring mit einem Durchmesser von meist weniger als einem Millimeter. Alle Magnetkerne befinden sich an den Kreuzungspunkten eines rechtwinkligen Gitternetzes aus Drähten, wobei jede Speicherstelle aus sovielen Kernen besteht, wie für die Darstellung eines Zeichens erforderlich sind. Während ältere EDV-Anlagen meist 7 Magnetkerne je Speicherstelle haben, 6 für ein alphanumerisches Zeichen und 1 Kern für die Aufnahme des zusätzlichen Prüfbits, besitzen EDV-Anlagen der III. Generation in der Regel 9 Magnetkerne, und zwar 8 als Datenbits und das 9. als Prüfbit. Bild 40 zeigt einen vergrößerten

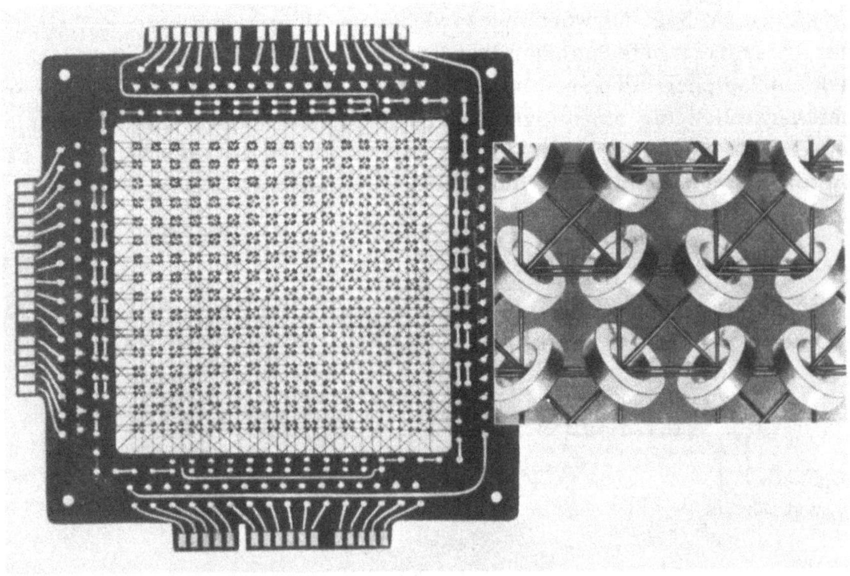

Bild 40: Vergrößerter Ausschnitt aus einer Magnetkernebene (Werkbild Remington Rand)

Ausschnitt aus einer Magnetkernebene, Bild 41 die Darstellung des Buchstabens A im Kernspeicher. Bei der letztgenannten Darstellung, nach dem 7-Bit-Code, ist zu sehen, wie die 7 Magnetkerne einer Speicherstelle in den Ebenen übereinandergeordnet sind.

Schickt man nun einen elektrischen Strom von ausreichender Stärke durch

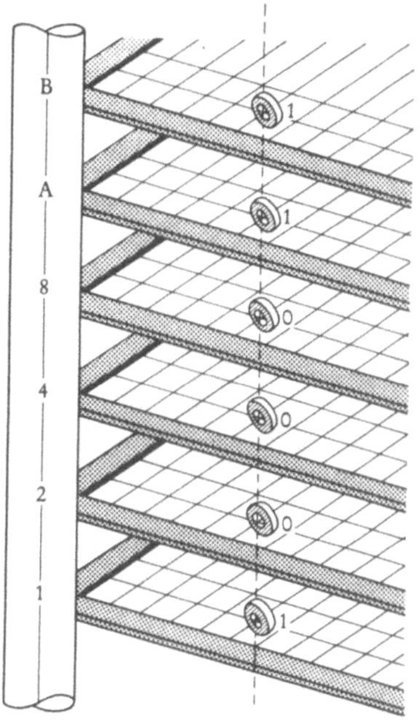

Bild 41:
Darstellung des Buchstaben A im Magnetkernspeicher (Werkbild IBM)

einen Draht, so werden die Magnetkerne auf diesem Draht magnetisiert. Um jedoch einen ganz bestimmten Kern zu magnetisieren, wird durch die beiden Kreuzungsdrähte des ausgewählten Kerns nur jeweils die Hälfte des Stroms gegeben, der zur Magnetisierung eines Kerns erforderlich ist. Beide Stromimpulse addieren sich nur an ihrem Schnittpunkt zu einer ganzen Stromstärke und magnetisieren lediglich den Kern auf dem Kreuzungspunkt, wie in Bild 42 dargestellt.

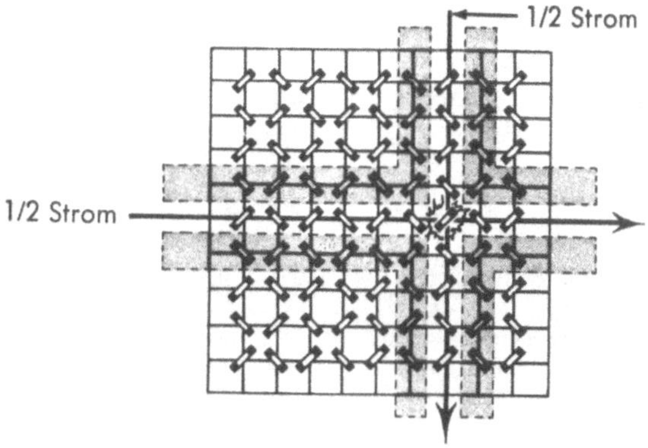

Bild 42:
Magnetisierung eines Magnetkerns (Werkbild IBM)

Die Richtung der beiden Stomimpulse entscheidet nun über die Polarität und damit über den magnetischen Zustand des betreffenden Kerns. Wie Bild 43 zeigt, bewirkt eine Stromrichtung von oben nach unten und von links nach rechts eine positive Magnetisierung, eine Stromrichtung von unten nach oben und von rechts nach links dagegen eine negative Richtung.

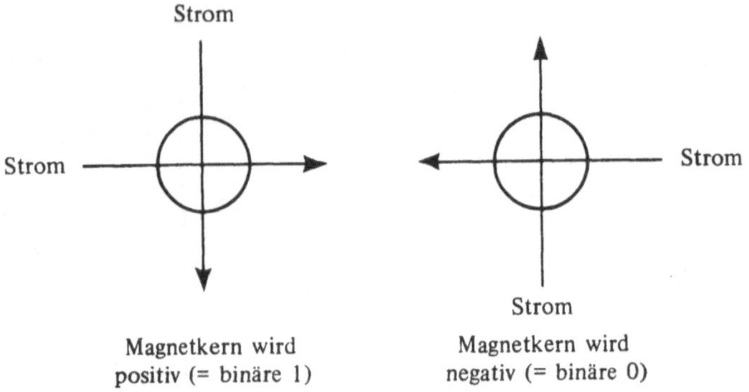

Bild 43:
Arbeitsprinzip eines Magnetkerns

Zu beachten ist, daß beim Ansprechen einer Speicherstelle die Magnetkerne in allen 7 bzw. 9 Ebenen gleichzeitig angesprochen werden. Die Stromrichtung in den Kreuzungsdrähten der einzelnen Ebenen hängt vom dargestellten Zeichen ab. Die Darstellung des Buchstabens A in Bild 41 zeigt, daß die Ebenen B, A und 1 eine positive und die Ebenen 8, 4 und 2 eine negative Magnetisierungsrichtung aufweisen. Jedes andere Zeichen hat dann - entsprechend dem verwendeten Code - eine andere Kombination.

Beim Schreiben oder Speichern werden die entsprechenden Impulse auf alle Kerne eines Zeichens gegeben. Erhält ein positiver Kern einen negativen Strom bzw. ein negativer Kern einen positiven Strom, so ändert dieser seinen Magnetzustand, er "kippt um". Die Umkehrung des magnetischen Zustands eines Kerns zeigt Bild 44. Zu beachten ist, daß nur jeweils ein kurzer Stromimpuls gegeben wird. Die Magnetisierung des Kerns bleibt erhalten, ohne daß es neuer und ständiger Impulse bedarf.

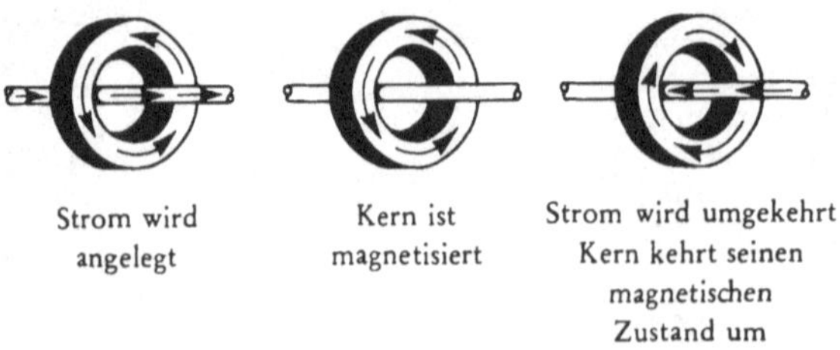

Bild 44:
Umkehrung eines Kernzustandes (Werkbild IBM)

Auch bei Stromausfall geht das Magnetfeld der Kerne nicht verloren. Wie bei anderen Magnetspeichern, so wird eine Speicherstelle stets nur durch Neubelegung gelöscht.

Soll ein Zeichen aus dem Kernspeicher herausgelesen werden, so schickt man nur negative Stromimpulse durch die Kreuzungsdrähte der betreffenden Speicherstelle. Die negative Richtung des Stromes bewirkt, daß alle Kerne mit positivem Magnetfeld (= binäre 1) auf den Zustand 0 zurückkippen, während die Kerne mit negativem Fluß (= binäre 0) ihre Richtung beibehalten. Ein dritter Draht, der sogenannte Lese- oder Abfühldraht, erhält beim Umkippen eines positiven Kerns einen Induktionsstrom, der dem Steuerwerk anzeigt, daß der betreffende Kern vor dem Lesen eine positive Magnetisierungsrichtung hatte. Aus den Induktionsströmen in den einzelnen Ebenen läßt sich ableiten, welche Kerne einer Speicherstelle vor dem Lesevorgang eine positive Magnetrichtung (= binäre 1) hatten. Auf diese Weise ist das gespeicherte Zeichen eindeutig bestimmt. Bild 45 zeigt den Abfühldraht in einer Kernebene, Bild 46 seine Wirkung.

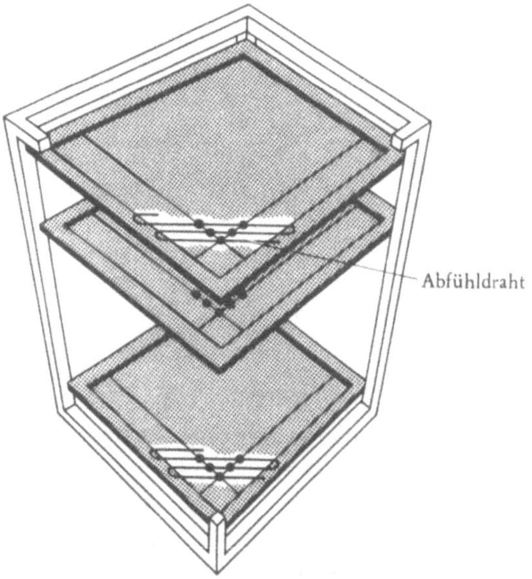

Bild 45:
Abfühldraht in einer Kernebene

Im Gegensatz zu allen anderen magnetischen Speichern zerstört der Lesevorgang jedoch die herausgelesenen Zeichen, weil alle Kerne mit dem Zustand 1 auf 0 umkippen. Um jedoch die Daten im Speicher zu erhalten, müssen diese Kerne in den alten Zustand zurückversetzt werden. Das geschieht dadurch, daß nach dem Lesen in alle Kerne der Speicherstelle duale Einsen (= positive Magnetisierung) gegeben werden. Ein zusätzli-

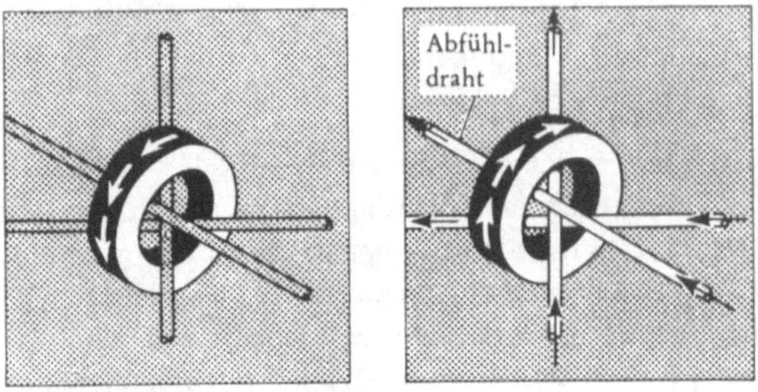

Bild 46:
Wirkung des Abfühldrahtes (Werkbild IBM)

cher Hemmdraht (vergleiche Bild 47) verhindert den Schreibvorgang in den Kernen, die vor dem Lesen auf 0 standen. Mit dieser Erneuerung ist der ursprüngliche Zustand der Kerne wiederhergestellt.

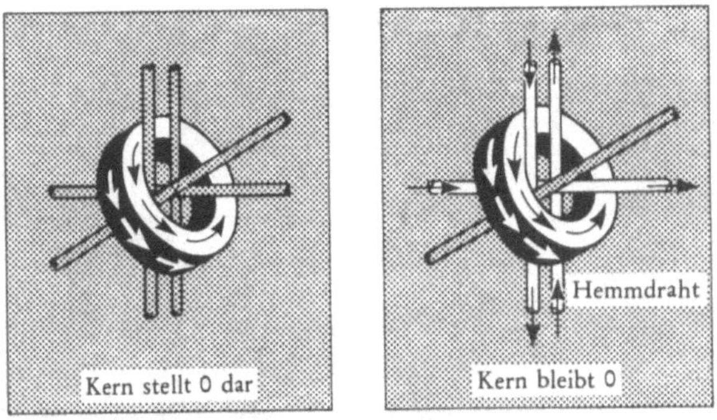

Bild 47:
Hemmdraht

4.233 Magnetdraht- und Dünnschichtspeicher

Remington Rand UNIVAC und National Cash Register NCR setzen bei ihren neuen Anlagen anstelle des Magnetkernspeichers einen Magnetdrahtspeicher ein, dessen Entwicklung aus der Raumfahrttechnik stammt. Der Magnetdrahtspeicher ist dem von UNIVAC bereits seit Jahren in Großrechenanlagen verwendeten Dünnschichtspeicher ähnlich, nur daß beim Magnetdrahtspeicher der Film auf dünnen Drähten mit 0,12 mm Durchmesser anstatt auf einer Glasplatte aufgedampft ist. Ein Magnetdrahtspeicher besitzt die gleichen Vorteile wie ein Dünnfilmspeicher: eine hohe Speichergeschwindigkeit, eine geringe Größe und einen geringen Strombedarf.

Der Aufbau des Magnetdrahtspeichers ist sehr einfach, weil es nur zwei verschiedene, sich im rechten Winkel kreuzende, Gruppen von Leitungen gibt: Die Gruppe der Magnetdrähte und die Gruppe der Lese-/Schreibleitungen. Besonders bedeutsam ist die Tatsache, daß beim Magnetdrahtspeicher der Inhalt beim Lesen nicht zerstört wird, im Gegensatz zum Magnetkernspeicher, bei dem nach jedem Lesevorgang eine Erneuerung erforderlich ist, d.h. die gelesenen Daten erneut in den Speicher zurückgeschrieben werden müssen. Das zerstörungsfreie Lesen erhöht die Geschwindigkeit und erlaubt eine Vereinfachung der Schaltkreise in der Zentraleinheit.

Ein weiterer Vorteil des Magnetdrahtspeichers (im Gegensatz zum Dünnfilmspeicher) ist seine einfache und daher kostengünstige Herstellung. Hinzu kommt, daß der Draht, auf dem der Dünnfilm aufgedampft ist, gleichzeitig als integrierter Teil der Speicherschaltkreise verwendet wird. Dadurch werden die Anzahl der Elemente verringert und der elektronische Aufbau des Speichers vereinfacht. Die Zykluszeiten des UNIVAC-Magnetdrahtspeichers liegen zwischen 600 Nanosekunden und 1,2 Mikrosekunden. Bild 48 zeigt den vergrößerten Ausschnitt eines Magnetdrahtspeichers.

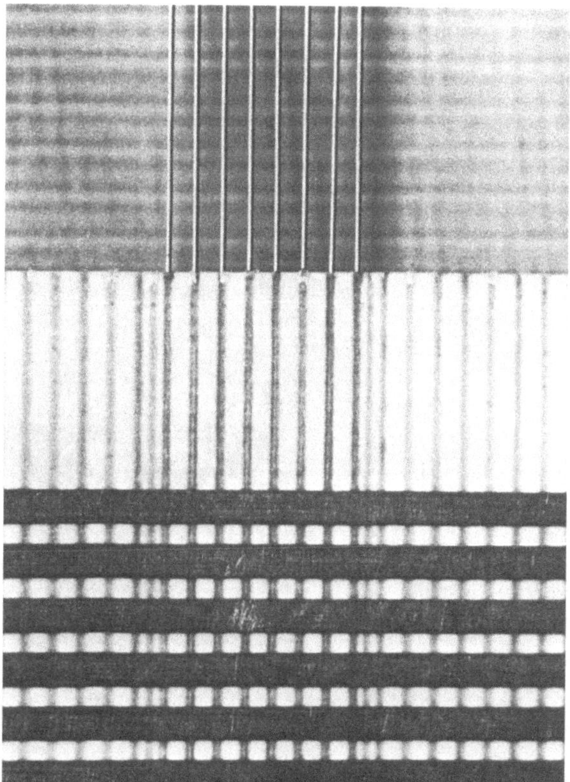

Bild 48:
Stark vergrößerte Aufnahme eines Magnetdrahtspeicher-Ausschnitts. Rechts sind die Magnetdrähte, links die Leseleitungen erkennbar (Werkbild Remington Rand)

Dünnschicht- oder Dünnfilmspeicher werden bei den Großanlagen der Remington Rand UNIVAC serienmäßig verwendet. Hierbei geht man davon aus, daß ein verminderter technischer Aufwand auch die Magnetisierungs- und Zugriffszeiten eines Speichers verkürzt. Den Dünnschichtspeicher kann man sich als einen zusammengepreßten Magnetkernspeicher vorstellen, bei dem die Magnetfelder durch Isolierschichten voneinander getrennt sind. Er besteht aus hauchdünnen ferromagnetischen Schichten von wenigen 100.000stel Millimetern Dicke, die im Hochvakuum auf einer Glasplatte aufgedampft werden. Die Verwendung einer Schablone beim Aufdampfen läßt kleine magnetisierbare Punkte entstehen. Schaltungen, die auf die Speicherplatte fest aufgepreßt sind, stellen die Verbindung des Dünnschichtspeichers zur Zentraleinheit her. Hierdurch erreicht man eine Änderung des magnetischen Zustandes eines Feldes innerhalb weniger Nanosekunden. Bild 49 zeigt einen Dünnschichtspeicher, unter einer Lupe vergrößert, Bild 50 eine Hochvakuumeinrichtung.

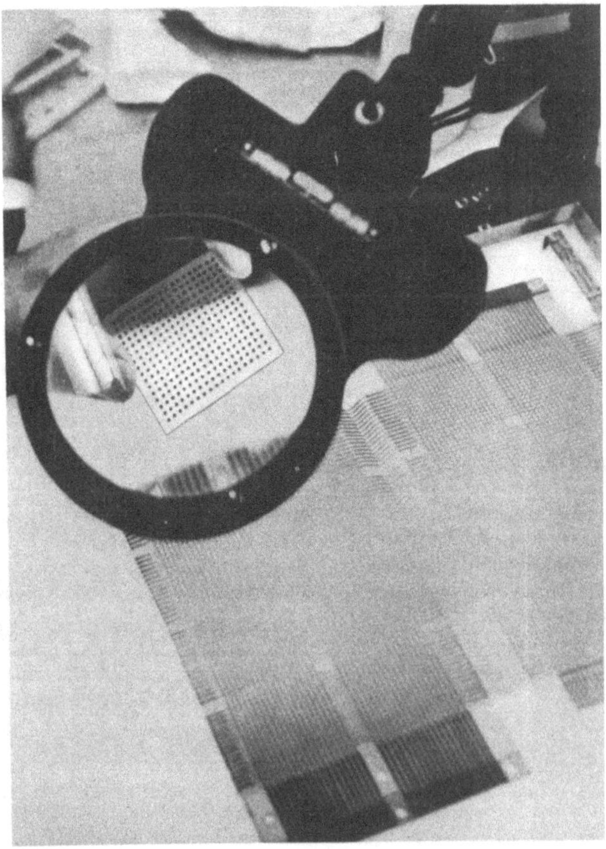

Bild 49: Dünnschichtspeicher, unter einer Lupe vergrößert (Werkbild Remington Rand)

Bild 50: Hochvakuumeinrichtung zur Herstellung von Dünnschichtspeichern (Werkbild I.C.T.)

Die Stromverbindungen des Dünnschichtspeichers bilden ein System von sogenannten Wort- und Ziffernleitern, vergleichbar mit den Kreuzungsdrähten beim Magnetkernspeicher. Der Schreibvorgang wird durch das Zusammentreffen eines Wort- und eines Ziffernstromes an dem betreffenden Speicherplatz ausgelöst, wobei ein positiver Ziffernstrom wiederum eine binäre 1, ein negativer Strom eine binäre 0 bedeuten. Beim Lesen gibt man durch den entsprechenden Wortleiter einen Strom, der die Magnetisierungsrichtung unter dem Leiter um 90° dreht. In Abhängigkeit vom ursprünglichen Magnetisierungszustand erhalten die Ziffernadreßleitungen einen positiven oder negativen Impuls.

Die Vorteile des Dünnschichtspeichers liegen außer in den extrem niedrigen Zugriffszeiten im außergewöhnlich geringen Energieverbrauch sowie im kleinen Platzbedarf. Wie bei allen magnetischen Speichern, gehen die Informationen bei Stromausfall nicht verloren. Die große Stabilität der Speicherung erhöht die Zuverlässigkeit und Sicherheit der elektronischen Datenverarbeitung. Nachteilig wirken sich die verhältnismäßig hohen

Herstellkosten aus, was auch der Grund dafür ist, daß Dünnschichtspeicher bisher nur bei einigen Großanlagen verwendet werden.

4.3 Die Ein- / Ausgabegeräte

Die *Eingabegeräte* lesen oder fühlen die verschlüsselten Daten aus den Eingabemitteln (Lochkarte, Lochstreifen, Magnetband u.a.) ab, wandeln sie in die binär-dezimale Maschinensprache um und stellen sie für die Verarbeitung im internen Speicher der EDV-Anlage bereit. Außer den Daten wird auch das jeweilige Programm eingegeben und in der Anlage gespeichert. Während die Datensätze (beispielsweise der Inhalt einer Lochkarte oder ein Datensatz auf Magnetband) einzeln und nacheinander abgefühlt und - nach Maßgabe des gespeicherten Programms - verarbeitet werden, ist es üblich, das gesamte Programm für eine Aufgabe vor Arbeitsbeginn in die Maschine einzulesen und dort zu speichern.

Die *Ausgabegeräte*, die wie die Eingabegeräte direkt über Kabel mit der Zentraleinheit verbunden sind, übersetzen die Ergebnisse der Datenverarbeitung wieder in den Ausgabecode und halten sie für die Ausgabe bereit. Von einer späteren Wiederverarbeitung hängt es ab, ob die Ergebnisdaten wiederum in Datenträger (Lochkarte, Lochstreifen, Magnetband oder Magnetplatte) übertragen oder aber direkt in Klarschrift über Schnelldrucker ausgegeben werden.

Für die Ein- und Ausgabe stehen eine Vielzahl von Geräten und Einrichtungen zur Verfügung. Sie sollen dem Benutzer die Möglichkeit bieten, seine Anlage den unterschiedlichen Aufgaben und Zwecken anzupassen. Selten ist eine EDV-Anlage jedoch mit allen verfügbaren Geräten ausgestattet, umgekehrt sind zwei oder mehrere gleiche Ein-/Ausgabegeräte an einer Zentraleinheit angeschlossen. Bild 51 zeigt eine Übersicht über die verschiedenen Ein- und Ausgabegeräte, die heute an einer EDV-Anlage angeschlossen werden können und die die Daten an den Hauptspeicher der Anlage übermitteln bzw. von ihm empfangen.

4.31 *Geräte für die Ein- und Ausgabe von Einzelinformationen*

Diese Geräte und Einrichtungen dienen dazu, eine engere Beziehung zwischen Menschen und EDV-Anlage zu schaffen. So kann es beispielsweise erwünscht sein, durch Abfragestationen gespeicherte Informationen zu erfragen. Der Inhalt eines Bestandssatzes oder eines Kontos wird aus dem Speicher herausgeschrieben oder auf einem Fernsehschirm optisch sichtbar gemacht. Ein solcher Bildschirm kann sowohl Kurven als auch alphanumerische Schriftzeichen reproduzieren. Bei einigen EDV-Anlagen gibt es auch die Möglichkeit der Sprachausgabe. Über einen normalen

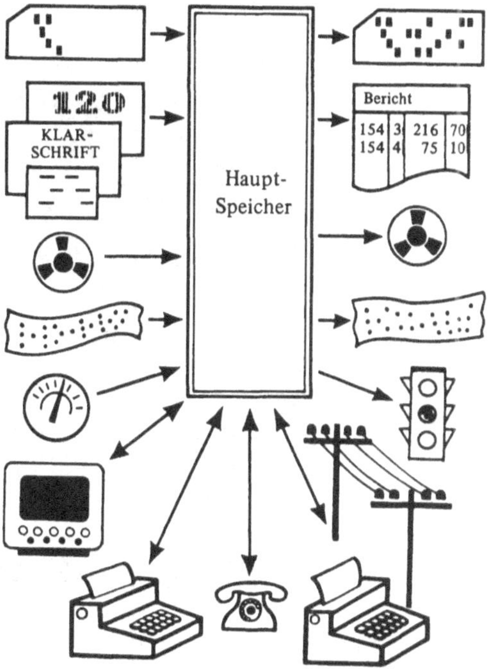

Bild 51:
Eingabe- und Ausgabegeräte
(Werkbild IBM)

Telefonanschluß können die Speicherinhalte abgefragt werden. Das EDV-System wird angewählt und in wenigen Sekunden kommt die akustische Antwort über den gewünschten Datenbestand. Auch ist es erforderlich, der Zentraleinheit einzelne Informationen mitzuteilen oder aber umgekehrt dem Bediener bestimmte Vorgänge anzuzeigen, die ihn zum Eingreifen veranlassen sollen. Beispiel hierfür sind die Eingabe des Tagesdatums, der Startadresse, eines Programmkennzeichens oder einzelner Anweisungen bei der Programmprüfung. Auch kann der Bediener mit Hilfe dieser Geräte den Inhalt einzelner Speicherplätze oder Register abfragen oder - beim Programmtest - bestimmte Einzelschritte einleiten.

Die genannten Einrichtungen sind entweder unmittelbar an der Zentraleinheit angeschlossen oder aber von ihr getrennt. Im letzteren Falle handelt es sich um Abfragestationen (engl. terminals), die über Telefon- oder Fernschreibleitungen mit der EDV-Anlage verbunden sind. Wird eine Auskunft gewünscht, tastet der Bediener ein bestimmtes Kennwort ein. Nach kurzer Zeit erscheinen dann direkt von der Zentraleinheit des Computers die gewünschten Informationen auf einem Bildschirm oder - über eine Schreibmaschine - in gedruckter Form. Nahezu alle großen Luftfahrtgesellschaften bedienen sich heute des dezentralen Buchungssystems, wie es in Bild 52 dargestellt ist.

Bild 52: Lufthansa-Buchungsstation (Werkbild Lufthansa)

Eine angeschlossene Steuerpult- oder Konsolschreibmaschine, wie sie mindestens bei mittelgroßen EDV-Anlagen zu finden ist, unterscheidet sich äußerlich kaum von der bekannten elektrischen Schreibmaschine, nur daß sie hier fest eingebaut und über Kabel mit der Zentraleinheit verbunden ist. Außerdem ist eine solche Schreibmaschine mit zusätzlichen Einrichtungen für die automatische Informationsausgabe zur Mitteilung an den Bediener und für die Codeumwandlung versehen. Ein eingebauter Zwischenspeicher (Puffer) hat die Aufgabe, die unterschiedlichen Arbeitsgeschwindigkeiten von Schreibmaschine und Zentraleinheit bei der Datenübertragung auszugleichen. Der Vorteil der Schreibmaschine liegt darin, daß die Ein- und Ausgabe direkt durch Anschlag (ohne Zwischenträger) erfolgt und die Informationen gleich lesbar vorliegen. Demgegenüber wirkt sich die geringe Geschwindigkeit nachteilig aus, die bei der Eingabe von der Fertigkeit der Schreibkraft abhängt. Hieraus folgt, daß eine elektrische Schreibmaschine ausschließlich für die Ein- und Ausgabe einzelner Informationen sinnvoll eingesetzt werden kann. Bild 53 zeigt die Zentraleinheit der IBM/360 mit angeschlossener Konsolschreibmaschine.

Dem gleichen Zweck wie die Schreibmaschine dienen Zifferntastatur und Schaltersystem. Sie ersetzen bei kleinen und mittelgroßen Anlagen meist die elektrische Schreibmaschine und ermöglichen in Kombination mit optischen Anzeigen ebenfalls die Ein- und Ausgabe einzelner Informa-

Bild 53: Zentraleinheit der IBM/360 mit angeschlossener Konsolschreibmaschine (Werkbild IBM)

tionen bei der Verarbeitung oder Programmprüfung. Die optischen Anzeigevorrichtungen bestehen aus kleinen Lämpchen, die dem Bediener beispielsweise den Inhalt eines Speicherplatzes oder Registers sichtbar machen.

4.32 *Automatische Ein- und Ausgabe*

Den Geräten für die automatische Ein- und Ausgabe kommt naturgemäß die Hauptbedeutung bei der Ein- und Ausgabe eines elektronischen Datenverarbeitungssystems zu. Erst durch diese Einrichtung gelingt es, große Datenmengen, die bei der kommerziellen Datenverarbeitung die Regel sind, schnell und wirtschaftlich ein- und auszugeben. Die hohe Geschwindigkeit elektronischer Rechner bliebe unwirksam, wenn es nicht möglich wäre, der Maschine die Eingabedaten sehr schnell zuzuführen und die Ergebnisse mit der gleichen Geschwindigkeit abzunehmen.

4.321 Lochkartengeräte

Das "klassische" Eingabemittel ist nach wie vor die Lochkarte. Schon seit Hermann Hollerith werden Daten mit Hilfe der Lochkarte eingegeben. Solange es kein uneingeschränkt anwendbares und wirtschaftliches Verfahren gibt, Daten in Druckschrift vom Urbeleg direkt in die elektronische Datenverarbeitungsanlage einzugeben, wird die Lochkarte der gebräuchlichste Datenträger bleiben. Lochkarten werden aus einem Spezialkarton hergestellt, der widerstandsfähig gegen mechanische Beanspruchungen sein und eine gute elektrische Isolierfähigkeit besitzen muß. Die linke obere Ecke ist meistens abgeschrägt. Sie zeigt dem Bediener an, ob alle Karten in einem Stapel richtig liegen. Eine Lochkarte, die falsch herum eingeordnet ist, ragt mit ihrer Ecke an der Stelle des Eckenabschnitts der anderen Karten heraus und wird dadurch sofort gefunden. Lochkarten sind in Kartons zu je 2000 Stück verpackt. Damit sie sich bei der Lagerung durch ihr eigenes Gewicht zusammenpressen, sind die Kartons hochkant aufzustellen. Lochkarten dürfen nicht gewölbt oder verzogen sein, und ihre Stärke und Festigkeit darf sich nicht durch Feuchtigkeit und Temperaturschwankungen ändern. Deshalb soll die Lufttemperatur des Lagerraumes 18 bis 22° C und die Luftfeuchtigkeit ca. 50 % betragen. Lochkarten kosten, je nach Abnahmemenge, zwischen 5,- und 7,- DM je 1000 Karten.

Die Lochkarte ist der älteste und erste Datenträger für die maschinelle Datenverarbeitung. Als Hermann Hollerith sie zum ersten Mal einsetzte, griff er auf Vorbilder der Franzosen Falcon und Jacquard zurück, die ihre Webstühle mit Hilfe aneinandergereihter Lochkarten steuerten. Obwohl es nicht an Bestrebungen fehlt, die Lochkarten zugunsten anderer Datenträger zu ersetzen, wird in den meisten Fällen die Hauptmenge des anfallenden Datenmaterials auch heute noch in Lochkarten übertragen.

Bild 54 zeigt Aufbau und Begriffe der Lochkarte. Wie ersichtlich, hat die Lochkarte 80 senkrechte Lochspalten (mit der Spaltennumerierung am unteren Rand der Karte). Jede Lochspalte kann ein alphanumerisches Zeichen, d.h. eine Ziffer, einen Buchstaben oder ein Sonderzeichen aufnehmen. Eine Lochkarte mit 80 Spalten (nur Remington Rand UNIVAC verwendet außer der 80-spaltigen auch noch 90-spaltige Lochkarten) kann also bis zu 80 Ziffern, Buchstaben oder Sonderzeichen beinhalten. Eine Lochstelle ist dagegen ein bestimmter, für die Aufnahme eines Loches vorgesehener, Platz auf der Karte. Jede Lochspalte besitzt im ganzen 12 Lochstellen, und zwar 10 Normallochstellen (für die Darstellung der Dezimalziffern 0 - 9) und 2 Überlochstellen (für zusätzliche Lochungen bei der Verschlüsselung von Buchstaben und Sonderzeichen) sowie zur Aufnahme von Steuerlöchern. Betrachtet man die Lochstellen nicht innerhalb einer Lochspalte, sondern nebeneinander in horizontaler

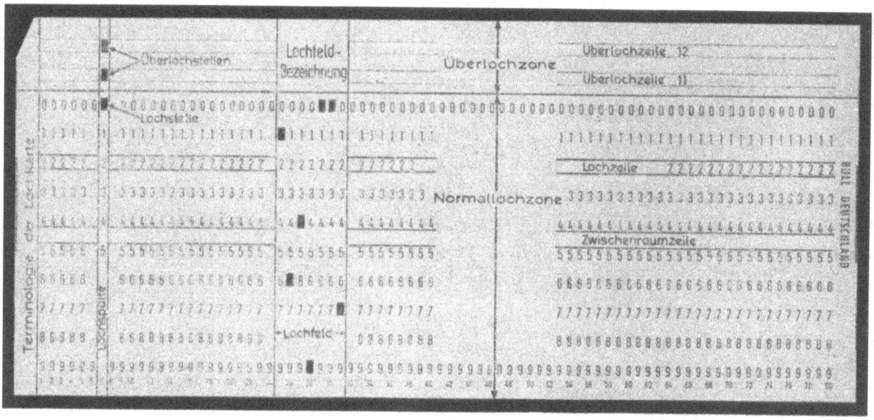

Bild 54: Aufbau und Begriffe der Lochkarte

Richtung, so kommt man zum Begriff der Lochzeile. Entsprechend den beiden Arten der Lochstellen unterscheidet man auch hier die Normallochzeilen von den Überlochzeilen. Die Überlochzeilen werden mit den Begriffen 11 und 12 gekennzeichnet, was jedoch nichts mit der Verschlüsselung der Zahlen 11 und 12 zu tun hat. Zwischen den Lochzeilen liegen die Zwischenraumzeilen, die für die Aufnahme von Hand-, Maschinen- oder Druckschrift genutzt werden können. Alle Normallochzeilen werden zur Normallochzone, die beiden Überlochzeilen zur Überlochzone zusammengefaßt.

Als Lochfeld wird die Zusammenfassung mehrerer nebeneinanderliegender Lochspalten für die Aufnahme eines Begriffes bezeichnet. Ein Lochfeld kann beispielsweise einen Betrag, eine Mengenangabe oder einen Namen aufnehmen. Um auch dem Menschen den Umgang mit Lochkarten zu erleichtern, werden die Karten auf der Vorderseite bedruckt. Das Druckbild hängt vom Verwendungszweck der Karte ab und muß so ausgeführt sein, daß die Qualität der Lochkarte und damit ihre Verarbeitung nicht beeinträchtigt werden. Neben einem vorwiegend schwarzen, häufig auch farbigen Aufdruck ist der Lochkartenkarton oft selbst eingefärbt. Zusätzliche Farbstreifen bieten ein Unterscheidungsmerkmal für den Benutzer.

Wie aus Bild 55 ersichtlich, werden bei der 80-spaltigen Lochkarte alle 10 Ziffern durch je 1 Loch dargestellt. Jede EDV-Anlage faßt ein Loch in der Lochzeile 0 als Ziffer 0, ein Loch in der Lochzeile 1 als Ziffer 1 usw. auf. Selbstverständlich kann in jeder Lochspalte nur jeweils eine Ziffer (bzw. ein nichtnumerisches Zeichen) gelocht sein. Um aber auch die 26 Buchstaben und eine Reihe von Sonderzeichen darstellen zu können, würden (entsprechend dem Ziffernsystem) nicht 10, sondern mehr als

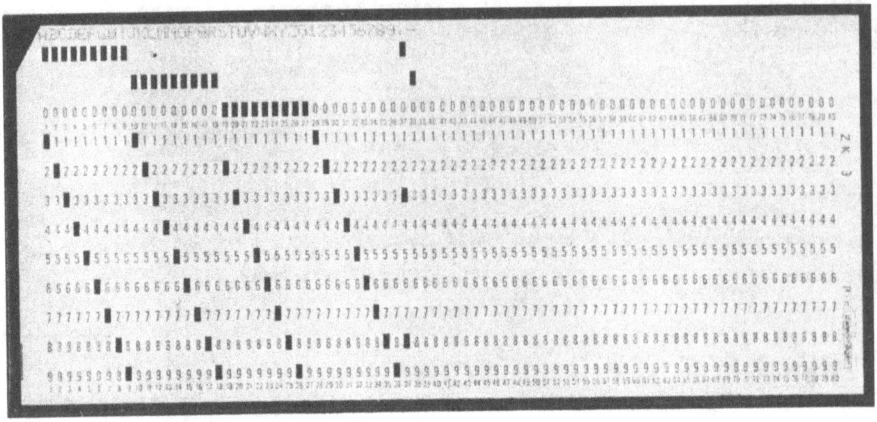

Bild 55: Lochkarte mit IBM-Code

40 Lochzeilen benötigt. Anders als bei der Ziffernverschlüsselung verknüpft man bei der Darstellung von Buchstaben und Sonderzeichen zwei oder sogar drei Lochstellen miteinander. Während bei der IBM die Normallochzeile 0 und die beiden Überlochzeilen 11 und 12 für die Zusatzlochungen benutzt werden, verwendet BULL die Normallochzeilen 7, 8 und 9 zusätzlich für die Verschlüsselung von Buchstaben und Sonderzeichen, siehe Bild 56.

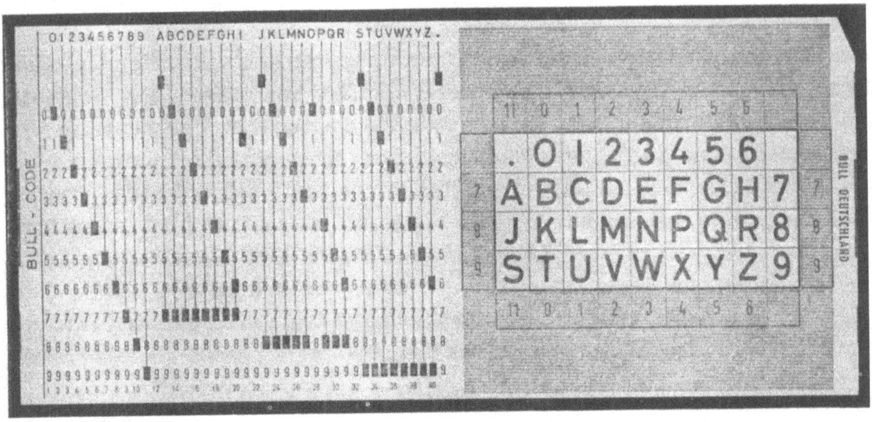

Bild 56: Lochkarte mit BULL-Code

Eine Ausnahme macht die 90-spaltige Lochkarte der Remington Rand UNIVAC, die in zwei Kartenhälften zu je 6 Lochzeilen aufgeteilt ist. Mit Ausnahme der Ziffern 0, 1, 3, 5, 7 und 9 werden alle anderen Ziffern durch je 2 Löcher ausgedrückt. Das System der Verschlüsselung bei der 90-spaltigen Lochkarte zeigt Bild 57. Wie bereits vermerkt, werden heute bei den meisten EDV-Anlagen der Remington Rand UNIVAC ebenfalls 80-spaltige Lochkarten verwendet.

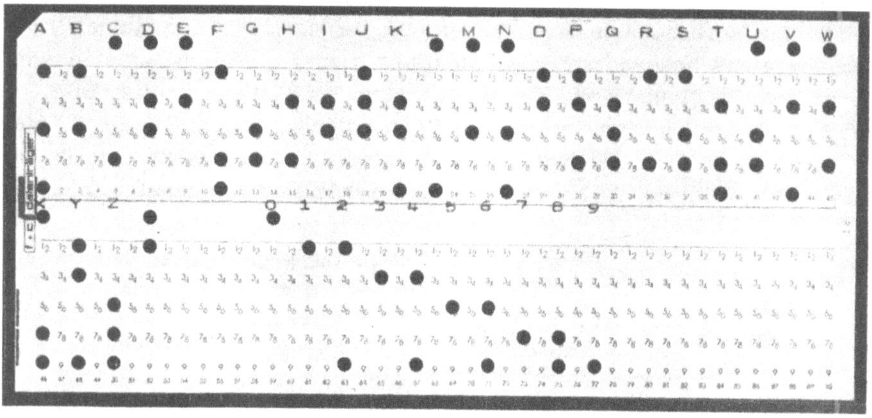

Bild 57: Lochkarte mit Remington Rand-Code

Die Lochschrift ist, wie die Blindenschrift, eine verkörperte Schrift, bei der die Zeichen durch besonders angeordnete, erhabene Punkte dargestellt werden. Der Blinde tastet diese erhabenen Punkte ab und erkennt durch ihre Lage und Anordnung die Blindenschriftzeichen. Bei der Lochschrift werden die Zeichen nicht durch erhabene Punkte, sondern durch Löcher an bestimmten Stellen der Lochkarte ausgedrückt. Lochkartenlesegeräte fühlen dann die Löcher in der Karte ab. Der Grundgedanke unserer heutigen Lochkarte tauchte zum ersten Male 1728 auf, als der französische Mechaniker Falcon Lochbretter zur Steuerung mechanischer Webstühle benutzte. Der Franzose Jacquard übernahm das Prinzip des Lochbrettes. Er fügte "Lochkarten" aus Blech oder Pappe aneinander und steuerte mit diesen "Endloslochkarten" seine Webmuster. Wenn auch die Steuerungs-"Lochkarten" Falcons und Jacquards auf der einen, und die uns bekannten Lochkarten auf der anderen Seite völlig verschiedenen Zwecken dienen, eines haben sie gemeinsam: beide Karten verwenden die zwei Möglichkeiten "Loch oder kein Loch" dazu, Maschinen steuern und bestimmte Funktionen in der Maschine auszulösen.

Die Lochkarte ist nicht nur Datenträger (maschinell lesbarer Beleg), sondern auch ein sehr anpassungsfähiges Organisationsmittel. Sie ist die Grundlage für die Durchführung mannigfaltiger Abrechnungsaufgaben in den Unternehmen der Wirtschaft und der öffentlichen Verwaltung mit Hilfe von EDV-Anlagen. Die Lochkarte ist normalerweise kein kaufmännischer Beleg. Sie übernimmt nur die einzelnen Daten eines Geschäftsvorfalls aus dem Uraufschreibungsbeleg. Eine solche Karte wird - im organisatorischen Sinne - als Normallochkarte bezeichnet. Sie kann aber auch kaufmännischer Beleg sein und damit die Funktionen von kaufmännischem und maschinell lesbarem Beleg in sich vereinigen. Eine solche Lochkarte nennt man Verbundkarte. Der Vorteil der Verbundkarte liegt in der Einsparung eines besonderen Belegformulars. Damit entfallen zugleich eine Reihe von Problemen, wie die Belegablage und Datenkontrolle. Bild 58 zeigt die Gewinnung von Normal- und Verbundlochkarten, in Bild 59 ist das Beispiel einer Normallochkarte und einer vorgelochten Verbundlochkarte dargestellt. Während die Normallochkarte mit Hilfe des manuellen Lochens

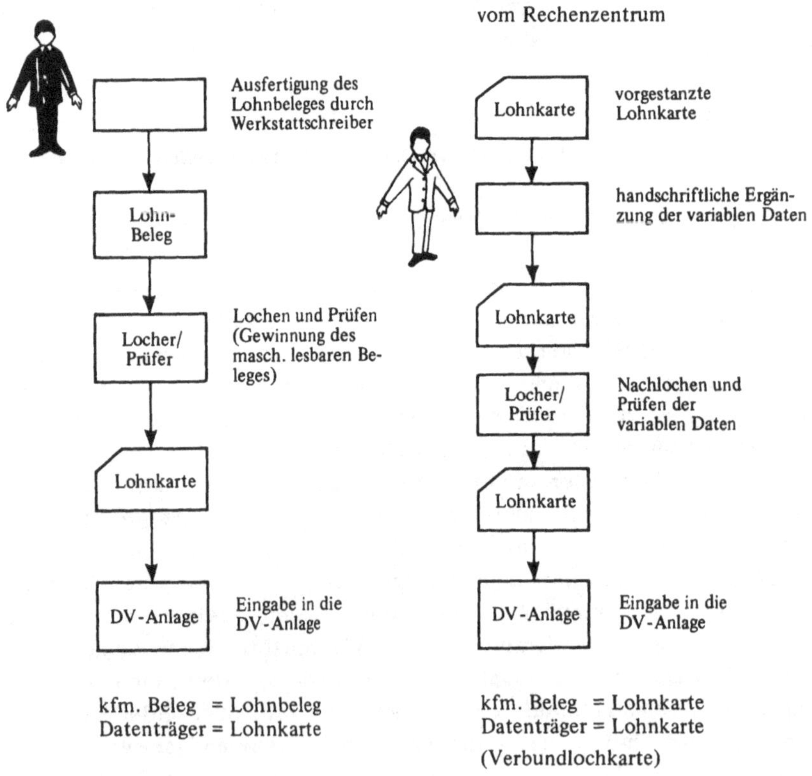

Bild 58: Gewinnung von Normal- und Verbundlochkarten

und Prüfens aus dem Beleg gewonnen wird, ist die vorgestanzte Verbundlochkarte selber Beleg, auf dem die variablen Daten handschriftlich ergänzt und nachgelocht werden.

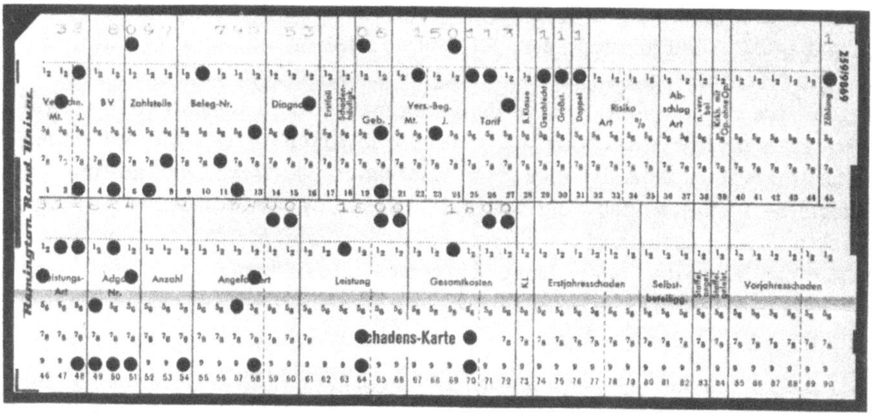

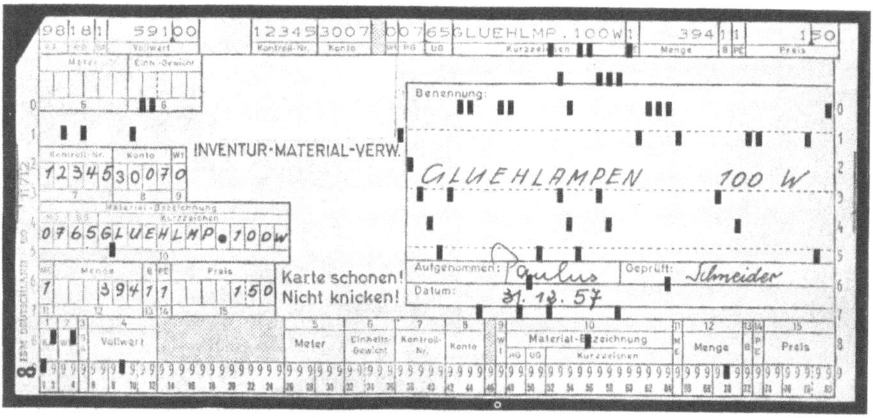

Bild 59: Beispiel einer Normallochkarte (oben) und einer Verbundlochkarte (unten)

Die Lochkarte ist ein billiger Datenträger. In Klarschrift übersetzt, sind ihre Daten für den Menschen leicht lesbar. Nach der Beschriftung kann die Lochkarte auch gut als Karteikarte verwendet werden. Den Vorzügen der Lochkarte stehen jedoch, insbesondere im Hinblick auf die elektronische Datenverarbeitung, erhebliche Nachteile gegenüber. Die niedrigen Kosten erscheinen in einem anderen Licht, wenn man bedenkt, daß die Lochkarte nicht (wie beispielsweise das Magnetband) löschbar und wiederverwendungsfähig ist. Eine einmal gelochte Karte kann nicht ein zweites Mal für die Aufnahme anderer Daten verwendet werden. Auch ist der Platzbedarf für die Aufnahme eines Datensatzes bei der Lochkarte um ein Vielfaches höher als beim Magnetband. Eine Magnetbandrolle kann leicht den Inhalt von 100.000 bis 200.000 Lochkarten aufnehmen. Die feste Satzlänge bei der Lochkarte (durch die begrenzte Spaltenzahl), von der noch die Stellen für den Sortierbegriff abgehen, sowie die verhältnismäßig geringen Ein- und Ausgabegeschwindigkeiten der Lochkartenlese- und -stanzgeräte sind weitere Nachteile gegenüber dem Magnetband und zum Teil auch im Vergleich zum Lochstreifen. Vorteilhaft gegenüber dem Lochstreifen ist die Sortierfähigkeit der Lochkarten. Jeder Lochkartenstapel kann einfach und verhältnismäßig schnell über eine Lochkartensortiermaschine in eine andere Reihenfolge gebracht werden. Jedoch ist die Bedeutung dieses Vorteils heute nicht mehr so groß, weil die meisten EDV-Anlagen mit Magnetbandeinheiten oder anderen externen Speichern ausgerüstet sind, mit deren Hilfe dann die Sortierung der eingelesenen Datensätze innerhalb der EDV-Anlage erfolgt.

Lochkarten können manuell mit Hilfe eines Lochgerätes oder maschinell über einen Synchronlocher oder nach dem Zeichenlochverfahren gewonnen werden. Bei dem am meisten angewendeten Verfahren (vergleiche Bild 60)

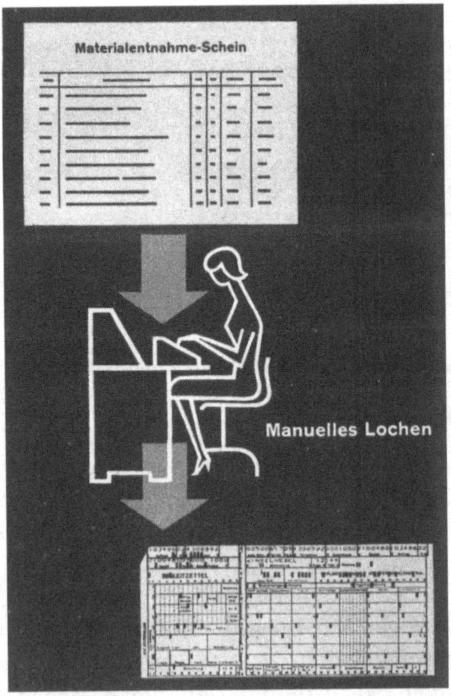

Bild 60:
Manuelles Lochen (Werkbild IBM)

werden die Daten mit Hilfe eines Lochgerätes (Bild 61) vom Beleg in die Lochkarte übertragen. Hierbei tastet die Locherin, wie beim Schreiben auf der Schreibmaschine, die Daten über eine Tastatur des Lochers ein, die dann Spalte für Spalte gelocht werden. Ist der Locher zusätzlich mit einem

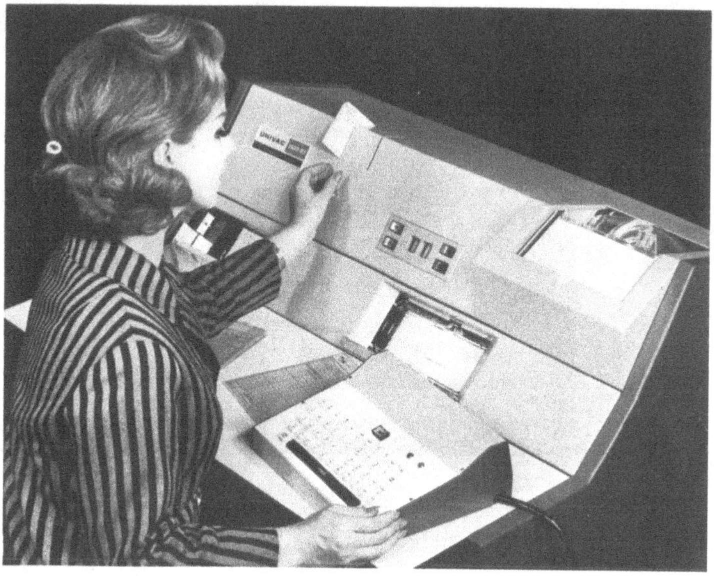

Bild 61: Locher der Remington Rand (Werkbild Remington Rand)

Schreibwerk versehen (Schreiblocher), so können die Daten außerdem gleichzeitig und spaltengerecht auf den oberen Rand der Karte geschrieben werden. Das manuelle Lochverfahren erfordert einen hohen Zeitaufwand, denn eine Locherin locht in einer Stunde im Durchschnitt nur etwa 120 bis 150 Karten, während bei der Verarbeitung 30.000, 60.000 oder mehr Lochkarten je Stunde durch die EDV-Anlage laufen.

Um die Gewähr zu haben, daß die in die Karte gelochten Angaben auch richtig übertragen wurden, müssen alle Lochkarten geprüft werden. Beim Prüfen tastet die Prüferin dieselben Angaben aus den abgelochten Belegen in eine Prüfmaschine (Bild 62) ein, und die Maschine vergleicht diese mit den in der Karte befindlichen Lochungen. Hat die Prüferin jeweils dieselbe Taste gedrückt wie die Locherin, ergibt sich Übereinstimmung, und die Lochung war richtig. Besteht dagegen keine Übereinstimmung, hat sich entweder die Locherin oder aber die Prüferin geirrt. Die Prüferin wird dann das betreffende Zeichen aus dem Beleg nochmals eintasten, und wenn Tastung und Lochung wieder voneinander abweichen, muß die Lochung in der Karte falsch sein oder fehlen. In diesem Fall wird die ganze Karte neu gelocht und geprüft. Bei diesem Prüfverfahren geht man davon aus, daß zwei Menschen bei gleicher Arbeit an verschiedenen Maschinen mit großer Wahrscheinlichkeit nicht denselben Fehler machen. Die Sicherheit des Prüfverfahrens ist außerordentlich hoch, setzt jedoch voraus, daß

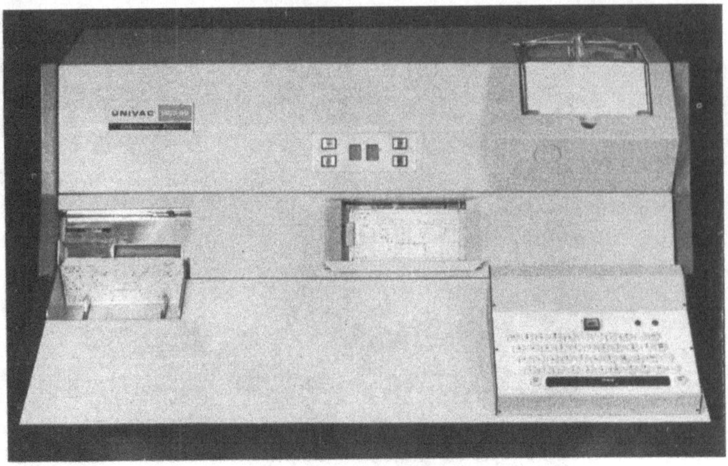

Bild 62: Prüfer der Remington Rand (Werkbild Remington Rand)

Ablochbelege und Lochkarten entsprechend gestaltet und die Angaben auf dem Beleg klar und deutlich geschrieben sind.

Außer dem normalen Loch- und Prüfverfahren von Hand gibt es die Möglichkeit, Lochkarten synchron, d.h. gleichzeitig und übereinstimmend, mit dem Schreiben der Originalbelege zu gewinnen. Bei der synchronen Lochkartengewinnung ist ein Kartenlocher an eine Schreib-, Rechen-, Buchungs- oder Fakturiermaschine angeschlossen. Bild 63 zeigt einen solchen Synchronlocher. Die Schreiberin tastet die Ordnungsbegriffe und die zu addierenden Werte über die Tastatur in die Maschine ein. Der Druck auf die Motortaste bewirkt das Schreiben der Angaben auf das Formular, z.B. einen Additionsstreifen oder ein Kontoblatt. Synchron mit dem

Bild 63:
BULL-Addierlocher
(Synchrolocher)
(Werkbild Bull)

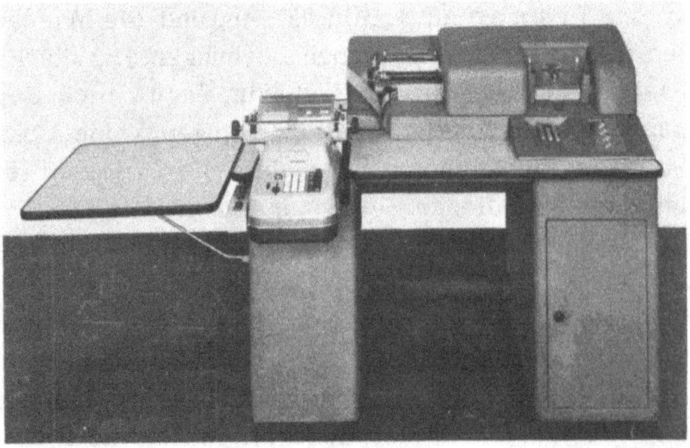

Schreibvorgang werden im angeschlossenen Locher die Werte bzw. die ermittelten Summen in eine Lochkarte gestanzt.

Eine weitere Möglichkeit, das manuelle Lochen und Prüfen zu umgehen und die Daten maschinell in Lochkarten zu stanzen, ist das Zeichenlochverfahren. Bei diesem Verfahren werden die zu lochenden Angaben an ganz bestimmten Stellen der Zeichenlochkarte durch Ziffern, Striche oder Kreuze handschriftlich markiert. Eine besondere Lochkartenmaschine (der Zeichenlochautomat) bzw. eine Zusatzeinrichtung beim Kartendoppler fühlt die handschriftlichen Markierungen ab und setzt sie mit einer Geschwindigkeit von mehreren 1000 Karten in der Stunde in Lochungen um. Je nach Verfahren werden die Markierungen mit einem weichen Bleistift (fotoelektrische Verfahren), mit einem stark graphithaltigen Stift (elektrische Verfahren) oder mit einem eisenhaltigen Stift (magnetische Verfahren) vorgenommen. Markierungsstift, Schriftbild, Größe und Stärke der Zeichen sind genau vorgeschrieben und richten sich nach der Maschine, mit der die Zeichenlochkarte gelesen werden soll. Bild 64 zeigt das Beispiel einer solchen Zeichenlochkarte. Eine gute Einsatzmöglichkeit für das Zeichenlochverfahren bildet die Inventur, bei der der Lagerhalter den vorhandenen Bestand eines Artikels in die vorgestanzte Inventurkarte markiert. Hiermit entfällt ein gesonderter Inventurbeleg.

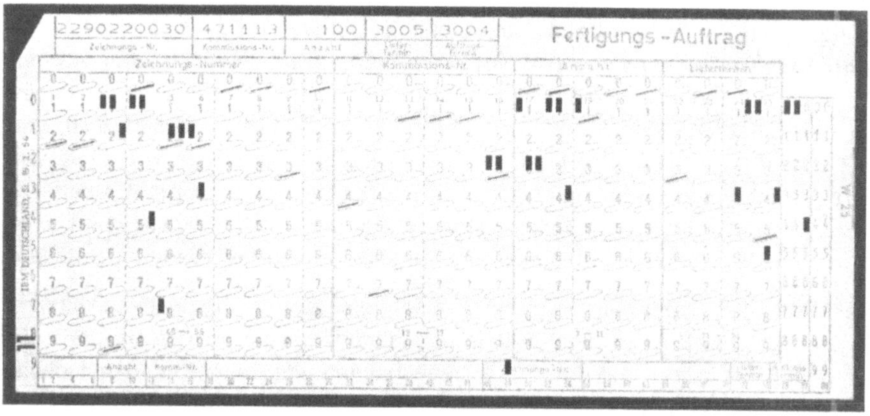

Bild 64: Zeichenlochkarte

Wie in Bild 65 dargestellt, werden die Lochkarten beim Lesevorgang in der EDV-Anlage aus dem Eingabemagazin, das meist mit einer Vorratsrampe versehen ist, einzeln zur Abfühlvorrichtung transportiert, elektrisch oder fotoelektrisch abgefühlt und in einem von meist drei vorhandenen Ablagefächern (Normal-, Fehler- und Aussteuerungsfach) abgelegt. Die

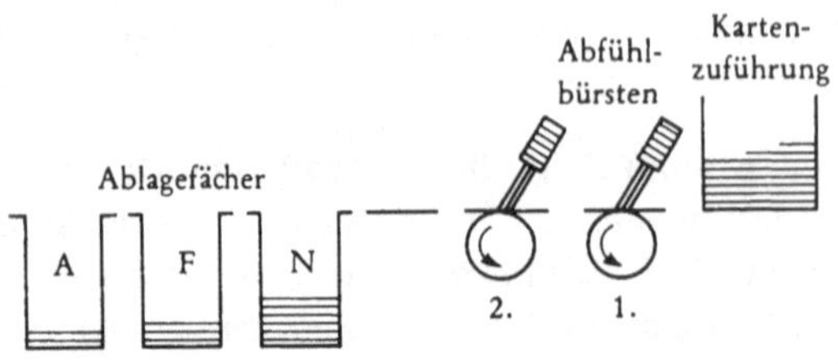

Bild 65:
Schema des Kartendurchlaufs bei der elektrischen Abfühlung

N = Normalfach
F = Fehlerfach
A = Aussteuerungsfach

Lesegeschwindigkeit der Geräte beträgt je nach Typ zwischen 150 und 2.000 Karten in der Minute. Bei der elektrischen Abfühlung führt die Maschine die Lochkarte zwischen einer unter elektrischer Spannung stehenden Metallwalze und den Abfühlbürsten hindurch. Jede Lochung ergibt einen Kontakt zwischen der betreffenden Bürste und der Walze. Durch den Abfühlvorgang werden die Löcher in der Karte in elektrische Impulse umgewandelt, weitergeleitet und (als binär-dezimal verschlüsselte Daten) in den Hauptspeicher der Zentraleinheit übertragen. Aus Sicherheitsgründen ist (wie in Bild 65 zu sehen) eine zweite Abfühlstation vorhanden. Von den ersten Abfühlbürsten werden lediglich die Löcher in der Karte gezählt. Die zweite Station wiederholt diesen Vorgang und prüft das Ergebnis auf Übereinstimmung mit der ersten Zählung (sog. Lochzahlprüfung). Die zweifache Abfühlung gewährleistet, daß die gelochten Daten richtig gelesen werden. Nur wenn beide Zählungen übereinstimmen, beginnt die Code-Umwandlung und die Übertragung der gelesenen Angaben in den Speicher. Bei Nichtübereinstimmung spricht eine Anzeige an, und die Maschine stoppt. Die falsch gelesene Karte muß erneut vorgelegt und der Abfühlvorgang wiederholt werden. Bei einigen Anlagen prüft eine weitere Kontrolleinrichtung jedes gelochte Zeichen auf seine Gültigkeit, d.h. auf Übereinstimmung mit einem der von der Anlage verwendeten Zeichen.

Arbeitet der Kartenleser fotoelektrisch, so gleitet die Karte zwischen einer Lichtquelle und den Fotozellen hindurch. Nur an den Stellen, die gelocht sind, kann Licht durch die Karte dringen und die Zellen ansprechen. Eine Funktionsprüfung der Fotozellen zwischen den einzelnen Lesevorgängen stellt ein einwandfreies Arbeiten sicher. Während die Lochkarte bei der elektrischen Bürstenabfühlung meist Zeile für Zeile gelesen wird (vergleiche hierzu Bild 66) gibt man der Spaltenabfühlung bei der fotoelektrischen Arbeitsweise den Vorzug. Der höheren Lesegeschwindigkeit einer zeilenweisen Abfühlung (anstelle der 80 Lochspalten brauchen nur 12 Lochzeilen gelesen zu werden) steht der geringere Speicherbedarf bei einer Spaltenabfühlung gegenüber. Da bei der Zeilenlesung vor dem Abfühlen der letzten Zeile noch keines der 80 gelochten Zeichen bestimmt werden

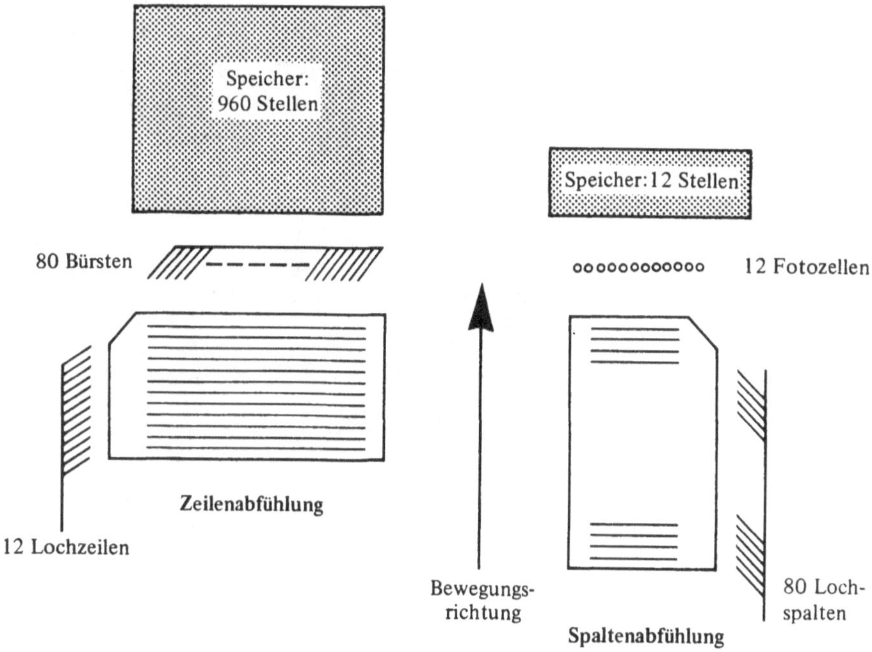

Bild 66: Zeilen- und Spaltenabfühlung

kann, macht dieses Prinzip einen Zwischenspeicher von 12 × 80 = 960 Bits erforderlich, um das ganze Kartenbild vor der Umschlüsselung erst einmal festzuhalten. Bild 67 zeigt das Foto eines Lochkartenlesegerätes.

Sollen die Ergebnisse der Datenverarbeitung nicht ausgedruckt, sondern für eine spätere maschinelle Wiederverwendung in Lochkarten (z.B. als Summen- oder Bestandskarten) gestanzt werden, ist der Anschluß eines Lochkartenstanzgerätes erforderlich. Bei größeren EDV-Anlagen übernehmen jedoch meist Magnetbandgeräte oder andere externe Speicher die Funktion eines Stamm- und Bestandsdatenspeichers. Die niedrige Stanzgeschwindigkeit, die je nach Typ zwischen 100 und 300 Karten in der Minute beträgt, auf der einen und die schnelle Eingabe der magnetbandgespeicherten Daten auf der anderen Seite sind hierfür der Hauptgrund.

Beim Stanzvorgang transportiert die Maschine automatisch eine Leerkarte aus dem Eingabemagazin zur Stanzeinrichtung. Gleichzeitig werden die für die Ausgabe bestimmten Daten vom Maschinen- in den Lochkartencode zurückübersetzt und in elektrische Impulse umgewandelt, die dann die Stanzstempel steuern. Je nach Maschinentyp erfolgt die Stanzung Spalte für Spalte, zeilenweise oder im ganzen (en bloc). Eine hinter der Stanzstation liegende Leseeinrichtung fühlt die soeben gestanzten Angaben ab

Bild 67:
Lochkartenlesegerät

und vergleicht sie mit den Daten, die für die Stanzung im Hauptspeicher bereitgestellt waren. Bei Nichtübereinstimmung steuert die Anlage die falsch gestanzte Karte in das Aussteuerungsfach und wiederholt den Stanzvorgang. Richtig gestanzte Karten werden in das Normalfach transportiert. Bild 68 zeigt das Schema der Kartenstanzung, Bild 69 das Foto eines Lochkartenstanzgerätes.

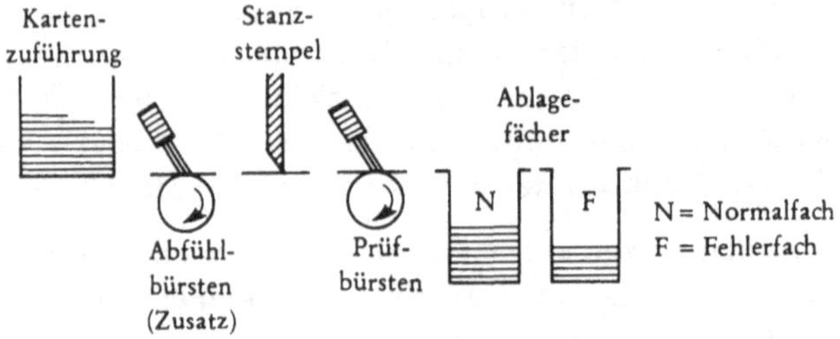

Bild 68:
Schema des Kartendurchlaufs beim Lochkartenstanzgerät

Einige Lochkartenstanzgeräte sind mit einer zweiten Abfühleinrichtung ("Stanzen in die gleiche Karte") ausgerüstet, die vor der Stanzstation liegt. Durch diese Einrichtung ist es möglich, Verarbeitungsergebnisse in

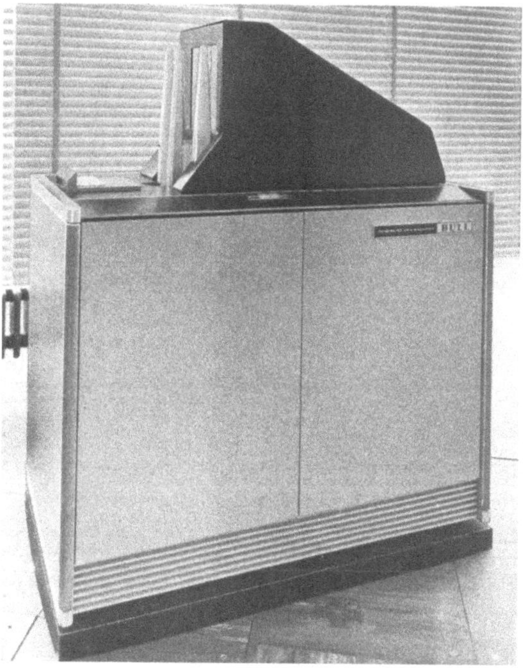

Bild 69:
Lochkartenstanzgerät
(Werkbild Bull)

dieselbe Karte zu stanzen, aus der die Eingabedaten abgefühlt werden. Die Lochprüfung in den beiden Abfühlstationen berücksichtigt nicht nur die abgefühlten Lochungen, sondern auch die zusätzlich gestanzten Daten. Kontrollanzeigen beim Stanzer weisen wie beim Lesegerät auf Nichtübereinstimmung bei der Prüfung, auf ein leeres Eingabe- bzw. volles Ausgabemagazin sowie auf Funktionsstörungen der Maschine hin.

Einige Hersteller, wie beispielsweise die IBM, bieten kombinierte Kartenabfühl- und Stanzgeräte an, bei denen sowohl die Abfühl- als auch Stanzeinrichtung in einem Gerät untergebracht sind. Außerdem gibt es sogenannte Mehrzweckeinheiten (Bild 70), die außer Abfühl- und Stanzeinrichtung auch über Vorrichtungen für das Beschriften, Sortieren und Mischen von Lochkarten verfügen.

4.322 Lochstreifengeräte

Anstelle der Lochkarte läßt sich, unter bestimmten Voraussetzungen, der vom Fernschreiber her bekannte Lochstreifen als Datenträger verwenden. Die Benutzung des Lochstreifens im Bereich der maschinellen Datenverarbeitung ist jedoch nur dort sinnvoll, wo man ihn als Nebenprodukt gewinnen kann. Das ist der Fall, wenn Schreib-, Addier-, Buchungs- oder Fakturiermaschinen mit einem Streifenlocher gekoppelt

Bild 70: UNIVAC 9200 mit Mehrfunktionseinheit, links im Bild (Werkbild Remington Rand)

sind. Im Gegensatz zur Lochkarte besitzt der Lochstreifen eine variable Feld- und Satzlänge, d.h. die Anzahl der Zeichen je Begriff und Datensatz ist nicht begrenzt, sondern frei wählbar. Der geringere Platzbedarf für die Aufnahme der Daten sowie die niedrigeren Kosten bei der Gewinnung und beim Transport sind weitere Vorzüge gegenüber der Lochkarte. Nachteilig wirkt sich dagegen aus, daß die Daten aus dem Lochstreifen für den Menschen sehr schlecht lesbar sind und der Lochstreifen nicht beschriftet werden kann. Wie die Lochkarte, so ist auch der Lochstreifen weder löschbar noch wiederverwendungsfähig.

Mit Hilfe des Lochstreifens (bei Verwendung des 5-Kanal-Lochstreifens) ist es möglich, die Daten über Fernschreiber zu senden. Durch die Entwicklung von Geräten für die Datenfernübertragung über Telefonleitung hat jedoch die Übertragung über Fernschreiber an Bedeutung eingebüßt. Soweit keine Datenübertragung vorgesehen ist, setzt man in der Regel einen 8-Kanal-Lochstreifen ein, weil seine Verschlüsselung einen höheren Grad an Sicherheit bietet. Bild 71 zeigt einen Lochstreifen, Bild 72 eine Schreibmaschine, die mit einem Lochstreifenstanzgerät gekoppelt ist.

Die Datenerfassung mit Hilfe des Lochstreifens wird vor allem dort angewendet, wo dezentral angefallene Daten sofort erfaßt und maschinelle Belege gewonnen werden müssen. Ein Beispiel hierfür ist die dezentrale Kundenbelieferung: Die Aufträge gehen in den einzelnen Lägern oder Filialen ein und werden auch von dort beliefert. Während die Daten dezentral erfaßt und die Liefer- und Versandscheine übertragen werden, erfolgt jede weitere Auswertung (Schreiben der Rechnungen, Buchhaltung, Statistiken) zentral im Rechenzentrum.

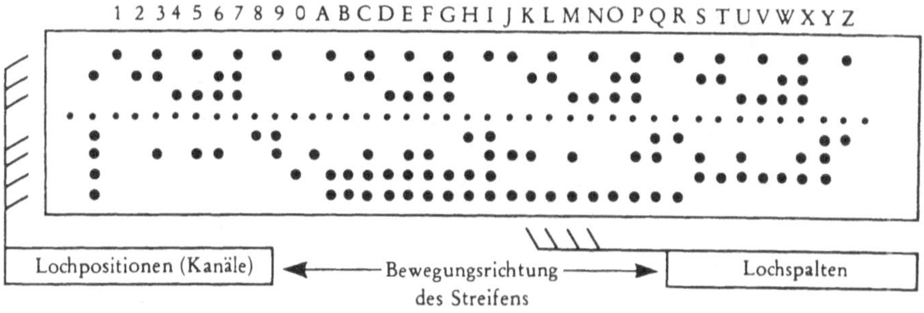

Bild 71: Beispiel eines 7-Kanal-Lochstreifens

Bild 72: Schreibmaschine mit Additionsmaschine und Lochstreifenstanzgerät (Werkbild Vorwerk u. Co.)

Gleichzeitig mit der Gewinnung des Originalbeleges in Klarschrift wird auf der angeschlossenen Stanzeinheit der Lochstreifen gewonnen. Durch die Betätigung der Tasten löst die Schreiberin elektrische Impulse aus, die über Verstärkungseinrichtungen die Stanzmagnete steuern und so das Stanzen der Lochungen bewirken. Besondere Steuerungseinrichtungen machen es möglich, programmierte Spalten- und Zeilensprünge durchzuführen. Darüber hinaus können eine Reihe von Steuercodes und Sonderzeichen verwendet werden. Eingebaute Bedienungshilfen sorgen dafür, daß die Schreiberin Fehler korrigieren kann.

Bei der Verwendung des Lochstreifens wird jedoch von einem besonderen Prüfgerät, wie beim Lochen und Prüfen, abgesehen, weil hier der Maschinenbeleg (im Vergleich zum Originalbeleg) zur Kontrolle dient. Der Wegfall eines zusätzlichen maschinellen Prüfvorgangs erhöht zwar die Wirtschaftlichkeit des Lochstreifenverfahrens, verringert jedoch die Sicherheit, weil eine visuelle Kontrolle niemals die Sicherheit der Prüfmethode beim Lochkartenverfahren erreicht. Auch ist es technisch nicht ganz auszuschließen, daß Original- und Maschinenbeleg zwar übereinstimmen, die Lochungen im Streifen jedoch falsch sind. Aus diesen Gründen ist es stets ratsam, die in Lochstreifen übertragenen Daten einer zusätzlichen programmierten Kontrolle bei der Eingabe in die EDV-Anlage zu unterwerfen. Der Vorteil programmierter Kontrollen liegt außerdem darin, daß hierbei nicht nur reine Übertragungsfehler, sondern auch zum Teil sachliche Fehler erkannt werden können.

Das Lochstreifenlesegerät liest die gelochten Angaben auf elektrischem, meist jedoch auf fotoelektrischem Wege. Da in Laufrichtung immer Zeichen nach Zeichen abgefühlt wird, ist der fotoelektrischen Abfühlung wegen der damit verbundenen höheren Lesegeschwindigkeit der Vorzug zu geben. Nachdem die gelesenen Zeichen in elektrische Impulse umgewandelt und vom Lochstreifen- in den Maschinencode verschlüsselt sind, stehen die Daten im Hauptspeicher für die Verarbeitung bereit. Eine Lesekontrolle ist durch zusätzliche Prüflochungen auf dem Lochstreifen gewährleistet. Die Lesegeschwindigkeit der Lochstreifenlesegeräte beträgt je nach Typ zwischen 250 und 2000 Zeichen in der Sekunde.

Lochstreifenstanzgeräte sind noch langsamere Ausgabeeinrichtungen als Lochkartenstanzer. Ihre Höchstgeschwindigkeit liegt selten über 150 Zeichen je Sekunde, weil der Streifen beim Stanzen Schritt für Schritt bewegt und jedes Zeichen einzeln gestanzt werden muß. Bei der Lochstreifenstanzung werden die vom Hauptspeicher kommenden Daten vom Maschinen- in den Lochstreifencode umgewandelt und mit Hilfe von Stanzstempeln in den Streifen gestanzt. Eine anschließende Lesekontrolle stellt sicher, daß die Daten richtig übernommen wurden. Bild 73 zeigt ein Lochstreifenlese- und Bild 74 ein kombiniertes Lochstreifenlese- und -stanzgerät.

Bild 73:
Lochstreifenlesegerät
(Werkbild Siemens)

Bild 74: Kombiniertes Lochstreifenlese- und -stanzgerät (Werkbild Bull)

Magnetbandgeräte, mit denen heute vielfach schon mittelgroße EDV-Anlagen ausgestattet sind sowie Geräte für die Datenfernübertragung machen den Einsatz eines Lochstreifenstanzers meist überflüssig. Eine Einsatzmöglichkeit für Lochstreifenstanzer besteht aber dort, wo, mit Hilfe der über eine EDV-Anlage gewonnenen Angaben, Werkzeugmaschinen oder automatische Zeichentische gesteuert werden.

4.323 Magnetbandgeräte

Obwohl vor einigen Jahren ein ähnliches Gerät eines EDV-Herstellers keinen Erfolg hatte, gewinnt in jüngster Zeit die Übertragung der Eingabedaten direkt auf Magnetband zunehmend an Bedeutung. Bei diesem Verfahren werden die Daten vom Originalbeleg nicht mehr in Lochkarten oder Lochstreifen gelocht, sondern direkt auf Magnetband übertragen.

Der Weg der direkten Datenerfassung auf Magnetband hat nicht nur den Vorteil einer um 30 - 40 % schnelleren Datenerfassung, sondern spart auch die Lochkarten ein und erhöht die Eingabegeschwindigkeit der Daten in die EDV-Anlage beträchtlich. Anstelle von einigen Hundert Zeichen aus Lochkarten werden zwischen 15.000 und 120.000 Zeichen je Sekunde vom Magnetband direkt in den Hauptspeicher übertragen. Da die meisten EDV-Anlagen heute mit Magnetbandgeräten ausgerüstet sind, ist die direkte Datenerfassung auf Magnetband für viele Benutzer von besonderem Interesse.

Von den Firmen, die Pionierarbeit auf dem Gebiet der Magnetband-Datenerfassung geleistet haben und solche Geräte in der Bundesrepublik anbieten, sind vor allem die Firmen MDS Mohawk mit dem Data Recorder, Honeywell mit den Keytape-Geräten und IBM mit der Magnetband-Beschriftungseinheit IBM 50 und der Magnetband-Leseeinheit IBM 2595 zu nennen. Während bei Mohawk und Honeywell die beschrifteten Magnetbänder von jeder EDV-Anlage mit Magnetbandgeräten gelesen werden können, bedarf es bei der IBM einer gesonderten Magnetband-Leseeinheit. Dies ist auch deshalb notwendig, weil das IBM-Gerät keinen Zwischenspeicher (Puffer) und, hiermit verbunden, einen völlig anderen Bandantrieb besitzt. Auch verwendet die IBM anstelle der normalen Spule eine Magnetbandkassette, die sich zwar leichter handhaben läßt als eine Spule, aber erheblich weniger Daten aufnehmen kann. Eine solche Kassette besteht aus Kunststoff und enthält das Band mit zugehöriger Spule. Auch wegen der Kassettenverwendung ist es notwendig, ein besonderes Bandgerät für das Umschreiben auf normale Magnetbänder einzusetzen. Die anderen, gegenwärtig auf dem Markt befindlichen, Geräte verwenden dagegen Spulen mit dem normalen Magnetband von 720 m Länge oder weniger. Die auf den Spulen aufgenommenen Daten können - unter Berücksichtigung von Speicherdichte und Spurenanzahl - unmittelbar von der EDV-Anlage verarbeitet werden. Man braucht zu diesem Zweck die Spule nur aus dem Bandgerät herauszunehmen und in die normale Bandeinheit beim Rechner einzusetzen.

Die Geräte für die Datenerfassung direkt auf Magnetband besitzen drei Grundfunktionen: Eingeben der Daten, Prüfen der geschriebenen Daten und Suchen. Ähnlich wie beim Kartenlocher werden die Daten über eine numerische Lochertastatur oder über eine Schreibmaschine in das Gerät eingegeben. Die eingetasteten Daten gelangen zunächst (mit Ausnahme des IBM-Gerätes) in einen Puffer und werden erst nach Schluß des Datensatzes aus dem Puffer auf das Band übertragen. Hierbei können wiederkehrende Daten ohne Neueintastung aus dem Puffer übernommen werden. Wiederholungen und Sprünge werden wie beim Locher entweder manuell ausgelöst oder vom Programm gesteuert. Überlappt mit der Übertragung können bereits die Daten des nächsten Beleges eingetastet werden. Eingabefehler können sofort und leicht korrigiert werden. Die Schreiberin setzt hierbei um die entsprechenden Stellen zurück und tastet den richtigen Wert ein. Sobald die Daten auf Magnetband übertragen sind, erfolgt die Prüfung. Das Band läuft automatisch nochmals bis an den Satzanfang zurück, der Inhalt der soeben gespeicherten Daten wird gelesen und mit dem Inhalt des Pufferspeichers verglichen. Erst danach ist das Gerät für die nächste Eingabe frei.

Im Gegensatz zu der beschriebenen Prüfung auf richtige Übertragung vom Puffer auf Band erfolgt die Prüfung auf richtige Eingabe in der Form, daß die Daten auf Magnetband anhand der Originalunterlagen nochmals eingetastet werden. Über den Pufferspeicher vergleicht das Gerät die eingetasteten mit den auf Band aufgezeichneten Daten. Bei Nichtübereinstimmung wird die Tastatur gesperrt, und es leuchtet eine Kontrollampe auf. Die Beseitigung des Fehlers erfolgt wiederum durch Zurücksetzen des Bandes und Überschreiben durch das richtige Zeichen. Obwohl die Prüfmethode mit dem Vorgang der Prüfung bei der Lochkartenerfassung vergleichbar ist, dient hier jedoch dasselbe Gerät sowohl für die Eingabe als zum Prüfen.

Bei der dritten Möglichkeit, dem Suchen von Daten, geht es darum, auf einem beschriebenen Band bestimmte Daten aufzufinden. Die Schreiberin tastet zunächst die Suchbegriffe ein, die dann im Pufferspeicher für den Suchvorgang bereitgestellt werden. Es folgt der Durchlauf des Bandes, bei dem das Gerät die auf dem Band aufgezeichneten Daten automatisch mit dem Pufferspeicherinhalt vergleicht. Sobald die Daten übereinstimmen, stoppt das Band.

Ähnlich wie der Kartenlocher bieten die Magnetbandgeräte auch die Möglichkeit, zwischen zwei oder mehreren Programmen zu wählen. Die Programmsteuerung ist notwendig, um die Feldeinteilung innerhalb eines Datensatzes festzulegen und bestimmte Operationen auszulösen, wie beispielsweise Duplizieren, automatisches Springen oder Umschaltung zwischen numerischen und alphabetischen Daten. Die Geräte besitzen zusätzliche Einrichtungen für die optische Anzeige des jeweilig eingegebenen oder geprüften Zeichens. Anzumerken ist noch, daß die meisten der angebotenen Geräte auch über Einrichtungen für die Datenfernübertragung und für das zusätzliche Lesen von Lochkarten und Lochstreifen sowie das Drucken von Formularen verfügen.

Zusammenfassend sollen noch einmal die Vor- und Nachteile der direkten Datenerfassung auf Magnetband herausgestellt werden. Diese Geräte übernehmen die herkömmlichen Funktionen eines Kartenlochers und -prüfers und sparen dadurch teure Zeiten auf der EDV-Anlage für den bisher notwendigen Umwandlungslauf Lochkarte-auf-Magnetband. Durch diese Geräte ist eine Leistungssteigerung von teilweise 50 % erreichbar. Hervorgehoben werden müssen insbesondere das zeitlose Springen und Duplizieren, die vereinfachte Korrektur beim Erfassen und Prüfen, der Wegfall der Makulatur durch verlochte Karten und die Wiederholungsarbeiten, ein gleichbleibender Arbeitsrhythmus (da zeithemmende mechanische Funktionen entfallen) und geringe Ausfallzeiten der Geräte, die so gut wie keine Mechanik besitzen. Vorteilhaft wirkt sich außerdem aus, daß im Gegensatz zur Lochkarte die Anzahl der Stellen pro Datensatz nicht begrenzt ist. Als Nachteile sind zu nennen, daß die Geräte bislang etwa zweimal so teuer wie Lochkarten- oder Lochstreifen-Erfassungsgeräte sind. Eine Lochkarte ist außerdem ein in sich geschlossener Datenträger, den man auch als Karteikarte benutzen kann und wo jederzeit und leicht Karten hinzugefügt oder entnommen werden können. Außerdem können die in den Karten enthaltenen Daten auf die Karten selbst aufgedruckt werden.

Die ständig zunehmenden Leistungen und Geschwindigkeiten der EDV-Anlagen, die großen Mengen anfallenden Datenmaterials, der Übergang zu tagesfertigen Ergebnissen der Datenverarbeitung und die zunehmende Personalverknappung werden den Übergang von der Lochkarte auf die Direkterfassung über Magnetband beschleunigen. Doch selbst bei dieser Entwicklung wird die Lochkarte zunächst nicht völlig verschwinden. Die Bilder 75 bis 78 zeigen zwei auf dem Markt befindliche Datenerfassungsgeräte, den Ablauf der Datenerfassung beim IBM-Gerät sowie die dort verwendete Magnetbandkassette.

4.324 Lesegeräte für maschinell lesbare Schriften

Der immer größer werdende Unterschied zwischen dem vorwiegend manuellen Vorgang der Datenerfassung einerseits und der elektronischen Bearbeitung der Daten andererseits hat zu der Forderung geführt, den Weg der Daten von ihrer Entstehung bis zu ihrer maschinellen Verarbeitung zu verkürzen. Dies sollte entweder durch eine beleglose Erfassung (die Daten werden am Ort des Anfalls direkt über eine Tastatur in die EDV-Anlage eingegeben) oder aber, wenn das Ausschreiben eines Beleges vorgeschrieben oder unumgänglich ist, durch die Möglichkeit der direkten Beleglesung erfolgen. Bei diesem Verfahren werden die Originalbelege selbst, d.h. ohne Übertragung in einen besonderen Datenträger, als Eingabemittel verwendet. Da die Übertragung der Eingabedaten in Lochkarten, Lochstreifen oder auf Magnetband besonders zeit-, kosten- und personalaufwendig ist, kommt den Verfahren der direkten Beleglesung eine steigende Bedeutung zu.

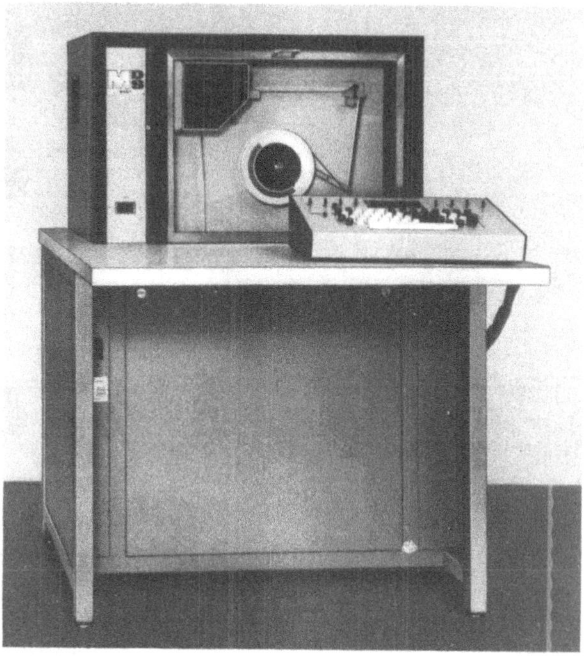

Bild 75:
Magnetband-Datenerfassungsgerät (Werkbild IBM)

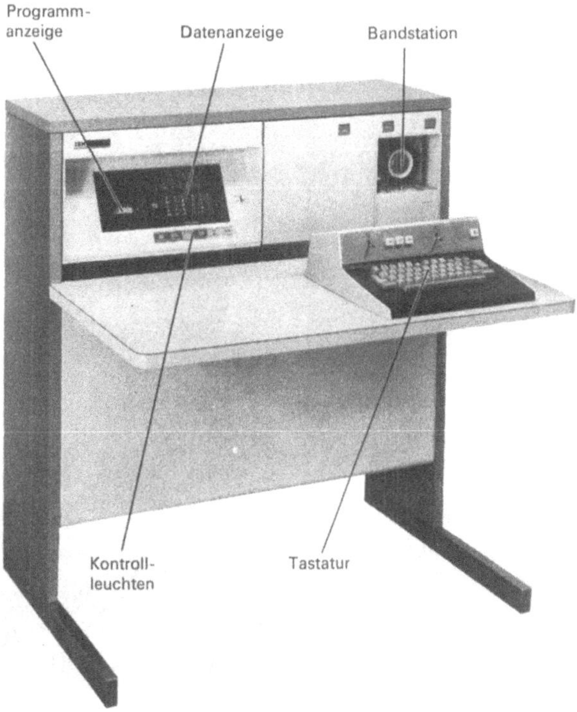

Bild 76:
Magnetbanderfassungsgerät IBM 50
(Werkbild IBM)

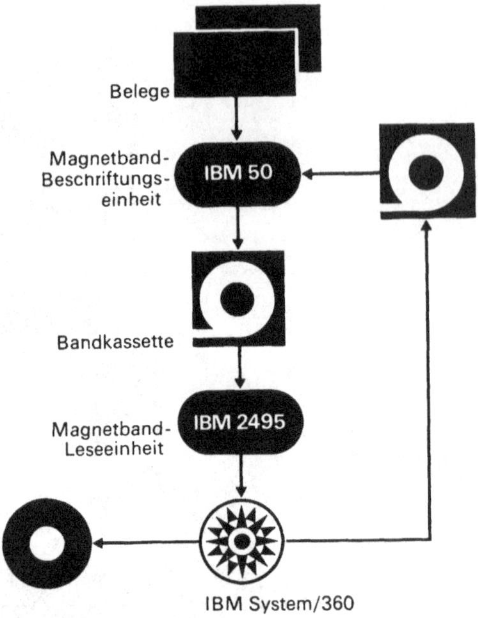

Bild 77:
Ablauf bei Datenerfassung auf Magnetband (Werkbild IBM)

Bild 78:
Magnetbandkassette der IBM 50 (Werkbild IBM)

Optische Belegleser (oder Klarschriftleser) können in 1 Minute bis zu 100.000, mit Schreibmaschinenschrift beschriebene, Belege verarbeiten, wobei jedes Zeichen auf optischem Wege gelesen wird. Der Magnetschriftleser spricht auf besondere Magnetschriftzeichen an, die durch einen Magnetschriftdrucker auf den Beleg aufgebracht werden. Durch elektromagnetische Ablesung werden die Daten hier mit einer Geschwindigkeit bis zu 1.600 Belegen in der Minute verarbeitet. Beide Belegverarbeitungsmaschinen können die Belege gleichzeitig mit der Ablesung nach beliebigen Gesichtspunkten sortieren. Um auch handschriftliche Markierungen lesen zu können, wurden spezielle Markierungsleser entwickelt.

Die direkte Beleglesung setzt jedoch voraus, daß man eine Schrift entwickelt, die gleichermaßen gut von Mensch und Maschine gelesen werden kann, und daß diese Maschinen in der Lage sind, verschiedene Papierstärken und Papiergrößen zu verarbeiten. Drei unterschiedliche Verfahren und Geräte haben eine - wenn auch bislang noch eingeschränkte - technische, organisatorische und wirtschaftliche Lösung des Problems gebracht: Die optische Beleglesung (das Klarschriftverfahren), das Magnetschrift- und das Markierungsverfahren. Klarschrift-, Magnetschrift- und Markierungslesegeräte dienen als Eingabegeräte zum Lesen der Belege in die EDV-Anlage. Bild 79 zeigt noch einmal das Problem der gegenwärtigen Datenerfassung, zusammen mit der Forderung nach einer direkten Belegverarbeitung.

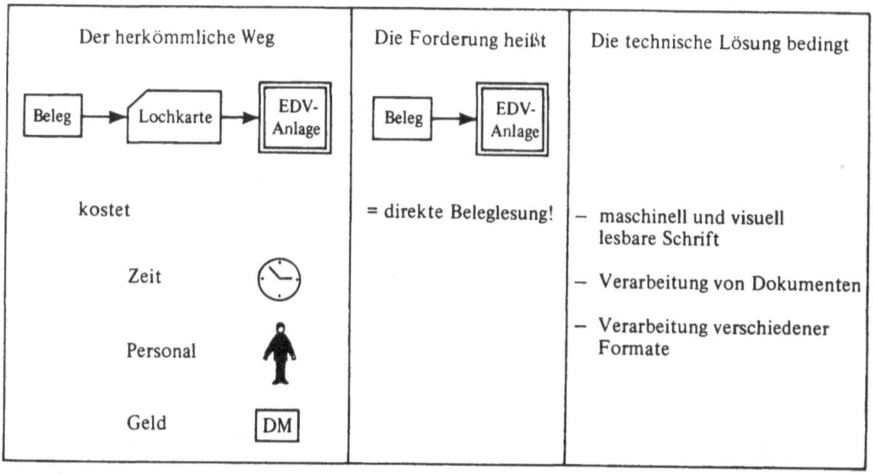

Bild 79: Herkömmliche Datenerfassung und direkte Beleglesung

A. Magnetschriftverfahren

Beim Magnetschriftverfahren, als erste Stufe dieser Entwicklung, verwendet man erstmalig nicht Lochkarten oder Lochstreifen, sondern die Urbelege selbst als Datenträger, wobei die Zeichen nicht mit einer normalen, sondern mit einer eisenhaltigen Farbe auf die Originalbelege aufgetragen werden. Obwohl stilisiert, sind die Zeichen der Magnetschrift gleichermaßen gut vom Menschen und der Maschine zu lesen. Bild 80 zeigt die beiden Magnetschriften E 13 B (im angelsächsischen Bereich verwendet) und CMC-7 (auf dem europäischen Kontinent bevorzugt).

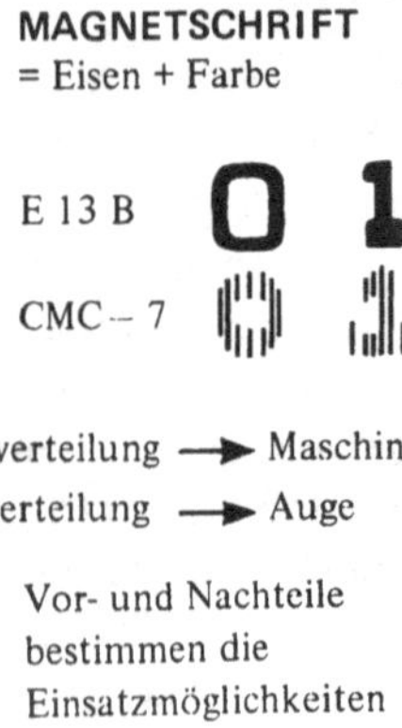

Bild 80:
Magnetschriften E 13 B und CMC-7
(nach einer Vorlage der IBM)

Beim Einlesen in den Magnetschriftleser werden die Eisenpartikelchen der Druckfarbe magnetisiert und die am Lesekopf entstehenden magnetischen Signale zur Erkennung des Zeichens benutzt. Bei der CMC-7-Schrift wird jedes Zeichen aus einer Folge von Kurz-Lang-Abständen von 7 senkrechten Strichen erkannt. Im Gegensatz zur E 13-B-Schrift gestattet der CMC-7-Code auch die Möglichkeit einer Buchstabendarstellung. Magnetschriftleser lesen die Belege mit einer Geschwindigkeit von etwa 90.000 Stück in der Stunde. Als Vorteil gegenüber der optischen Beleglesung wird hervorgehoben, daß die Sicherheit nicht durch eine mögliche Verschmutzung beeinträchtigt wird, weil das Verfahren nicht aufgrund eines Hell-Dunkel-Kontrastes arbeitet, sondern magnetische Signale zur Erkennung benutzt. Die unterschiedlichen Merkmale eines jeden Zeichens erhöhen die Zuverlässigkeit des Verfahrens noch weiter. Jedoch muß sichergestellt sein, daß die magnetische Farbe stets einen Mindestgehalt an Eisenteilchen aufweist. An die Qualität des Papiers werden dagegen keine besonderen Anforderungen gestellt; es ist lediglich darauf zu achten, daß das Papier frei von Metallteilchen ist. Die geringe Zeichendichte (es können nur höchstens 8 Zeichen je Zoll gedruckt werden), die Unmöglichkeit, die Qualität des Drucks ständig zu kontrollieren, und außerdem die

Tatsache, daß die Lesezeilen am unteren Rand des Beleges stehen müssen, sind Nachteile des Magnetschriftverfahrens im Vergleich zur optischen Beleglesung. Aus den genannten Gründen beschränkt sich das Verfahren auf Spezialgebiete, so beispielsweise für die Scheckverarbeitung in Kreditinstituten und bei der Auswertung von Lotto- und Totoscheinen. Die Bilder 81, 82 und 83 zeigen noch einmal die Magnetschrift CMC-7, einen Magnetschriftbeleg und eine Magnetschrift-Belegsortiermaschine.

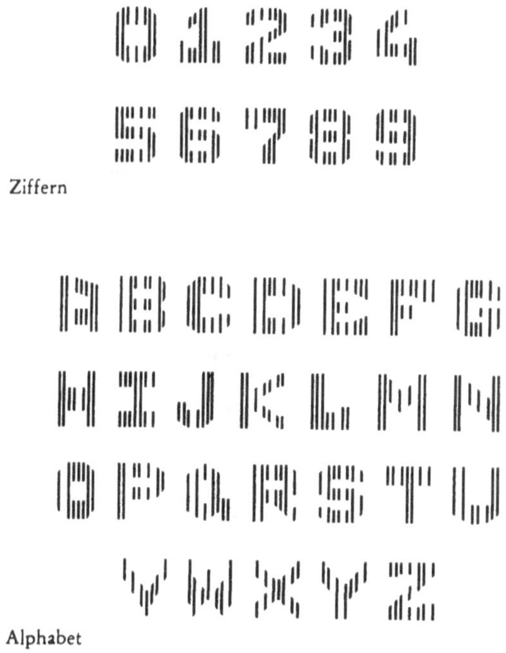

Bild 81:
BULL-Magnetschrift CMC-7

Magnetschriftleser können sowohl off-line (als reine Belegsortiermaschine) oder on-line (d.h. mit Direktanschluß an eine EDV-Anlage) eingesetzt werden. Bei der On-Line-Anwendung werden die Daten über den Belegleser direkt in die EDV-Anlage eingegeben. Anzumerken ist noch, daß für das Drucken von Magnetschrift besondere Schnelldrucker entwickelt wurden, die - mit auswechselbaren Druckstäben versehen - je nach Bedarf nur Magnetschrift bzw. Magnetschrift oder Klarschrift drucken können. Während die feststehenden Begriffe (Beispiele sind die Bank- und Konto-Nr.) im Flach-, Rotations- oder Offsetdruck auf den Belegen vorgedruckt sind, werden die variablen Daten (Betrag, Einreichungsdatum) später mit Hilfe einer speziellen Schreibmaschine hinzugefügt. Die Formulargröße kann variabel sein, muß jedoch in den vom Hersteller angegebenen Grenzen liegen.

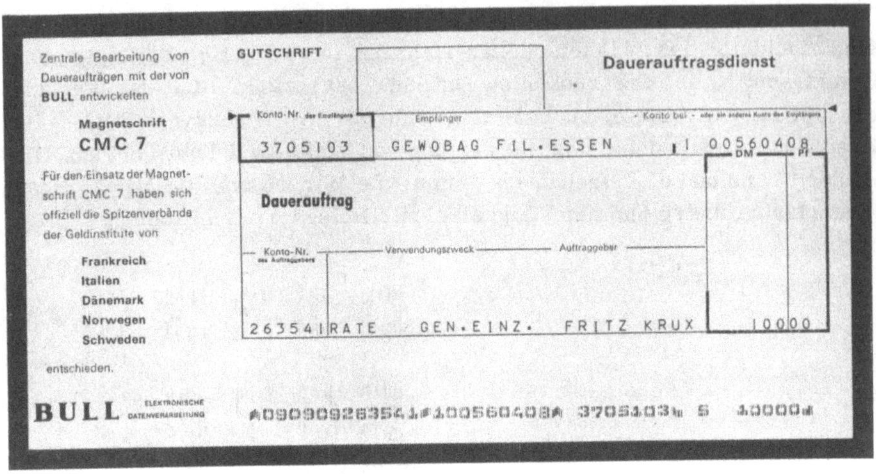

Bild 82: Beleg mit Magnetschrift BULL CMC-7

Bild 83:
BULL-Beleglesesortiermaschine für die Magnetschrift CMC-7 (Werkbild Bull)

B. Optische Beleglesung (Klarschriftverfahren)

Noch jünger als das Magnetschriftverfahren ist die optische Zeichenlesung durch Klarschriftlesegeräte. Dieses Verfahren - Klarschriftverfahren oder optische Beleglesung genannt - hat den Vorzug, daß gebräuchliche, dem Menschen gut vertraute, Zeichen von einer Schreibmaschine oder einem Zeilendrucker mit gewöhnlichem Farbband geschrieben werden. Wie beim Magnetschriftverfahren werden auch hier die Urbelege selbst als Datenträger verwendet. Obwohl sich die optische Beleglesung in der

Zukunft ohne Zweifel durchsetzen wird, schränken die hohen Anforderungen an Papierqualität und Beschriftung sowie die außerordentlich hohen Kosten der Lesegeräte die Anwendung dieser Verfahren bisher noch stark ein.

Bild 84 zeigt den Unterschied zwischen dem - auch von der Zeichenlochkarte her bekannten - Markierungsverfahren und der optischen

Bild 84:
Optische Leseverfahren (nach einer Vorlage der IBM)

Beleglesung, in Bild 85 ist die mechanische Arbeitsweise eines Klarschriftlesers dargestellt: Der Beleg läuft aus der Zuführung mit der Einerstelle zuerst unter einer auf die zu verarbeitende Zeile einstellbaren Lesestation vorbei. Diese besteht aus einer Lichtquelle zur Ausleuchtung des Lesefeldes und einer Fotolinse. Das reflektierte Licht des beschriebenen Beleges (der helle Papieruntergrund reflektiert das Licht, wohingegen der Schwarzdruck der Zeichen das Licht absorbiert), wird im Parallel-

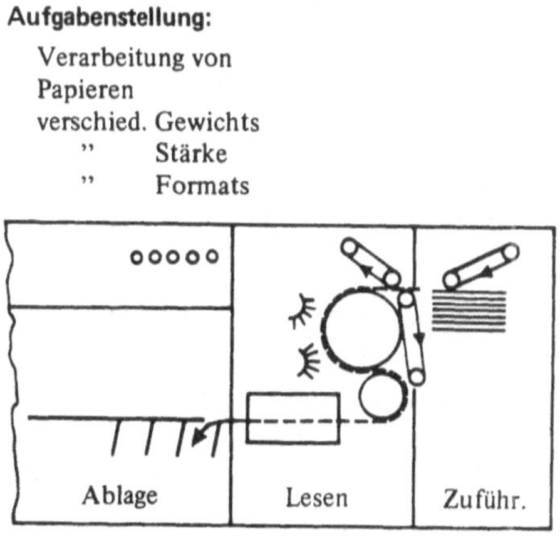

Bild 85:
Mechanische Arbeitsweise eines Klarschriftlesers (nach einer Vorlage der IBM)

strahl auf eine mit hoher Geschwindigkeit laufende Scheibe geworfen. Diese Scheibe enthält, wie oben Mitte in Bild 86 dargestellt, eine Anzahl spiralenförmig angeordneter quadratischer Öffnungen, mit deren Hilfe das zu lesende Zeichen in 10 Längsstreifen zu je 17 Punkten zerlegt wird. Die durchgehenden Lichtstrahlen werden durch eine Schlitzblende geführt, die

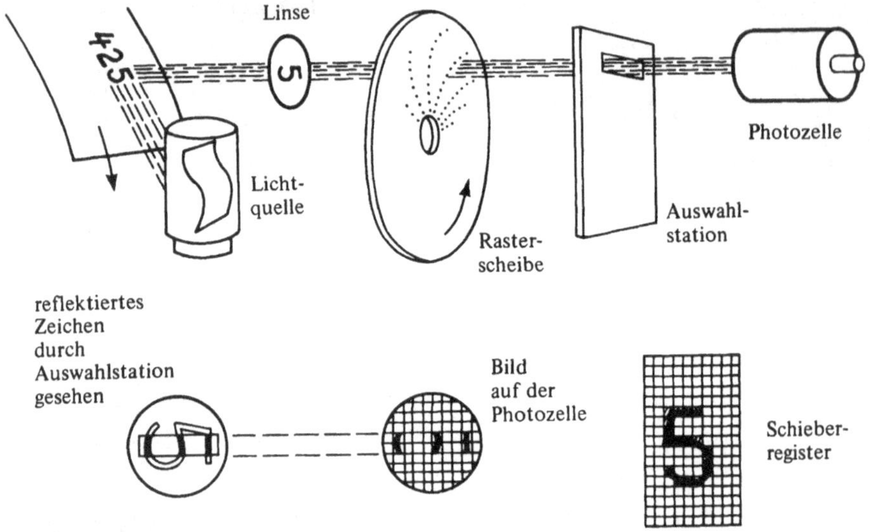

Bild 86: Technisches Prinzip der Klarschriftleser IBM 1418/1428 (nach einer Vorlage der IBM)

das Strahlenbündel begrenzt und Zeichen, die weiter unten oder über der Zeile stehen, ausscheidet. Von einer Fotozelle werden die Lichtquanten erkannt, in elektrische Impulse umgewandelt und verstärkt. Die aufgrund des gelesenen Zeichens entstandenen Impulse werden mit den in der Maschine gespeicherten "Mustern" der gültigen Zeichen verglichen. Dabei wird das gelesene Zeichen erkannt und kann nun zur Weiterverarbeitung in jede Kernspeicherstelle des EDV-Systems übertragen werden. Die Belege können innerhalb bestimmter Grenzen verschieden hoch, lang und stark sein. Bild 87 zeigt das Beispiel eines Klarschriftbeleges.

Der neue Belegleser IBM 1287 liest Ziffern und gewisse Sonderzeichen in Handschrift und Maschinenschrift sowie Markierungen. Verschiedene Arten und Größen von Schriftzeichen können zusammen auf einem Beleg untergebracht sein. Die Größe der Belege kann zwischen maximal DIN A 5 bis herunter zu DIN A 8 betragen. Neben Einzelbelegen mit frei wählbarer Zeilenanordnung können auch Endlosstreifen gelesen werden, wie sie beispielsweise bei Registrierkassen üblich sind. Der Belegaufbau selbst kann

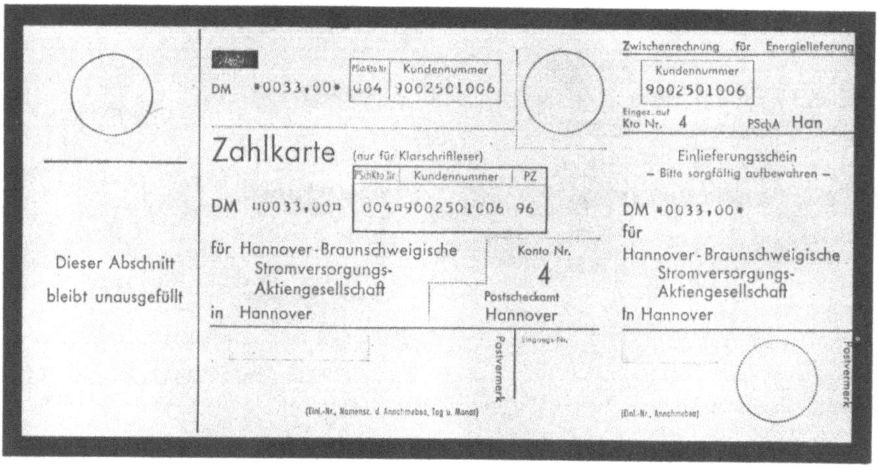
Dieser Abschnitt bleibt unausgefüllt

DM *0033,00* | PSchKto Nr 004 | Kundennummer 9002501006

Zahlkarte (nur für Klarschriftleser)

DM ⑈0033,00⑈ | PSchKto Nr 004⑈9002501006 | Kundennummer | PZ 96

für Hannover-Braunschweigische Stromversorgungs-Aktiengesellschaft in Hannover

Konto Nr. 4 Postscheckamt Hannover

Postvermerk

Zwischenrechnung für Energielieferung

Kundennummer 9002501006

Eingez. auf Kto Nr. 4 PSchA Han

Einlieferungsschein – Bitte sorgfältig aufbewahren –

DM *0033,00* für Hannover-Braunschweigische Stromversorgungs-Aktiengesellschaft In Hannover

Postvermerk

Bild 87: Beispiel eines Klarschriftbeleges

den unterschiedlichsten Aufgaben angepaßt werden, weil die IBM 1287 Daten in zwei Richtungen liest und auf einem Beleg zugleich Klarschrift, Handschrift und Markierungen untergebracht werden können. In der Standardausführung kann die Maschine zwei verschiedene Klarschriften lesen, entweder die Ziffern der nach DIN 66008 genormten optischen Schrift OCRA oder die der IBM 1428-Schrift. Zur Steuerung können außer Ziffern auch noch einige Sonderzeichen gelesen werden. Revolutionierend ist das Lesen handschriftlicher Zeichen. Lesbar sind alle Ziffern und 5 Sonderzeichen, die innerhalb umrandeter Schreibstellen geschrieben werden. Jedoch sind für das Anbringen handschriftlicher Zeichen eine Reihe zusätzlicher Bedingungen zu beachten.

Die Lesetechnik arbeitet hier nach dem elektronischen Lichtpunktabtastsystem. Sie ist für Klarschrift und Handschrift unterschiedlich. Die Klarschrift wird durch Strich-Analyse gelesen und erkannt. Dabei untersucht der elektronische Lichtpunktabtaster, welche Zeichenteile vorhanden sind; aus dem Untersuchungsergebnis wird das Zeichen erkannt. Beim Lesen der Handschrift verfolgt der Abtaster das Zeichen durch einen sich spiralförmig bewegenden Lesestrahl und erkennt aus dem Ablauf der Verfolgungsbewegung das Zeichen. Bild 88 zeigt in seinem linken Teil handschriftliche Ziffern und rechts das Abtastsystem bei Klarschrift- und Handschriftzeichen, Bild 89 ein Foto des Beleglesers IBM 1287.

Die handschriftlichen Ziffern sind durch entsprechenden Formularentwurf voneinander getrennt

Klarschrift wird durch Strichanalyse, Handschrift durch Konturenverfolgungstechnik erkannt

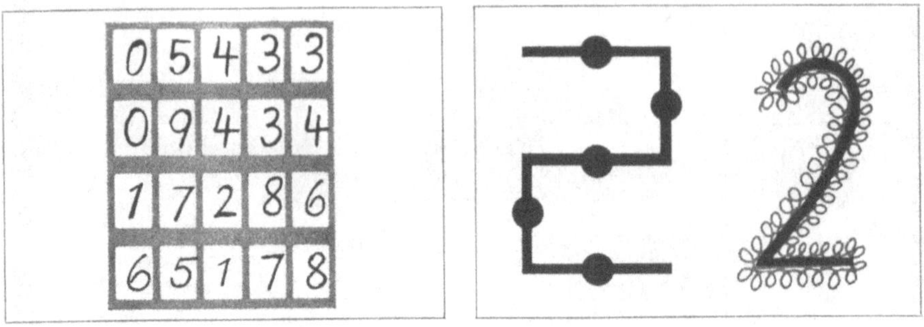

Bild 88: Handschriftliche Ziffern (links) und Abtastsystem (rechts) beim Belegleser IBM 1287 (Werkbild IBM)

Bild 89: Belegleser IBM 1287 (Werkbild IBM)

C. Markierungsverfahren

Zur direkten Beleglesung gehört im weiteren Sinne das Markierungsverfahren. Auch bei diesem Verfahren wird nicht die Lochkarte, sondern der Urbeleg selbst als Datenträger verwendet. Gemeinsam mit dem Zeichenlochverfahren ist, daß hier nicht die Zeichenart, sondern der Ort der

Markierung das Zeichen bestimmt. Diese Technik ist naturgemäß sehr einfach und deshalb preiswert. Auch Markierungsleser können off-line oder on-line benutzt werden. Bei der Off-Line-Anwendung geht es jedoch nicht um die Sortierung der Belege, sondern in diesem Falle liest der Markierungsleser die Belege und stanzt die gelesenen Daten in Lochkarten, die dann selbst in die EDV-Anlage eingegeben werden. Organisatorische und wirtschaftliche Gründe können für eine solche Off-Line-Lösung sprechen, bei der die Lochkarte zwar nicht ausgeschaltet ist, jedoch automatisch gewonnen wird. Ähnlich wie beim Zeichenlochverfahren ist die organisatorische Anwendung des Markierungsverfahrens auf Arbeitsgebiete beschränkt, bei denen nicht sehr viele Daten erfaßt werden müssen. Bild 90 zeigt einen Markierungsleser, Bild 91 Anwendungsbeispiele.

Bild 90:
Markierungsleser IBM 1231
(Werkbild IBM)

4.325 Zeilendrucker

Zeilendrucker - in der Praxis meist als Schnelldrucker bezeichnet - dienen dazu, die Ergebnisse der elektronischen Datenverarbeitung auf

Bild 91:
Anwendungsbeispiel für Markierungsleser (Werkbild IBM)

Formulare oder in Listen zu drucken, deren Ausgabe in Klarschrift gesetzlich vorgeschrieben oder aus anderen Gründen erforderlich ist. Zeilendrucker unterscheiden sich von Zeichendruckern (wie die Schreibmaschine) dadurch, daß sie nicht nur ein einziges Zeichen, sondern eine ganze Zeile auf einmal drucken und damit eine wesentlich höhere Druckleistung erzielen.

Die historisch älteste Form des Zeilendruckers ist die von der Lochkartentechnik her bekannte Tabelliermaschine, mit der auch die ersten elektronischen Rechenanlagen ausgerüstet waren. Wegen ihrer verhältnismäßig geringen Geschwindigkeit finden Tabelliermaschinen heute bei EDV-Anlagen keine Verwendung mehr. Typenstangen oder Schreibräder waren die Träger des Drucksystems bei der Tabelliermaschine.

Der heute bei EDV-Anlagen fast ausschließlich verwendete Zeilendrucker ist der mechanische Schnelldrucker. Die Typenstangen der Tabelliermaschine sind durch einen Typenzylinder ersetzt, der mit einer gleichbleibenden Geschwindigkeit von (je nach Typ) 300 bis 800 Umdrehungen in der Minute rotiert. Die vor der Papierbahn liegenden kleinen Hämmer schlagen, durch eine Synchronisierung gesteuert, in dem Augenblick an, in dem das gewünschte Zeichen an der Anschlagstelle vorbeikommt. Der Synchronisation dient ein Code-Rad, eine kleine Magnettrommel, die mit der Achse des Druckzylinders fest verbunden ist. Mit Hilfe elektrischer Impulse, welche die Leseeinrichtung der Magnettrommel laufend sendet, stellt die Steuerung fest, welche Zeichenreihe sich gerade unter der Anschlagstelle befindet. Bei Übereinstimmung mit dem gewünschten Zeichen wird dann der Druckvorgang rechtzeitig eingeleitet. Wie bei der Schreibmaschine, läuft zwischen Typenträger und Papier ein automatisch umschaltbares Farbtuch. Rotierende Typenträger ermöglichen Druckgeschwindigkeiten bis zu 120.000 Zeilen in der Stunde, wobei, bei einer Zeilenbreite zwischen 80 und 160 Schreibstellen, bis zu 5 Kopien gleichzeitig hergestellt werden können. Besonders hervorzuheben ist noch, daß der Typenträger im Augenblick des Hämmeranschlages nicht - wie bei der Tabelliermaschine - in Ruhestellung ist, sondern die Zeichen "im Fluge" gedruckt werden. Eine besondere Kontrolleinrichtung prüft nach jeder Zeile, ob die gedruckten und die im Ausgabespeicher bereitgestellten Zeichen übereinstimmen. Bild 92 zeigt einen Zeilendrucker, Bild 93 einen Typenzylinder und Bild 94 eine Typenwalze mit Code-Rad.

Als Druckpapier verwendet man zickzackgefaltete Endlosformulare, die (mit einer beidseitigen Filmbandlochung versehen) über Zahnkettenräder

Bild 92:
Schnelldrucker
(Werkbild Bull)

Bild 93:
Typenzylinder des Siemens-Schnelldruckers (Werkbild Siemens)

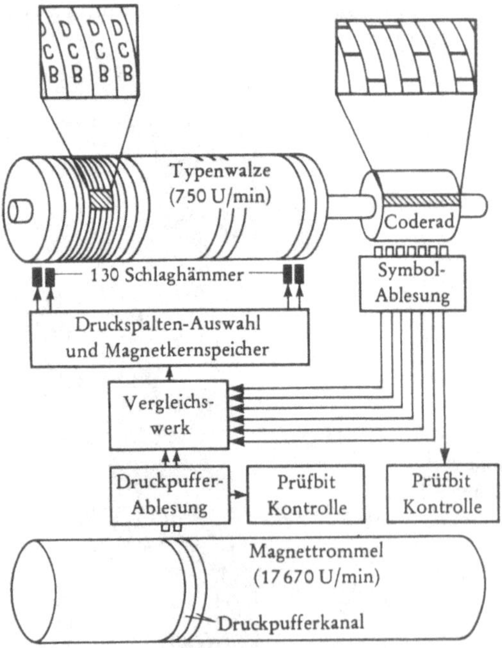

Bild 94:
Schnelldrucker mit Typenwalze und Code-Rad

transportiert werden. Der Papiervorschub wird in der Regel über das gespeicherte Programm, meist in Verbindung mit einem auswechselbaren Vorschublochstreifen, gesteuert. Einige Hersteller rüsten ihre Schnelldrucker mit einer zweiten parallelen Papierbahn aus, mit deren Hilfe ein zweites Formular gleichzeitig beschriftet werden kann (sog. doppelter Vorschub).

Andere Schnelldrucker, so einige Modelle der IBM, verwenden statt des Typenzylinders eine umlaufende Druckkette. Die Kette, auf der 48 Zeichen 5 mal angeordnet sind, läuft mit gleichbleibender Geschwindigkeit in horizontaler Richtung an den Anschlaghämmern vorbei. Sobald das gewünschte Zeichen die Druckstelle erreicht hat, wird der Druckvorgang ausgelöst. Vor dem Druck prüft die Maschine ebenfalls, ob die Drucktype mit dem Zeichen im Ausgabespeicher übereinstimmt. Bild 95 zeigt einen Schnelldrucker der IBM, Bild 96 die Druckkette des Schnelldruckers und Bild 97 das Schema des Druckmechanismus.

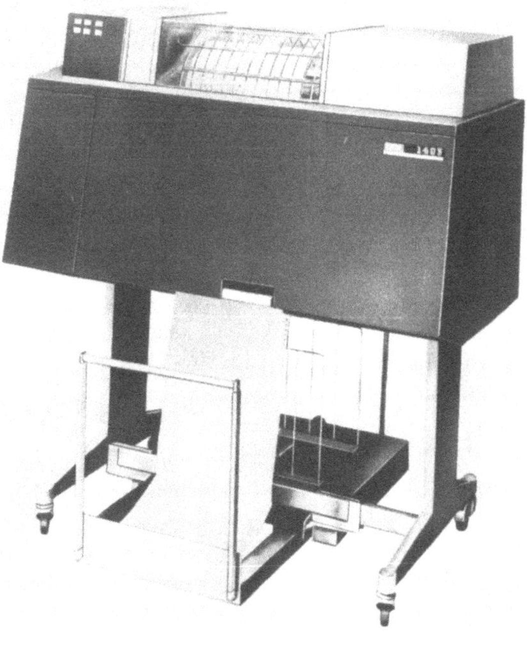

Bild 95:
Schnelldrucker IBM 1403
(Werkbild IBM)

Wieder andere Drucker, vor allem solche für nicht so hohe Druckleistungen bei kleinen und mittelgroßen EDV-Anlagen, benutzen als Druckelement einen sich horizontal hin und her bewegenden Druckstab, auf dem beispielsweise 52 Typen aufgebracht sind. Benötigt man für eine Aufgabe nicht alle Zeichen, so kann der Stab leicht gegen einen anderen ausgewechselt werden,

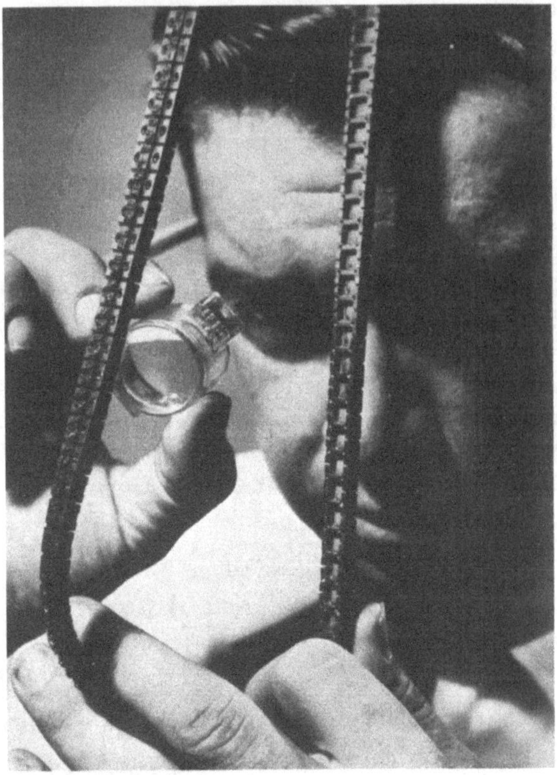

Bild 96:
Druckkette des Schnelldruckers IBM 1403
(Werkbild IBM)

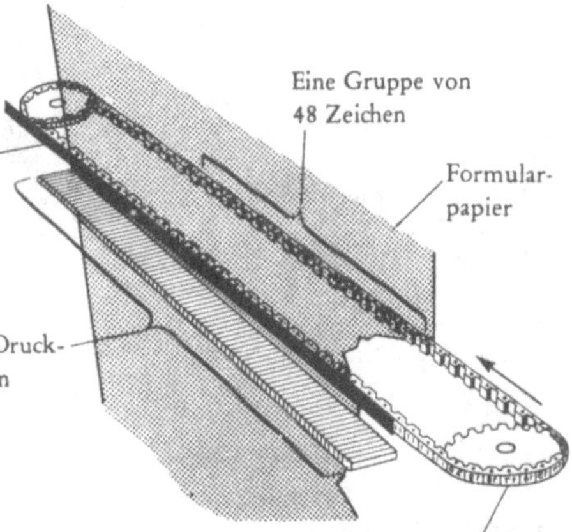

Bild 97:
Schema des Druckmechanismus.
Schnelldrucker IBM 1403
(Werkbild IBM)

der nur numerische und einige Sonderzeichen enthält. Durch die mehrfache Anordnung der Zeichen beim numerischen Druckstab wird die Druckleistung - den kürzeren Wegen des Druckstabes entsprechend - erhöht. Bild 98 zeigt Druckstäbe eines Schnelldruckers.

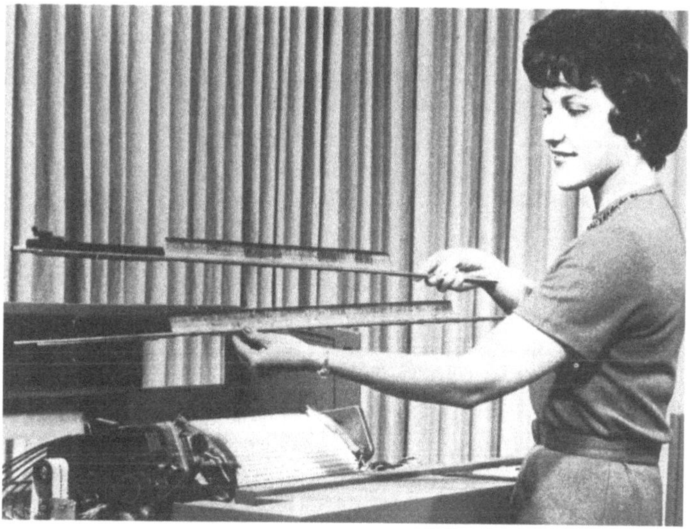

Bild 98: Druckstäbe des Schnelldruckers IBM 1443 (Werkbild IBM)

Der große Unterschied zwischen der internen Arbeitsgeschwindigkeit der EDV-Anlage einerseits und der, vorwiegend mechanisch bedingten, verhältnismäßig geringen Leistung der Schnelldrucker hat zur neuen Entwicklung bei der Druckausgabe geführt. Mechanische Schnelldrucker gestatten zwar heute bereits Geschwindigkeiten bis zu 120.000 Zeilen in der Stunde, eine Steigerung darüber hinaus dürfte jedoch nicht möglich sein, weil Druckeinrichtungen mit mechanischen Elementen dem Gesetz der Massenträgheit unterliegen. Um die Leistungsgrenze mechanischer Drucker zu überwinden, müssen gänzlich neue Wege beschritten werden.

Die Rank Data Systems Division in England ist davon überzeugt, daß ihr neuartiger elektrostatischer Xeronic-Drucker die Forderung nach einem hochleistungsfähigen Schnelldrucker erfüllt. Es muß hinzugefügt werden, daß dieser Drucker sich bisher, wohl hauptsächlich wegen seines hohen Preises, nur wenig durchsetzen konnte. Bild 99 erklärt den Arbeitsablauf des "Druckvorganges" beim Xeronic-Schnelldrucker, und Bild 100 zeigt ein Foto des Gerätes. Die auf einem Zylinder aufgebrachte Selenschicht erhält eine positive elektrische Ladung. Über eine Braun'sche Röhre (eine

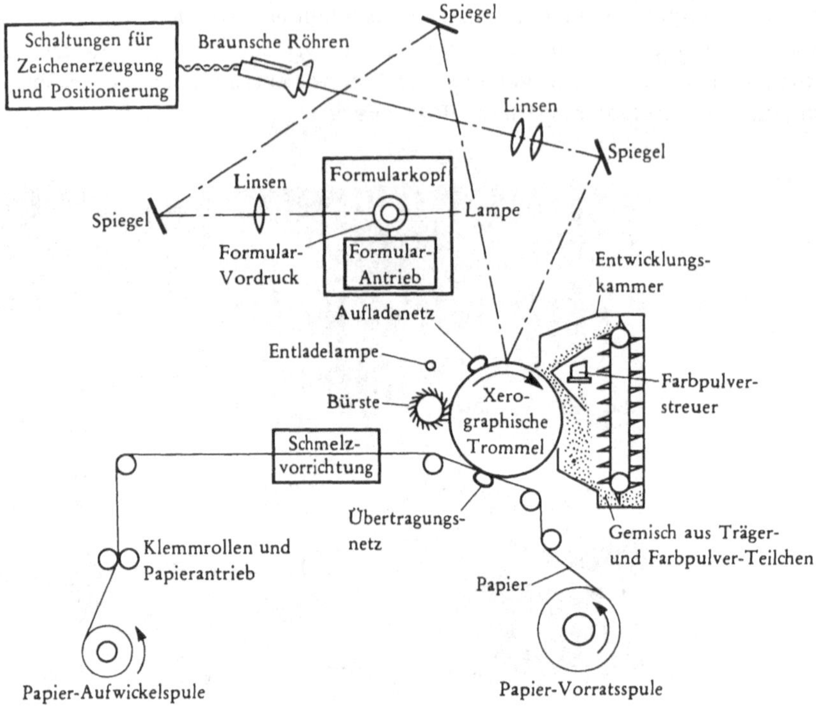

Bild 99: Ablaufschema des Xeronic-Schnelldruckers (Werkbild Rank Xerox)

Bild 100: Xeronic-Schnelldrucker (Werkbild Rank Xerox)

Einrichtung, in der mit Hilfe von Kathoden-Strahlen schnelle elektrische Schwingungen sichtbar gemacht werden) und ein System von Linsen und Spiegeln wird der Inhalt des Ausgabespeichers der elektronischen Anlage auf die Trommel projiziert, die mit gleichbleibender Geschwindigkeit rotiert. Hierdurch verlieren diejenigen Stellen der Oberfläche, die dem Licht ausgesetzt sind, ihre positive Ladung. Nur die unbelichteten Stellen bleiben dagegen weiter positiv geladen. Als nächstes streut eine Vorrichtung Pulver, das aus zwei Komponenten besteht, auf die Trommel. Der eine Bestandteil - der sogenannte Träger - setzt sich aus harten, kugeligen Partikeln zusammen, wogegen der andere - das Farbpulver - ein Gemisch aus Druckerschwärze und einem thermoplastischen Stoff ist. Träger und Farbpulver werden vorher innig miteinander vermischt, wobei sich das Farbpulver, durch die Reibung der Teilchen aneinander, positiv lädt. Da gleiche elektrische Ladungen sich abstoßen und ungleiche anziehen, bleibt das Farbpulver nur auf den belichteten Stellen der Selenfläche haften. Die schweren Trägerpartikel, die nur zur Verteilung des Farbpulvers auf der Trommeloberfläche dienen, fallen von der Trommel herab und kehren in die Entwicklungskammer zurück.

Um das Ladungsbild der Trommel anschließend auf das Druckpapier zu übertragen, ist das Papier vorher negativ aufzuladen, damit das (positiv geladene) Farbpulver darauf haften bleibt. Mit Hilfe einer Schmelzvorrichtung wird das Farbpulver schließlich in das Papier eingebrannt. Die Papierschneidemaschine beendet den Ablauf, während eine rotierende Bürste die Selentrommel von zurückgebliebenen Farbpulverteilen reinigt. Ein sogenannter Formularkopf des Druckers dient schließlich dazu, einen Formulardruck auf die Trommelfläche zu projizieren. Bis zu 32 verschiedene Vordrucke können auf dem auswechselbaren Filmstreifen als fotografisches Negativ festgehalten werden. Ein Mechanismus sorgt für die richtige Auswahl des Druckbildes.

Elektrostatische Schnelldrucker sollen Geschwindigkeiten bis zu mehr als 300.000 Zeilen in der Stunde erreichen. Hierbei muß jedoch berücksichtigt werden, daß man keine Durchschläge gewinnen kann. Dieser Nachteil des elektrostatischen Druckverfahrens verliert jedoch an Bedeutung durch die Möglichkeit, gleiche Auswertungen parallel zu drucken. Außerdem ist es möglich, für den Druck kopierfähiges Papier zu verwenden, von dem dann später Kopien in beliebiger Anzahl erzeugt werden. Sollte es gelingen, den hohen technischen Aufwand und die damit verbundenen Kosten zu reduzieren, so kann angenommen werden, daß elektrostatische Schnelldrucker in Zukunft die Geschwindigkeit der Datenausgabe in Klarschrift beträchtlich erhöhen werden.

4.326 Datenfernübertragung und Datenfernverarbeitung

A. Einführung und Begriffe

Sieht man von wenigen Ausnahmen ab, so wird heute noch die Mehrzahl aller Daten am Ort ihrer Entstehung auf Belegen erfaßt, danach meist zentral in Datenträger übertragen und schließlich in der EDV-Anlage verarbeitet. Zwischen der Erfassung der Daten bis zu ihrer Bearbeitung und Auswertung liegen in der Regel mehrere Tage oder Wochen. Wir haben diesen Vorgang in Bild 101 dargestellt.

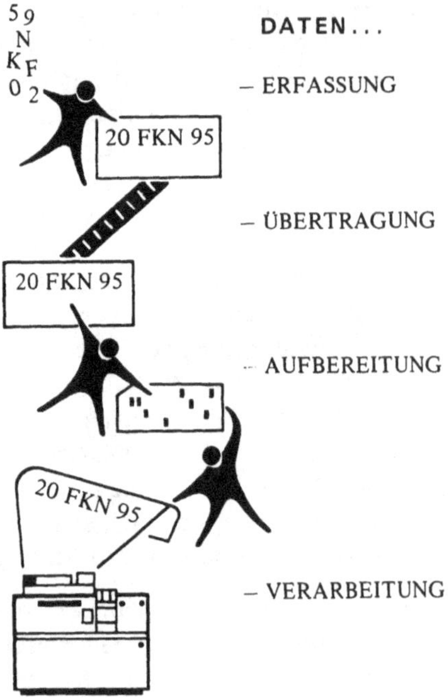

Bild 101: Herkömmliche Weise von Erfassung, Übertragung, Aufbereitung und Verarbeitung der Daten (nach einer Vorlage der IBM)

In der Praxis gibt es aber eine Reihe von Aufgaben, die sich auf die geschilderte Weise nicht sinnvoll und wirtschaftlich lösen lassen. Elektronische Buchungssysteme bei den Luftfahrtgesellschaften, die Steuerung von Produktionsmaschinen durch Computer oder der Schalterverkehr bei Banken, wo Schaltermaschinen direkt an ein Datenverarbeitungssystem angeschlossen sind, bilden Beispiele für die Datenfernübertragung mit anschließender Sofortverarbeitung. Für Anwendungen der genannten Art besteht das Bedürfnis, die Daten schnell, sicher und wirtschaftlich über größere Entfernungen zu übertragen. Während man diesen Vorgang als *Datenfernübertragung* bezeichnet, handelt es sich bei der *Datenfernverarbeitung* um eine Fernübertragung von Daten mit anschließender Verarbeitung in der EDV-Anlage: Die Daten werden sofort bei ihrem Anfall am Ursprungsort erfaßt, zum Empfangsort übertragen und dort mit Hilfe einer EDV-Anlage verarbeitet. Auch die Ausgabe der Ergebnisse kann ohne Zeitverlust an die eingebende bzw. eine andere Stelle erfolgen. Die Datenfernverarbeitung überbrückt die räumliche Entfernung und schaltet jegliche Zeitverzögerung in der Verarbeitung aus; die ausgegebenen Ergebnisse entsprechen immer dem neuesten Stand. Nach der Definition des CCITT (Comite Consultatif International Telegraphique et Telephonique) ist die "Datenfernübertragung ein Zweig des Fernmeldewesens, der sich mit der Übertragung von Informationen (Daten) befaßt, die durch Maschinen verarbeitet werden sollen. Das bedeutet, daß mindestens an einem Ende des Übertragungsweges nicht der Mensch, sondern eine Maschine (z.B. die Datenverarbeitungsanlage) steht". Bild 102 zeigt das Beispiel einer Datenfernverarbeitung.

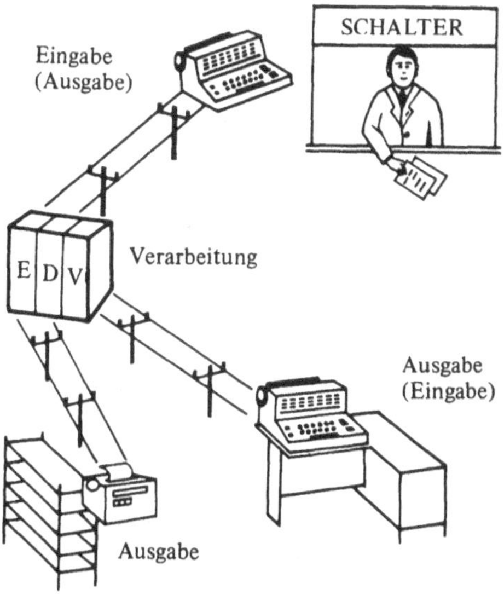

Bild 102:
Beispiel einer Datenfernverarbeitung (nach einer Vorlage der IBM)

B. Übertragungssysteme

Die Datenfernübertragung kann (im Hinblick auf den Einsatz einer EDV-Anlage) auf zweierlei Arten erfolgen: Werden die übertragenen Daten direkt in eine EDV-Anlage eingegeben bzw. direkt von einer EDV-Anlage übertragen, so bezeichnet man diese Form als abhängige Arbeitsweise (engl. on-line). Werden die Daten dagegen übertragen, ohne daß eine elektronische Datenverarbeitungsanlage unmittelbar eingeschaltet ist, so spricht man von einer unabhängigen Arbeitsweise (engl. off-line). Bei der Off-Line-Arbeitsweise sind immer zwischen Datenfernübertragung und

Datenverarbeitung Datenträger (Lochkarten, Lochstreifen, Druckformular) und manuelle Arbeitsgänge (lochkartenmaschinelle Arbeiten bzw. Eingabe in eine EDV-Anlage) eingeschaltet. Der Vorgang der Off-Line- und On-Line-Datenverarbeitung ist in Bild 103 dargestellt.

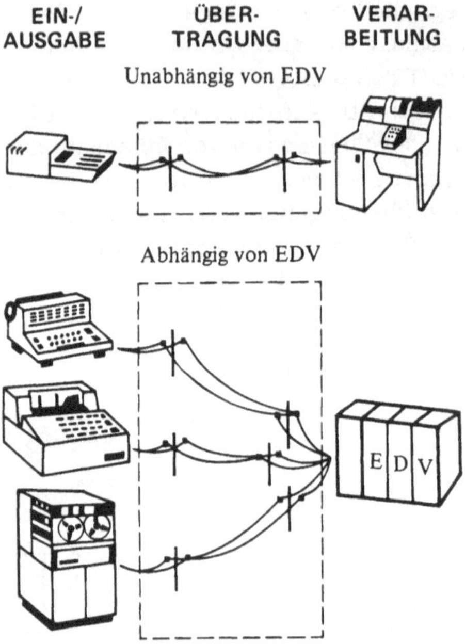

Bild 103:
Unabhängige (off line) und abhängige (on line) Arbeitsweise der Datenfernübertragung (nach einer Vorlage der IBM)

Je nachdem, wieviele Ein- und Ausgabestellen an ein Übertragungssystem angeschlossen sind und ob eine EDV-Anlage einbezogen ist, unterscheidet man:

1. *Punkt- zu Punktsysteme* (Bild 104), die aus zwei Ein-/Ausgabestellen bestehen,

Bild 104: Punkt-zu-Punkt-System: 2 Ein-/Ausgabestellen, 1 Übertragungskanal (nach einer Vorlage der IBM)

2. *Gruppensysteme* (Bild 105), die aus einer Hauptstation bestehen und über einen Übertragungskanal mit mehreren Nebenstationen verbunden sind, und

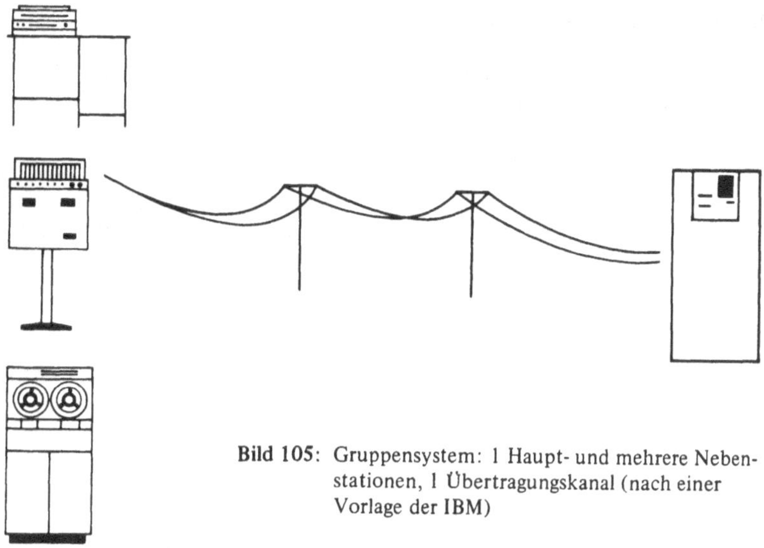

Bild 105: Gruppensystem: 1 Haupt- und mehrere Nebenstationen, 1 Übertragungskanal (nach einer Vorlage der IBM)

3. *Vielfachsysteme,* (Bild 106), bei denen mehrere Gruppen von Ein-/Ausgabestellen an eine EDV-Anlage angeschlossen sind.

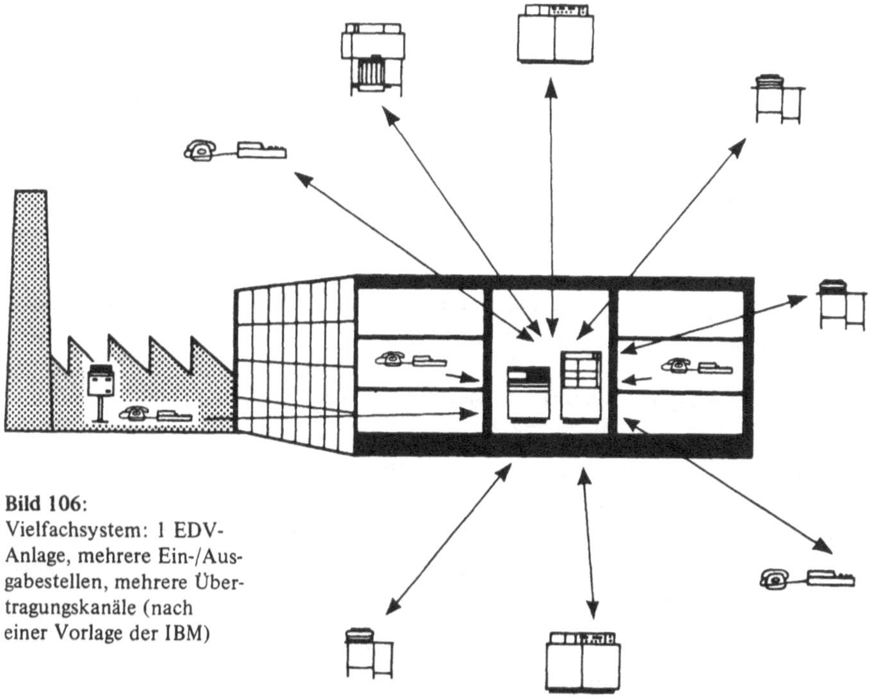

Bild 106: Vielfachsystem: 1 EDV-Anlage, mehrere Ein-/Ausgabestellen, mehrere Übertragungskanäle (nach einer Vorlage der IBM)

C. Übertragungseinrichtungen

Bild 107 zeigt den Systemaufbau der Datenfernübertragung und Bild 108 die Einrichtungen, die zu einem Datenfernübertragungssystem gehören.

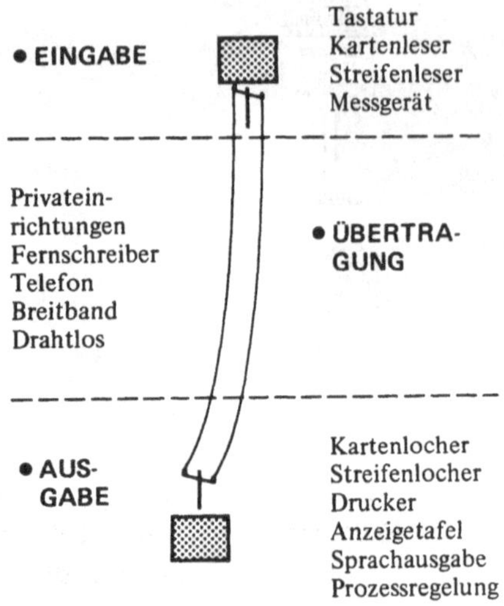

Bild 107:
Systemaufbau der Datenübertragung
(nach einer Vorlage der IBM)

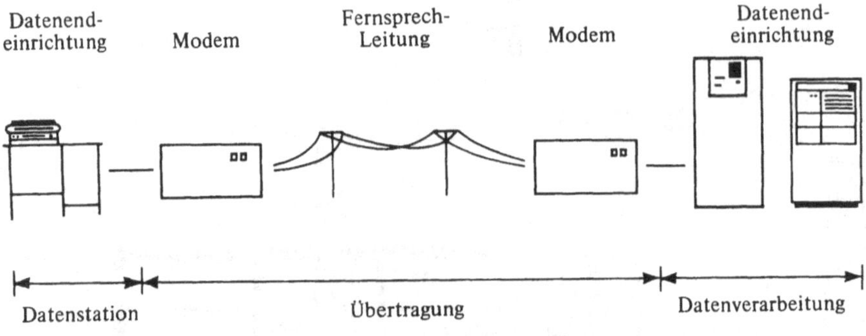

Bild 108: Einrichtungen der Datenfernübertragung (nach einer Vorlage der IBM)

In Bild 109 ist zusätzlich zu Bild 108 das Schema eines Datenfernübertragungssystems dargestellt. Wie ersichtlich, besteht jedes Datenfernübertragungssystem aus den beiden Datenendeinrichtungen und der Übertragungseinrichtung. Im weiteren Sinne gehören auch noch die Ein- und Ausgabegeräte hinzu.

Die Ein-/Ausgabegeräte haben den Zweck, Daten in das Übertragungssystem einzugeben bzw. vom System aufzunehmen. Für die Datenfernübertragung

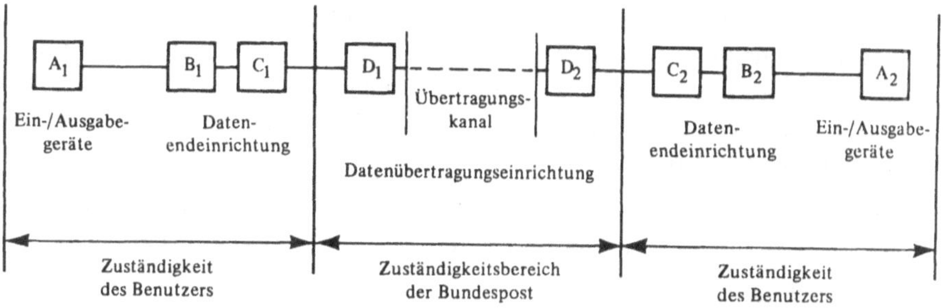

Bild 109: Schematische Darstellung eines Datenfernübertragungssystems

werden eine Vielzahl verschiedener Ein- und Ausgabegeräte angeboten. Sie lassen sich in drei Gruppen unterteilen:

automatische Ein- und Ausgabe (die Daten werden direkt von einer EDV-Anlage oder von physikalischen Meßgeräten in das Datenfernübertragungssystem eingegeben bzw. aus dem System aufgenommen)

Ein- oder Ausgabegeräte über Datenträger (Ein-/Ausgabegeräte sind Lochkarten-, Lochstreifen-, Magnetbandgeräte und Drucker)

manuelle Eingabe über Tastatur, visuelle Ausgabe mit Hilfe eines Bildschirms und Sprachausgabe mit Hilfe eines Telefons.

Datenendeinrichtungen dienen dazu, die Daten aus den Eingabegeräten in den Übertragungscode zu verschlüsseln und die zu übertragenden Daten zu sichern bzw. (auf der Ausgabeseite) die Daten aus dem Übertragungscode zurückzuschlüsseln und sie auf richtige Übertragung zu kontrollieren. Entsprechend unterscheidet man:

Codier- bzw. Decodiergeräte (B 1 und B 2 in Bild 109) und

Datensicherungsgeräte (C 1 und C 2).

Damit das Übertragungssystem Fehler, die bei der Übertragung entstehen, erkennt, sind zusätzliche Sicherungen einzubauen, wobei der Sicherheitsgrad der Übertragung von dem gewählten Fehlerschutz-Verfahren abhängt. Unter Fehlerschutz-Verfahren versteht man alle Methoden und Maßnahmen, die dazu dienen, möglichst alle, auf dem Übertragungswege entstandenen, Fehler zu erkennen und zu korrigieren. Dies ist auch der Grund dafür, daß man bei der Übertragung Schlüssel (Codes) verwendet, die es ermöglichen, auftretende Fehler sofort zu erkennen. Hierbei verschlüsselt die Datenendeinrichtung die Zeichen eines eingegebenen Datenblocks in einzelne Bits, wandelt sie in den Übertragungscode um und fügt den einzelnen Zeichen bzw. Blöcken zusätzliche Bits oder Informationen zur Fehlersicherung hinzu. Auf der Empfangsseite werden die Impulse wieder in den Code der EDV-Anlage zurückgeschlüsselt und zu dem eingegebenen Datenblock zusammengesetzt. Gleichzeitig prüft das empfangende Sicherungsgerät, ob bei der Übertragung Fehler aufgetreten sind. Ist dies der Fall, so wird die Übertragung des betreffenden Blocks wiederholt.

Für die Datensicherung gibt es zwei Methoden. Die erste besteht darin, zur Verschlüsselung eines Zeichens mehr Bits einzusetzen als erforderlich sind. So erhält jedes zu übertragende Zeichen ein Paritäts- oder Prüfbit. Zusätzlich wird der gesamte zu übertragende Datenblock durch ein Paritäts- bzw. Prüfzeichen am Ende abgesichert. Die empfangende Anlage prüft dann auf Zeichen- und Blockparität. Ergibt diese Bitzahlprüfung einen Fehler, so wird vom empfangenden Gerät eine Wiederholungsübertragung des falschen Blockes so lange gefordert, bis die Übertragung als richtig erkannt wurde. Dieses Verfahren, auch von der Lesekontrolle bei der Magnetbandtechnik her bekannt, läßt sich aber nur dort einsetzen, wo sowohl Sende- als auch Empfangsgerät über einen Speicher in der Größe eines Datenblocks verfügen. Mit dem Verfahren der Paritätsprüfung läßt sich eine gute Fehlersicherheit erzielen.

Beim zweiten Verfahren wird die Anzahl der Bits eines Datenblockes nach bestimmten mathematischen Methoden ermittelt. Die so errechnete mathematische Information wird dann beim Sender an den Schluß eines Blockes gesetzt und mit übertragen. Auf der Empfangsseite wird die Rechnung nach der gleichen mathematischen Formel wiederholt und das Ergebnis mit der übertragenen Zusatzinformation verglichen. Die Empfangsseite kann so die Richtigkeit der Übertragung prüfen und bei Unrichtigkeit eine Wiederholung veranlassen. Um die Sicherheit der Übertragung weiter zu erhöhen, ist es schließlich auch möglich, die Paritäts- mit der mathematischen Methode zu kombinieren.

Zur *Datenübertragungseinrichtung* gehören:

die Modems (D 1 und D 2 in Bild 109) und

der Übertragungskanal.

Modem ist ein zusammengesetzter Fachausdruck und steht für *Mo*dulator und *Dem*odulator. Modems sind von der Bundespost zu mieten und werden beim Benutzer aufgestellt. Die Modulation bzw. Demodulation sei am Beispiel der Fernübertragung über Fernsprechleitung beschrieben:
Um die von der Datenendeinrichtung in Impulse aufgelösten Zeichen über Fernsprechleitung übertragen zu können, ist es erforderlich, die Gleichstrom-Impulse der Eingabegeräte in Wechselstrom-Impulse für die Übertragungsleitung zu verändern (zu modulieren). Umgekehrt werden auf der Empfangsseite die Wechselstrom-Impulse in entsprechende Gleich-

strom-Impulse umgesetzt (demoduliert) und dann zum Ausgabegerät weitergegeben. Die Modulation bzw. Demodulation kann auf drei Arten erfolgen:

Amplituden-Modulation (Merkmale: billig, langsam, störanfällig)

Frequenz-Modulation (Merkmale: vorteilhaft für mittlere Übertragungsgeschwindigkeiten) und

Phasen-Modulation (Merkmale: für höhere Übertragungsgeschwindigkeiten geeignet).

Die physikalischen Vorgänge bei den einzelnen Modulationsarten zeigt Bild 110.

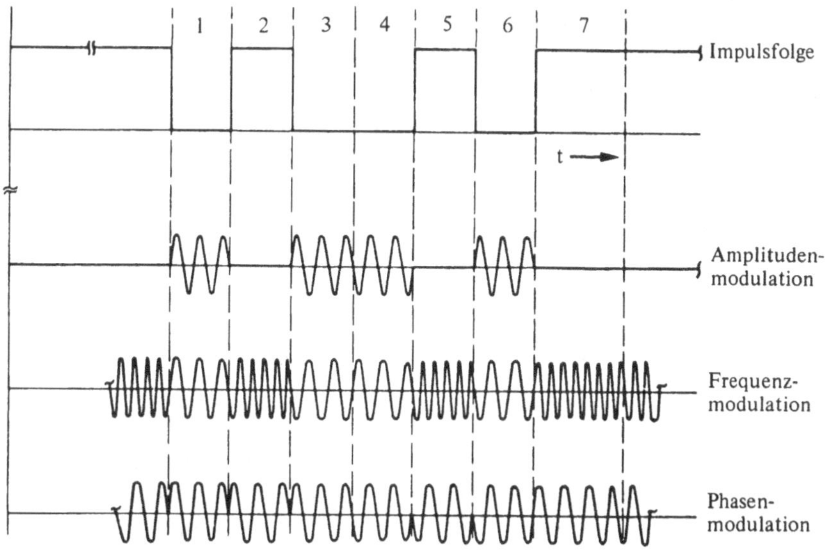

Bild 110: Modulationsarten (nach einer Vorlage der IBM)

Bei den *Übertragungskanälen* oder *Übertragungswegen* (wie sie von der Bundespost bezeichnet werden) sind festgeschaltete Telegrafie- und Fernsprechleitungen von öffentlichen Wählnetzen und Sondernetzen zu unterscheiden, die speziell für den Datenverkehr vorgesehen sind. Auch die drahtlose Fernübertragung von Daten ist technisch grundsätzlich möglich, bisher jedoch im Bereich der Deutschen Bundespost nicht zugelassen. Wegen des Umfanges und der Bedeutung der Übertragungswege haben wir hierfür einen getrennten Abschnitt vorgesehen.

D. Übertragungswege

Wie vorhergehend vermerkt, ist die Datenübertragungseinrichtung (mit Modulator, Demodulator und Übertragungskanal) grundsätzlich Angelegenheit der Bundespost. Eine Ausnahme hiervon macht die Übertragung von Daten innerhalb des eigenen Grundstückes; hier können eigene Nachrichten-Netzwerke betrieben werden. Für alle anderen Fälle ist die Bundespost einzuschalten, die die Modems zur Verfügung stellt und die gewünschten Leitungen schaltet oder einrichtet. Im einzelnen stehen folgende Übertragungswege zur Auswahl:

Fernschreibleitungen (Telegraphie)

a) Mietleitungen
Zwischen zwei oder mehreren Stationen werden Fernschreibleitungen fest und zur ausschließlichen Verwendung durch den Benutzer von der Bundespost gemietet. Bei einer Mietleitung sind immer festgesetzte Gebühren zu zahlen, unabhängig von der Inanspruchnahme der Leitung. Die Daten können sowohl unabhängig (off line) als auch in Abhängigkeit von einer EDV-Anlage (on line) übertragen werden. Bei der Off-Line-Übertragung werden die übertragenen Daten in der Empfangsstelle in Lochstreifen gelocht, die dann eine maschinelle Weiterverarbeitung ermöglichen. Bei der On-Line-Übertragung können Fernschreiber Daten über Mietleitungen zu einer elektronischen DV-Anlage senden bzw. von einem solchen System empfangen. Ist an der EDV-Anlage zusätzlich eine besondere Steuereinheit angeschlossen, so können mehrere Fernschreibmietleitungen mit einer EDV-Anlage verbunden werden.

b) Telex-Netz
Das Telex-Netz ist das öffentliche Wählnetz für alle Fernschreibteilnehmer. Jeder am Telex-Netz angeschlossene Teilnehmer besitzt ein Fernschaltgerät, mit dessen Hilfe er die anderen Teilnehmer des Telex-Netzes anrufen kann; in der BRD hat das Telex-Netz zur Zeit ca. 50.000 Teilnehmer. Auch über das öffentliche Telex-Netz können Daten sowohl off line als auch on line übertragen werden. Bei der On-Line-Übertragung zwischen Fernschreibeinrichtung und einer EDV-Anlage fordert die Bundespost die Einhaltung gewisser Regeln. Beispielsweise wird vorgeschrieben, daß jede Leitung von der EDV-Anlage zum normalen Fernschreibbetrieb umgeschaltet werden kann. Bild 111 zeigt die technischen und organisatorischen Möglichkeiten der Datenfernübertragung mit Hilfe von Fernschreibleitungen.

Fernsprechleitungen

Die zweite und zur Zeit wichtigste Gruppe der Nachrichtensysteme für die Datenfernübertragung bilden die Fernsprechleitungen (Telefonleitun-

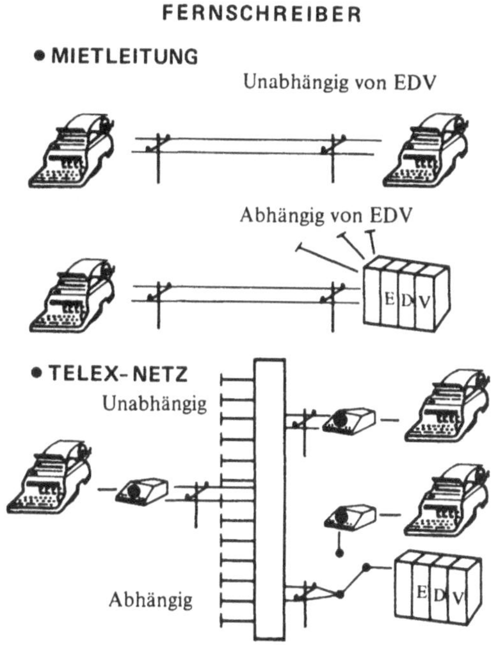

Bild 111: Datenfernübertragung mit Hilfe von Fernschreibleitungen (nach einer Vorlage der IBM)

gen). Fernsprechleitungen erlauben eine weitaus größere Geschwindigkeit bei der Übertragung von Daten als Fernschreibleitungen.

a) Fernsprechmietleitungen

Ebenso wie die Fernschreibleitungen können Fernsprechleitungen von der Bundespost angemietet werden. Gegenüber dem öffentlichen Fernsprech-Wählnetz ist auf überlassenen Fernsprechleitungen eine zwei- bis vierfache Übertragungsgeschwindigkeit möglich. In Abhängigkeit von der Qualität der verwendeten Übertragungsleitungen sind Geschwindigkeiten zugelassen, die sogar das Vier- bis Achtfache des öffentlichen Netzes erreichen. Bei der Datenfernübertragung über Fernsprechleitungen (sowohl bei gemieteten Leitungen als auch beim öffentlichen Netz) sind alle Arten der Off-Line- und On-Line-Verarbeitung möglich. Bild 112 zeigt die Datenfernübertragung mit Hilfe einer Fernsprechmietleitung.

b) Fernsprechwählnetz

Als zur Zeit bedeutendstes Mittel für die Datenfernübertragung ist die öffentliche Fernsprechwählleitung anzusehen. Über dieselbe Leitung, die dem normalen Telefonverkehr dient, können Daten mit einer Geschwindigkeit bis zu 160 Zeichen je Sekunde übertragen werden:
Das Bedienungspersonal einer zentralen EDV-Anlage stellt die Verbindung mit einer entfernten Ausgabestation her und schaltet danach Leitung und Geräte auf Datenübertragung um. Zur Übertragung werden die Daten in

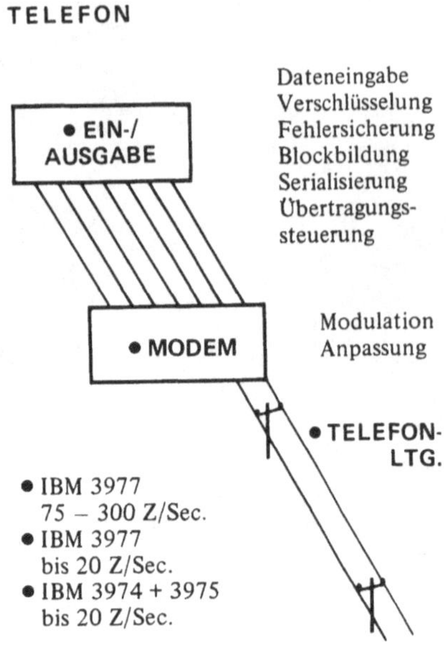

Bild 112:
Datenfernübertragung mit Hilfe von Fernsprechmietleitungen (nach einer Vorlage der IBM)

Impulsfolgen umgewandelt. Zusätzliche Sicherungen sorgen dafür, daß Übertragungsfehler sofort erkannt und automatisch (durch Übertragungswiederholung) beseitigt werden. In Bild 113 sind die Möglichkeiten der

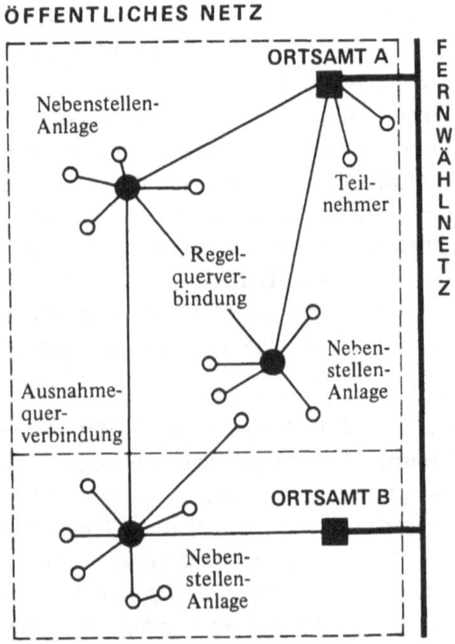

Bild 113:
Datenfernübertragung mit Hilfe des öffentlichen Fernwählnetzes (nach einer Vorlage der IBM)

Datenfernübertragung mit Hilfe des öffentlichen Fernwählnetzes dargestellt.

Sondernetze

Speziell für die Datenfernübertragung hat die Bundespost Sondernetze errichtet, die die Daten mit einer außerordentlich großen Geschwindigkeit und hohen Sicherheit übertragen. Entsprechend der Fernschreib- und Fernsprechtechnik unterscheidet man das Datex-Netz und Breitbandkanäle.

a) Datex-Netz
Das Datex-Netz (Datex = data exchange) ist, wie das Telex-Netz, ein Wählnetz, bei dem jeder Teilnehmer selbst die Verbindung zu einem anderen Teilnehmer herstellt und, falls der Anschluß auf der Gegenseite frei ist, mit der Datenübertragung beginnt. Im Gegensatz zum normalen Telex-Netz, wo nur knapp 7 Zeichen je Sekunde übertragen werden können, liegt die Geschwindigkeit des Datex-Netzes bei etwa 26 Zeichen je Sekunde.

b) Breitbandkanäle
Soll ein direkter Übertragungsverkehr zwischen zwei oder mehreren elektronischen DV-Anlagen durchgeführt werden, so sind die vorhandenen Fernschreib- und Fernsprechleitungen zu langsam. Wie geschildert, lassen die besten Fernsprechleitungen nur eine höchstmögliche Übertragungsgeschwindigkeit von nicht einmal 200 Zeichen je Sekunde zu. Verglichen mit der internen Geschwindigkeit einer elektronischen DV-Anlage, und gemessen an der Lese- und Schreibgeschwindigkeit bei Magnetbandgeräten mit etwa 60 000 bis 200 000 Zeichen je Sekunde, ist die Übertragungsrate auf Fernsprechleitungen zu gering.

Für die Zwecke einer schnellen, direkten Datenfernübertragung mit Sofortverarbeitung bietet die Bundespost seit jüngster Zeit sogenannte Breitbandkanäle an. Je nach Auslegung lassen Breitbandkanäle Übertragungsgeschwindigkeiten von 20 000 Zeichen je Sekunde oder mehr zu. Breitbandleitungen werden von der Deutschen Bundespost ausschließlich vermietet, allerdings zu weit höheren Preisen als für Fernschreib- oder Fernsprechleitungen. Bild 114 zeigt einen Breitbandkanal, bei dem 60 Telefonleitungen zu einem Breitband zusammengefaßt sind.

Ausführliche Merkblätter, die die verschiedenen Benutzungsformen der Datenübertragung eingehend behandeln, können unter dem Bezug *"Datenübertragung"* angefordert werden von:

Fernmeldetechnisches Zentralamt
Abteilung VIII
61 Darmstadt
Rheinstr. 110
Tel.: 83 28 26

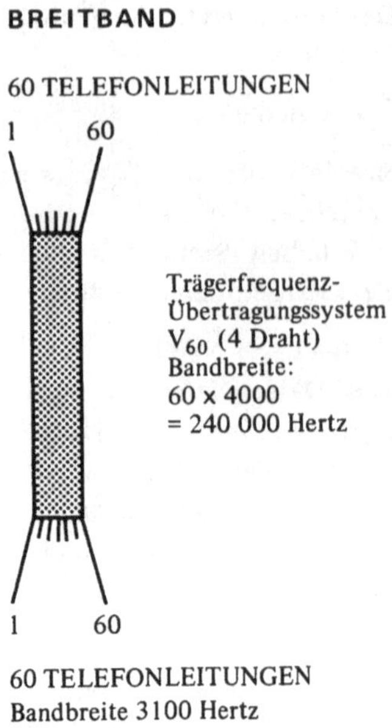

Bild 114:
Datenfernübertragung mit Hilfe von Breitbandleitungen (nach einer Vorlage der IBM)

Merkblatt A: Datenübertragung zwischen Telexanschlüssen

Merkblatt B: Datenübertragung auf überlassenen Telegraphenleitungen

Merkblatt C: Datenübertragung auf überlassenen Fernsprechstromwegen

Merkblatt D: Datenübertragung zwischen Anschlüssen des öffentlichen Fernsprechnetzes

Merkblatt E: Datenübertragung zwischen Datexanschlüssen (200 bit/s)

Merkblatt F: Datenübertragung auf überlassenen Breitband-Übertragungswegen

Merkblatt Z: Datenübertragung über Fernmeldewege der Deutschen Bundespost - Probleme und Möglichkeiten.

E. Übertragungsverfahren bei Fernsprechleitungen

Wegen der Bedeutung, die die Datenfernübertragung über Fernsprechleitungen einnimmt, soll näher auf technische und organisatorische Besonderheiten dieses Übertragungsweges eingegangen werden.

Übertragungsart

Die Übertragung der Zeichen über Fernsprechleitung kann einzeln im *Start-Stopp-Verfahren* erfolgen, wie es bei der Fernschreibtechnik angewandt wird. Der notwendige Gleichlauf zwischen Sende- und Empfangsstation wird hierbei durch die zusätzliche Übertragung eines Start-Schrittes am Anfang und eines Stopp-Schrittes am Ende jedes Zeichens aufrecht erhalten. Bei höherer Übertragungsgeschwindigkeit wird jedoch meist die *synchrone Arbeitsweise* gewählt. Bei diesem Verfahren werden die Zeichen einer Nachricht nicht einzeln, sondern zu einem Block zusammengefaßt übertragen. Innerhalb eines solchen Blockes hat jedes Zeichen eine feste Anzahl von Impulsen und benötigt deshalb keinen besonderen Start- bzw. Stopp-Schritt.

Während man das langsame Asynchron-Verfahren (wie das Start-/Stopp-Verfahren in der Technik genannt wird) in Fällen einer manuellen Dateneingabe in das Übertragungssystem vorzieht, wird man bei der schnellen Übertragung einer größeren Datenmenge zur Synchron-Übertragung übergehen. Das bedeutet, daß die Nachrichtenübertragung zwischen zwei EDV-Anlagen wegen der hohen Übertragungsgeschwindigkeit in jedem Falle im Synchron-Verfahren erfolgt.

Betriebsarten

Bei der Fernübertragung über Fernsprechleitungen können die Daten nun in nur einer oder aber in beiden Richtungen übertragen werden. Für den zweiten Fall gibt es wiederum die beiden Möglichkeiten, daß beide Richtungen entweder zu verschiedenen Zeiten oder gleichzeitig in Anspruch genommen werden.

Entsprechend unterscheidet man drei Betriebsarten:

das Simplex-Verfahren (Richtungsbetrieb), bei dem die Daten nur in einer Richtung übertragen werden können,

das Halbduplex-Verfahren (Wechselbetrieb), bei dem die Daten zwar in beiden Richtungen, jedoch nicht zur gleichen Zeit übertragen werden können, und

das Duplex-Verfahren (Gegenbetrieb), das die Übertragung von Daten gleichzeitig in beiden Richtungen gestattet.

Eine Zusammenstellung der Betriebsarten zeigt Bild 115.

F. Geschwindigkeiten und Kosten der Datenfernübertragung

Die Geschwindigkeit, mit der Daten übertragen werden, wird unterschiedlich bezeichnet: Der rein technische Ausdruck ist die *Schrittgeschwindigkeit;* sie gibt die Anzahl der in der Sekunde übertragenen Stromschritte an und wird in ***Baud*** ausgedrückt (***Baud*** ist die nach dem französischen

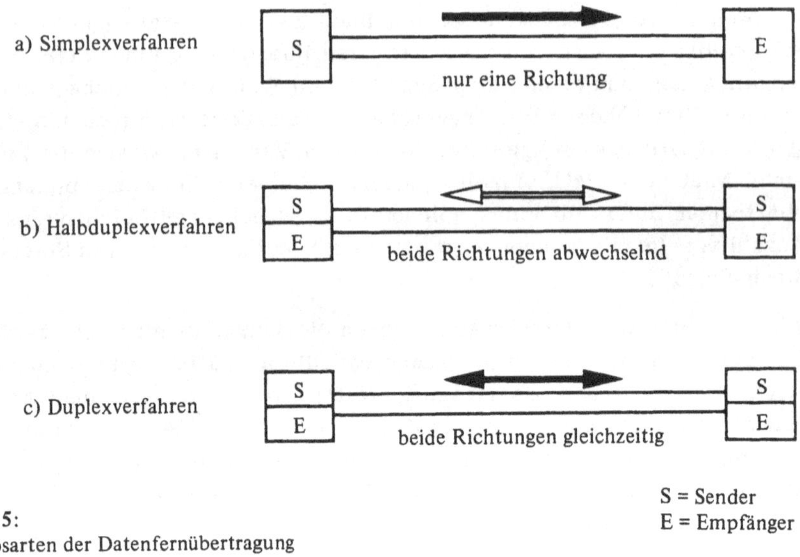

Bild 115:
Betriebsarten der Datenfernübertragung

Physiker *Baudot* benannte Einheit der Telegraphie-Geschwindigkeit). 50 Baud bedeuten also, daß 50 Schritte pro Sekunde übertragen werden.

Für die Zwecke der Datenfernübertragung wird jedoch nicht der Begriff der Schrittgeschwindigkeit, sondern der der *Übertragungsgeschwindigkeit* verwendet. Sie gibt die Anzahl der in der Sekunde übertragenen Binär-Zahlen (in Bit je Sekunde) an und gilt bei Parallel-Übertragung für alle Kanäle. Die Übertragungsgeschwindigkeit kennzeichnet die Leistungsfähigkeit eines Datenfernübertragungs- und -verarbeitungssystems, indem sie ausdrückt, wieviele Bits pro Sekunde gesendet, empfangen und verarbeitet werden können. Folgende Übertragungsgeschwindigkeiten sind international genormt:

50 Bit je Sekunde	1 200 Bit je Sekunde
100 Bit je Sekunde	2 400 Bit je Sekunde
200 Bit je Sekunde	4 800 Bit je Sekunde
600 Bit je Sekunde	

Um nun auf die Anzahl der Zeichen zu kommen, die je Sekunde übertragen werden, braucht man die Übertragungsgeschwindigkeit in Bit nur durch etwa 10 zu teilen. Der Divisor 10 besagt, daß 8 Datenbits je Zeichen (für die Übertragung benutzt man meistens einen 8-Bit-Code) und (auf ein Zeichen umgerechnet) 2 Prüf- und Sicherheitsbits verwendet werden. Die nachfolgende Tabelle zeigt eine Übersicht über die derzeitig von der Deutschen Bundespost zugelassenen Geschwindigkeiten und berechneten Kosten der Datenfernübertragung.

Übersicht über die Geschwindigkeiten und Kosten der Datenfernübertragung

1. Telegraphenwege				
	1.1 Telegraphie-Mietleitung (Geschw. bis zu 50 bit/sec)		1.2 Telegraphie-Telexnetz (Geschw. bis zu 50 bit/sec)	
Einrichtungsgebühr je Hauptanschluß bzw. Endstelle	75, - - DM		90, - - DM	
Monatl. Grundgebühr je Hauptanschluß bzw. Endstelle	–		30, - - DM	
	Monatl. Kosten für feste Mietleitungen	Einmaliger Kostenzuschuß	Monatl. Kosten bei 100 Std. 7.00 - 18.30	Monatl. Kosten bei 100 Std. 18.30 - 7.00
Innerhalb Ortsnetz	7,50 DM/km	–	1 200, - - DM	1 200, - - DM
mehr als 1 km	15, - -	3 000, - -	1 200, - -	1 200, - -
bis 15 km	63, - -	3 000, - -	1 200, - -	1 200, - -
mehr als 15 km	93, - -	3 000, - -	1 200, - -	1 200, - -
bis 25 km	125, - -	3 000, - -	1 200, - -	1 200, - -
mehr als 25 km	170, - -	3 000, - -	2 400, - -	1 620, - -
bis 50 km	250, - -	3 000, - -	2 400, - -	1 620, - -
mehr als 50 km	300, - -	3 000, - -	3 600, - -	2 400, - -
bis 75 km	380, - -	3 000, - -	3 600, - -	2 400, - -
mehr als 75 km	475, - -	3 000, - -	3 600, - -	2 400, - -
bis 100 km	555, - -	3 000, - -	3 600, - -	2 400, - -
mehr als 100 km	820, - -	3 000, - -	3 600, - -	2 400, - -
bis 200 km	1 140, - -	6 000, - -	3 600. - -	2 400, - -
mehr als 200 km	1 240, - -	6 000, - -	3 600, - -	2 400, - -
bis 300 km	1 560, - -	9 000, - -	3 600, - -	2 400, - -
mehr als 300 km	1 660, - -	9 000, - -	3 600, - -	2 400, - -
bis 400 km	1 980, - -	12 000, - -	3 600, - -	2 400, - -
mehr als 400 km	2 400, - -	12 000, - -	3 600, - -	2 400, - -
bis 500 km	2 400, - -	15 000, - -	3 600, - -	2 400, - -

2. Fernsprechwege					
	2.1 Fernsprech-Mietleitung (Geschw. bis zu 1200 bit/sec)	2.2 Fernsprech-Wählnetz (Geschw. bis zu 1200 bit/sec)		Querverbindungen	
Einrichtungsgebühr je Hauptanschluß bzw. Endstelle	1,95 bis 75, - - DM	90, - - DM		75, - - DM	
Modem 600-1200 bit/sec monatlich	–	195, - - DM		195, - - DM	
Monatl. Grundgebühr je Hauptanschluß bzw. Endstelle	–	9, - - bis 18, - - DM		–	
	Monatl. Kosten für feste Mietleitungen	Monatl. Kosten 100 St. 7 - 18 Uhr	Monatl. Kosten 100 St. 18 - 7 Uhr	Monatl. Kosten für Querverbdg.	einmalige Kosten für Querverbdg.
Innerhalb des Ortsnetzes	7,50 DM/km	-, 18/Verb.	-, 18/Verb.	15, - - +7,50/km	
Im Knotenamtsbereich		720, - -	720, - -		
mehr als 1 km	17, - -	1 080, - -	720, - -	37,50	225, - -
bis 15 km	255, - -	1 080, - -	720, - -	157,50	3 125, - -
mehr als 15 km	255, - -	1 440, - -	960, - -	247,50	8 025, - -
bis 25 km	425, - -	1 440, - -	960, - -	322,50	13 375, - -
mehr als 25 km	425, - -	2 160, - -	1 440, - -	457,50	13 375, - -
bis 50 km	850, - -	2 160, - -	1 440, - -	645, - -	26 750, - -
mehr als 50 km	850, - -	3 240, - -	2 160, - -	915, - -	37 500, - -
bis 75 km	1 275, - -	3 240, - -	2 160, - -	1 250,50	56 250, - -
mehr als 75 km	1 687,50	4 320, - -	2 160, - -	1 322,50	56 250, - -
bis 100 km	2 250, - -	4 320, - -	2 160, - -	1 500, - -	75 000, - -
mehr als 100 km	2 250, - -	5 400, - -	2 160, - -	2 250, - -	75 000, - -
bis 200 km	4 500, - -	5 400, - -	2 160, - -	3 000, - -	150 000, - -
mehr als 200 km	4 500, - -	6 480, - -	2 160, - -	3 300, - -	150 000, - -
bis 300 km	6 750, - -	6 480, - -	2 160, - -	4 050, - -	225 000, - -
mehr als 300 km	6 750, - -	7 535, - -	2 160, - -	4 350, - -	225 000, - -
bis 400 km	9 000, - -	7 535, - -	2 160, - -	5 100, - -	300 000, - -
mehr als 400 km	9 000, - -	7 535, - -	2 160, - -	5 400, - -	300 000, - -
bis 500 km	11 250, - -	7 535, - -	2 160, - -	6 150, - -	375 000, - -

4.4 Externe Speicher

4.41 *Die Bedeutung externer Speicher für die Datenverarbeitung*

Jedes Mittel, das Daten in einer für EDV-Anlagen lesbaren Form aufnehmen kann, wird nicht nur als Datenträger, sondern auch als Datenspeicher bezeichnet. Auch die Lochkarte ist nach dieser Definition ein Datenspeicher. Beim Einsatz von Lochkartenanlagen und EDV-Anlagen ohne externe Speicher sind Lochkarten sogar die einzigen Speichermittel. Doch die Aufbewahrung und Verwaltung von großen Datenbeständen (Konten, Versicherungsverträge, Kunden- und Lieferantenstammdaten, Personalstammdaten und Lagerdateien) über Lochkarten ist ein schwieriges organisatorisches und technisches Problem. Aus diesem Grunde sind heute auch schon viele kleinere EDV-Anlagen mit magnetischen Zusatzspeichern ausgerüstet, in denen die Bestände aufbewahrt und geführt werden.

Im Gegensatz zum internen Arbeitsspeicher einer EDV-Anlage dienen die externen Speicher zur Aufbewahrung großer Datenmengen, die nicht eines superschnellen Zugriffs bedürfen, wie die jeweilig im internen Speicher festgehaltenen Daten und Programmbefehle. Externe Speicher im Sinne unserer Einschränkungen sind Magnetbänder, Magnetplatten, Magnettrommeln, Magnetstreifen und Magnetkarten. Nur in einzelnen Fällen und bei sehr großen EDV-Anlagen können auch Magnetkernspeicher zusätzlich als externe Speicher angeschlossen werden. Bild 116 zeigt eine Übersicht über die gebräuchlichen externen Speicher. Während jedoch beim Magnetkernspeicher, beim Magnettrommel-, Magnetplatten- und Magnetstreifenspeicher in einem Arbeitsablauf gelesen und zurückgeschrieben werden kann, ist das beim Magnetband nicht der Fall. Sowohl die geänderten als auch die nicht geänderten Bestände müssen auf ein zweites Band übertragen werden.

Während der Großkernspeicher mehr zur Erweiterung des Hauptspeichers und die Magnettrommel zur Aufnahme von Tabellen und Programmen dienen, zu denen man während der Verarbeitung laufend einen schnellen Zugriff haben muß, sind die charakteristischen Speicher für große Bestandsdatenmengen das Magnetband, der Magnetplattenspeicher und der Magnetkarten- bzw. -streifenspeicher. Selten besteht jedoch die Notwendigkeit, alle aufgeführten Speicher an eine EDV-Anlage anzuschließen. Auch sind die Anschlußmöglichkeiten vom Typ der EDV-Anlage und vom Angebot des betreffenden Herstellers abhängig. Die heute am meisten verwandten Speicher sind das Magnetband und der Plattenspeicher mit auswechselbaren Magnetplatten. EDV-Anlagen sind deshalb häufig mit Magnetbandgeräten, mit Magnetplattenspeichern oder einer Kombination beider Speichertypen ausgerüstet. Für alle externen Speicher gilt, daß

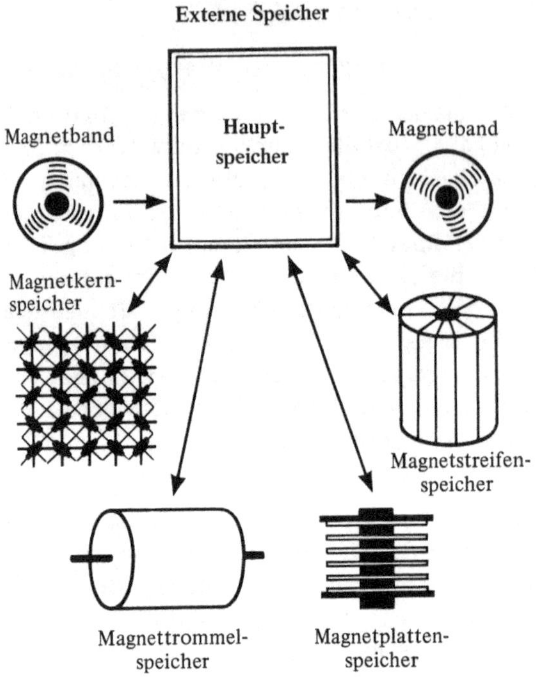

Bild 116:
Übersicht über die externen Speicher von EDV-Anlagen (nach einer Vorlage der IBM)

die Daten vor ihrer Verarbeitung vom externen in den internen Speicher übertragen und nach der Bearbeitung im internen Speicher für die Ausgabe auf einen externen Speicher bereitgestellt werden müssen.

Welche Bedeutung kommt nun den externen Speichern im einzelnen zu? Die meisten kaufmännischen Aufgaben benötigen einen umfangreichen Datenbestand. So sind die Personalstammdaten festzuhalten und die neuen Artikelbestände bis zur nächsten Bestandsrechnung aufzubewahren. Aber auch die Programme selbst sind zu speichern, weil sie bei jeder Verarbeitung von neuem in den internen Speicher der Anlage eingegeben werden müssen. Im Gegensatz zur Lochkarte können alle externen Speicher eine große Datenmenge auf kleinstem Raum speichern und mit hoher Geschwindigkeit von der EDV-Anlage aufnehmen bzw. an diese abgeben. Auch die Handhabung für den Operator ist gegenüber riesigen Lochkartenbeständen wesentlich vereinfacht. Während aus Lochkarten (je nach Leistung des Gerätes) zwischen 20 000 und 80 000 Zeichen je Minute in die EDV-Anlage übertragen werden können, liegen die Leistungen von Magnetbandgeräten und anderen externen Speichern zwischen 1 und 18 Millionen Zeichen je Minute. Da andererseits die Zuführung der Daten die Geschwindigkeit und Leistungsfähigkeit der Zentraleinheit selbst entscheidend beeinflußt, läßt sich hieraus ableiten, daß die Gesamtleistung einer EDV-Anlage in starkem

Maße von der Geschwindigkeit der Ein- und Ausgabe der Programme und Daten abhängt.

4.42 *Arten und Eigenschaften externer Speicher*

Wie dargestellt, gibt es für die externe Datenspeicherung eine Vielzahl unterschiedlicher Einrichtungen. Ihre Skala reicht vom Magnetband bis zum Magnetstreifenspeicher. Eine Einteilung der externen Speichereinrichtungen kann nun nach verschiedenen Gesichtspunkten vorgenommen werden, so beispielsweise nach der Zugriffsart oder der Auswechselbarkeit der Speichermittel. Werden diese beiden Merkmale zusammengefaßt, ergibt sich eine Dreiteilung nach

wechselbaren Speichern ohne wahlfreien Zugriff

nicht wechselbaren Speichern mit wahlfreiem Zugriff

wechselbaren Speichern mit wahlfreiem Zugriff.

Hauptmerkmal des *wechselbaren Speichers ohne wahlfreien Zugriff* (sein einziger Vertreter ist das Magnetband) ist, daß die Datenblöcke nur in der Reihenfolge, in der sie auf dem Band gespeichert sind, abgerufen werden können. Bei diesem Zugriff, den man auch als Reihenfolgezugriff (engl. serial access) bezeichnet, ist eine Verarbeitung der gespeicherten Daten nur in der Reihenfolge der Speicherung möglich, wie bei einem Lochkartenstapel. Die Zugriffszeit (das ist der Zeitraum, der benötigt wird, um einen bestimmten Datenblock im Speicher anzusprechen), hängt allein von der Geschwindigkeit des Magnetbandgerätes und vom Speicherort dieses Datenblockes auf dem Magnetband ab. Ein weiteres Merkmal der Magnetbänder ist ihre praktisch unbegrenzte Speicherkapazität, weil die Bänder ausgewechselt werden können. Allein begrenzt ist die Anzahl der Magnetbandgeräte, mit der eine EDV-Anlage ausgerüstet werden kann.

Nicht wechselbare Speicher mit wahlfreiem Zugriff sind der Magnettrommelspeicher und der Magnetplattenspeicher ohne Wechselplatten. Beide Speicher vermögen eine große Menge von Daten aufzunehmen, sind jedoch in ihrer Gesamtkapazität begrenzt, weil ihre Speichermittel nicht ausgewechselt werden können. Der Ausdruck "wahlfreier Zugriff" (engl. random access) bedeutet, daß die EDV-Anlage alle Plätze dieses Speichers unabhängig von einer bestimmten Reihenfolge ansprechen kann. Eine besondere Kennzeichnung der Speicherplätze (in der Fachsprache Adressierung genannt) macht einen gesonderten Suchvorgang wie beim Magnetband überflüssig. Alle externen Speicher (und natürlich auch die internen Speicher), außer dem Magnetband, besitzen einen solchen wahlfreien Zugriff.

Wechselbare Speicher mit wahlfreiem Zugriff bilden die dritte Gruppe der externen Speicher. Sie sind zugleich die jüngste Speichergruppe und unterscheiden sich von den zuletzt behandelten Speichern im wesentlichen dadurch, daß sie nicht mehr fest mit der Speichereinheit verbunden sind, sondern einzeln oder zusammen ausgewechselt werden können. Aus diesem Grunde ist ihre Speicherkapazität nicht mehr begrenzt. Gemeinsam mit den vorgenannten Speichermitteln haben sie ebenfalls den wahlfreien Zugriff. Da nur jede Speichereinheit eine Schreib- und Leseeinrichtung benötigt, wird eine bedeutende Senkung der Speicherkosten erzielt. Da wechselbare Speicher mit wahlfreiem Zugriff die Vorteile der beiden erstgenannten Gruppen (nämlich Auswechselbarkeit und wahlfreien Zugriff) in sich vereinigen, kommt diesen Speichern künftig die Hauptbedeutung zu. Bild 117 zeigt noch einmal eine Übersichtstabelle über die Merkmale und Leistungen der gebräuchlichsten externen Speicher.

4.421 Magnetbandspeicher

Datenverarbeitung mit Magnetbändern

Seitdem Leistungsfähigkeit und Zuverlässigkeit von Magnetbändern und Magnetbandgeräten erheblich zugenommen haben, besitzen diese Speicher auch heute noch eine große Bedeutung. Das Magnetband wird vor allem dort vorteilhaft eingesetzt, wo eine große Menge vorsortierter Daten schnell zu verarbeiten ist und es auf einen wahlfreien Zugriff nicht ankommt. Durch den Anschluß mehrerer Magnetbandgeräte (was die Regel ist) können verschiedene Dateien mit derselben Sortierordnung gemeinsam in einem Durchlauf verarbeitet werden. Ein Zusammenmischen der Dateien, vergleichbar mit dem Mischen von Stamm- und Bestandsdaten mit Bewegungsdaten bei der Lochkartenverarbeitung, sowie die Trennung der Dateien nach der Verarbeitung ist nicht mehr erforderlich.

Technische Daten

Das Magnetband ähnelt dem bekannten Tonband. Es besteht aus einem unelastischen Material (Polyesterharz), dessen Zerreißbarkeit nur gering ist, und ist einseitig mit einer dünnen, magnetisierbaren Eisenoxydschicht bedeckt. Magnetbänder, die heute am häufigsten Verwendung finden, haben eine Breite von einem 1/2 Zoll, eine Länge von ca. 720 m und sind auf Kunststoffspulen, wie sie Bild 118 zeigt, aufgewickelt; halbe Rollen enthalten nur ca. 360 m Magnetband. Vergleichbar mit den Lochungen im Lochstreifen werden die Daten auf dem Magnetband, in Form kleiner unsichtbarer Magnetpunkte, quer zur Längsrichtung aufgezeichnet. Hierbei bedeutet ein Magnetpunkt eine duale 1, ein fehlender Magnetpunkt eine duale Null.

Speichermittel	Kapazität Bytes je Mittel	Zugriffs-art	mittlere Zugriffszeit	Lesen/Schreiben Bytes je Sekunde
 Magnetband	20 bis 65 Mio. (auswechselbar)	seriell	sequentielle Verarbeitung	15000 bis 340000
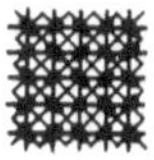 Magnetkern-speicher	1 bis 2 Mio.	direkt	8 µS	500000 oder 1000000
 Magnetplatten-speicher	7 bis 29 Mio. (auswechselbar) ca. 112 Mio. (nicht auswech-selbar)	wahlfrei wahlfrei	85 ms 165 ms	156 000 bzw. 312 000 156 000
 Magnettrommel-speicher	0,8 oder 4 Mio.	wahlfrei	8,6 ms	135000 oder 1200000
 Magnetstreifen-speicher	400 Mio. (auswechselbar)	wahlfrei	510 ms	55000

µS = Mikrosekunden (1/1000000 Sek.)
ms = Millisekunden (1/1000 Sekunden)

Bild 117: Eigenschaften externer Speicher (nach Angaben der IBM)

Bild 119 zeigt die Verschlüsselung nach dem BCD-Code auf einem 7-Spur-Band. Während die unteren 6 Spuren die Datenbits aufnehmen, dient die obere 7. Spur zur Speicherung des zusätzlichen Prüfbits für die Datensicherung. Neben dem 7-Spur-Band werden heute vorwiegend 9-Spur-Bänder (mit Byte-Aufbau) verwendet, wobei anzumerken ist, daß es sich hierbei nur um unterschiedliche Aufzeichnungen und Bandgeräte, nicht aber um andere Magnetbänder handelt. Ein 9-Spur-Band wird in Bild 120 gezeigt. Ein Byte kann entweder einen Buchstaben bzw. ein Sonderzeichen oder zwei Ziffern (in gepackter Darstellung) aufnehmen. Ob 7-Spur- oder 9-Spur-Magnetbänder an einer EDV-Anlage angeschlossen sind, hängt vom

Bild 118:
Magnetbandrolle (Werkbild IBM)

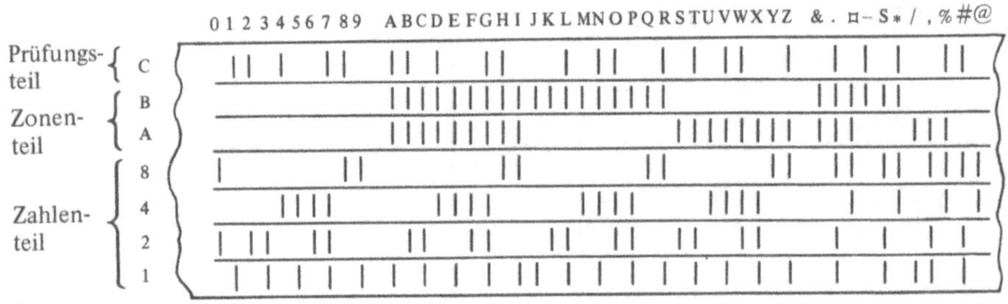

Bild 119: Speicherung und Verschlüsselung auf einem 7-Spur-Band

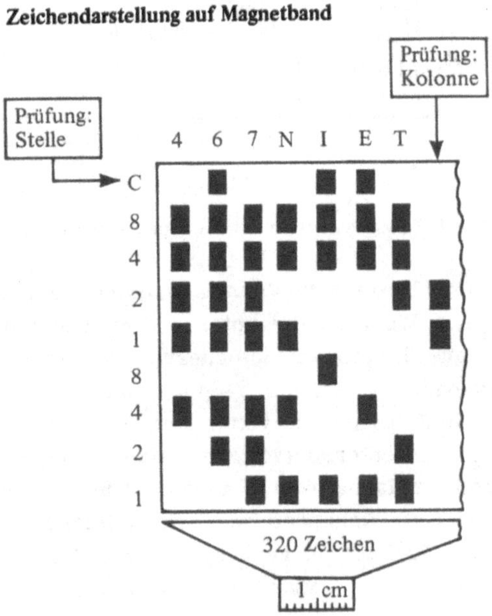

Bild 120:
Magnetband mit 9 Spuren (Byte-Aufbau)

Aufbau und der Verwendung der Anlage ab. Ganz allgemein geht die Entwicklung heute zu 9-Spur-Bändern.

Ein weiteres Merkmal neben der Anzahl der Spuren ist die Aufzeichnungsdichte. Sie wird entweder in Zeichen (bzw. Bytes) je cm oder Zoll angegeben. Die am meisten vorkommenden Aufzeichnungsdichten sind:

80 Zeichen je cm (niedrige Dichte)
220 Zeichen je cm (mittlere Dichte)
320 Zeichen je cm (hohe Dichte)
640 Zeichen je cm (doppelte Dichte).

Die manchmal bei der Angabe der Zeichendichte verwendeten Begriffe 800 BPI bzw. 1600 BPI (**B**its **P**er **I**nch) weisen auf die Anzahl der Bits je Zoll, auf eine Spur bezogen, hin. Umgerechnet sind 800 BPI = 320 Zeichen und 1600 BPI = 640 Zeichen je cm. Die Zeichendichten 80 und 220 findet man im wesentlichen nur noch bei Anlagen der II. Generation, während die Zeichendichten 320 und 640 insbesondere bei Magnetbandgeräten der III. Computergeneration benutzt werden. Zu beachten ist, daß mit höheren Aufzeichnungsdichten auch die Anforderungen an Beschichtung und Oberfläche des Bandmaterials steigen. Magnetbandrollen müssen eine Aufschrift tragen, ob sie für die Speicherung von 800 bzw. 1600 BPI geeignet und getestet sind.

Sobald die Bandspule in das Magnetbandgerät (eine Magnetbandeinheit ist in Bild 121 und eine Magnetbandgruppe in Bild 122 abgebildet) eingelegt und das Magnetband zur Leerspule geführt ist, kann der Schreib- oder Lesevorgang beginnen. Hierbei transportiert das Gerät das Band immer von der eingelegten Rolle zur festen Gerätespule (Leerspule). Damit das Band bei der hohen Start- und Stopp-Geschwindigkeit vor Beschädigung oder Durchreißen geschützt wird, erfolgt das Ab- und Aufspulen nicht direkt zwischen den Rollen, sondern über Ausgleichsschleifen, wie sie auch in den Bildern 121 (horizontale Führung) und 122 (vertikale Führung) zu erkennen sind. Die Länge der beiden Schleifen wird von dem Gerät über Vacuumkanäle oder kleine Federrollen gesteuert, wie im Bandlaufschema des Bildes 123 dargestellt. Diese Steuerung stellt sicher, daß immer genügend Magnetband in den beiden Kanälen der Ab- und Aufwindespule ist. Je nach System liegen die beiden Bandspulen neben- oder untereinander.

Während das Magnetband mit hoher und gleichbleibender Geschwindigkeit an den Schreib-/Leseköpfen (für jede Spur ist ein getrennter Schreib-/Lesekopf vorhanden) vorbeigleitet, werden die Daten durch Magnetisierung kleiner Punkte auf dem Band gespeichert. Jeder Impuls, den die Magnetspulen der Schreib-/Leseköpfe erhalten, bedeutet eine duale Eins, jeder

Bild 121:
Magnetbandeinheit (Werkbild IBM)

Bild 122: Eine Gruppe von Magnetbandeinheiten (Werkbild IBM)

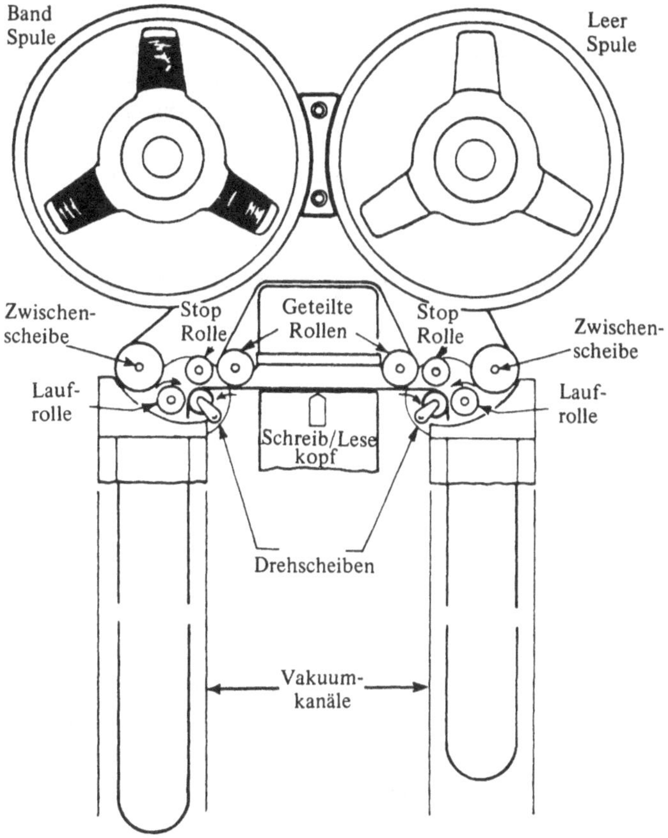

Bild 123:
Bandlaufschema
(Werkbild IBM)

nicht gegebene Impuls eine duale Null. Bild 124 zeigt die Darstellung eines Schreib-/Lesekopfes.

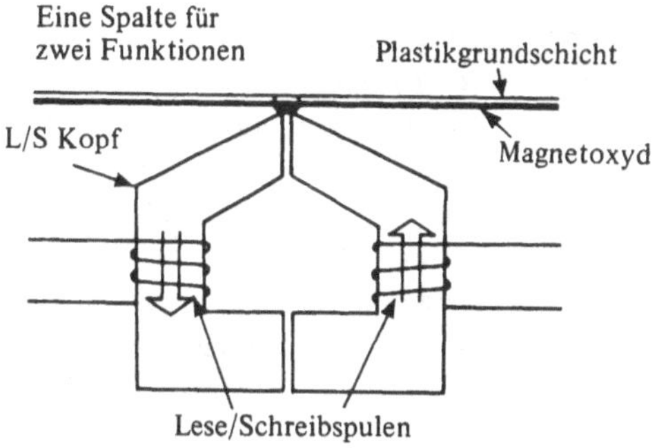

Bild 124:
Schreib-/Lesekopf
(Werkbild IBM)

Es ist darauf hinzuweisen, daß mit einem Schreibbefehl nicht ein einzelnes Zeichen, sondern ein ganzer Datenblock auf das Magnetband übertragen wird. Alle Datenblöcke sind durch Zwischenräume auf dem Band voneinander getrennt. Ein halber Zwischenraum dient zum Anlaufen des Magnetbandes (das Band muß zur Aufzeichnung erst eine bestimmte Geschwindigkeit erreichen), während der zweite halbe Zwischenraum beim Stoppen des Bandes entsteht, wie in Bild 125 dargestellt. Steht man vor einer EDV-Anlage und schaut der Datenverarbeitung vom Magnetband zu,

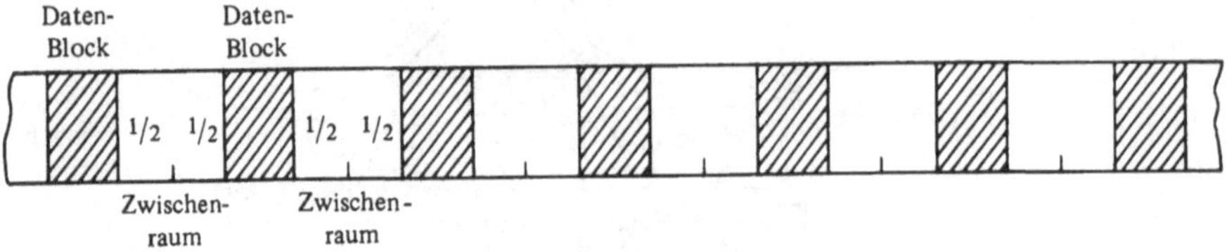

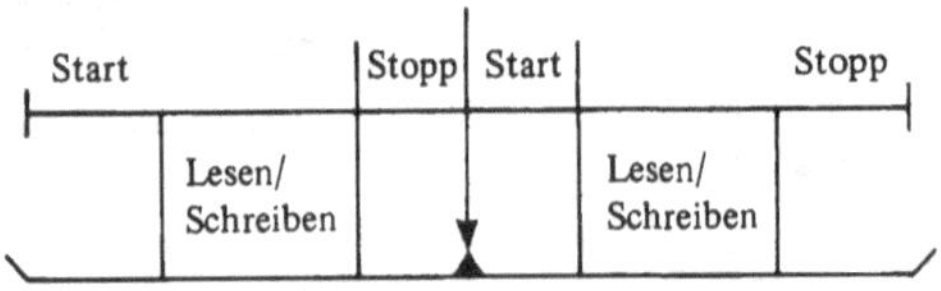

Bild 125:
Speicherung und Verarbeitung beim Magnetband

so ist deutlich der ruckweise Transport (Start-Verarbeitung-Stopp) zu erkennen. Ein Dauerlauf findet dagegen nur beim Rückspulen eines Magnetbandes statt. Beim Lesen wird das Magnetband in der gleichen Weise und mit derselben Geschwindigkeit wie beim Schreiben am Schreib-/Lesekopf vorbeigeführt. Umgekehrt wie beim Schreibvorgang induzieren (erzeugen) die kleinen unsichtbaren Magnetpunkte elektrische Impulse in der Spule des Lesekopfes, die dann verstärkt und als Daten an den internen Speicher der Anlage weitergegeben werden.

Kontrollen

Im Gegensatz zur Lochkarte und zum Lochstreifen ist das Magnetband wiederverwendungsfähig, d.h. die gespeicherten Daten können gelöscht und durch andere Daten ersetzt werden. Dieser Vorteil birgt den Nachteil in sich, daß Dateien, die noch benötigt werden, versehentlich gelöscht werden können. Um dieses zu verhindern, werden bei der Bandverarbeitung Prüfungen eingebaut, die die Datenbestände vor vorzeitigem Überschreiben schützen sollen. Eine schlechte Bandqualität und Verschmutzung durch Abrieb sowie Staubeinwirkungen auf die Schreib- und Leseköpfe sind weitere Gründe für den notwendigen Einbau von Kontrollen und Sicherungen.

A. Hardware-Kontrollen

Zunächst sind die fest eingebauten Fehlerkontrollen zu nennen, die das richtige Schreiben und Lesen sowie die richtige Übertragung zwischen

Zentraleinheit und Magnetbandgerät kontrollieren. Bei der Schreibprüfung gestattet die Anordnung des Lesekopfes hinter dem Schreibkopf, die gerade auf Band geschriebenen Daten wieder zu lesen und sie mit dem Inhalt des Schreibbereiches im internen Speicher (der die gespeicherten Daten noch enthält) auf Übereinstimmung zu vergleichen. Nur bei Übereinstimmung wird der Schreibvorgang fortgesetzt. Weicht dagegen das gelesene Zeichen von dem im Speicher bereitgestellten Zeichen ab, setzt die Maschine das Magnetband bis zum Blockanfang zurück und wiederholt den Schreibvorgang, und zwar, wenn notwendig, mehrere Male. Hierbei geht man davon aus, daß feine Staubpartikel oder eine ermüdete Magnetbandoberfläche die richtige Speicherung verhindern können. Staub und Abrieb können jedoch bei mehrmaligem Zurücksetzen und Schreiben verschwinden und so die einwandfreie Speicherung ermöglichen. Hat auch die mehrfache Wiederholung keinen Erfolg, so spult die Bandeinheit das Band um ein Stück (meist 20 bis 30 cm) vor und versucht den Schreibvorgang an dieser Stelle erneut. Erst wenn auch hier eine richtige Speicherung unmöglich ist, stoppt die Maschine, und der Wartungstechniker muß eingreifen. In Bild 126 ist die Schreibprüfung dargestellt.

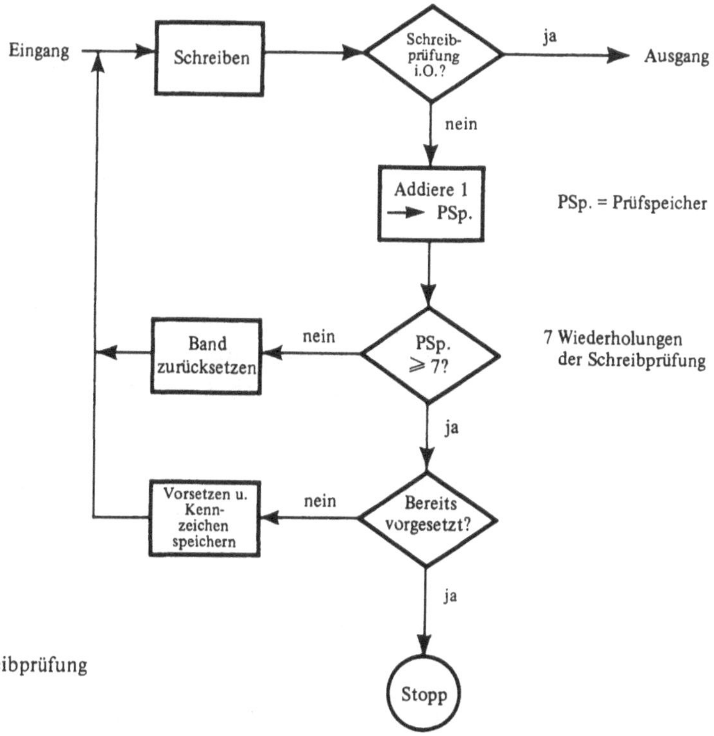

Bild 126:
Ablauf der Schreibprüfung

Die Kontrolle auf richtiges Lesen erfolgt dagegen nicht durch 2 hintereinander liegende Leseköpfe und Lesewiederholung, sondern mit Hilfe zusätzlich gespeicherter Prüfbits. Aus diesem Grunde nimmt die 7. bzw. 9. Spur des Magnetbandes in bestimmten Fällen ein zusätzliches Prüfbit auf: Beim Schreibvorgang prüft die Maschine, ob die Anzahl der Einerbits eines Zeichens gerade ist. Handelt es sich um eine ungerade Anzahl von Einerbits, so wird in die Prüfspur ein zusätzliches Bit geschrieben.

Bild 127 zeigt, daß nach dem Schreibvorgang alle Zeichen eine gerade Anzahl von Einerbits haben. Beim Einlesen wird durch diese vertikale (senkrechte) Lesekontrolle geprüft, ob die Anzahl der Einerbits pro Zeichen wiederum gerade ist. Ist dies nicht der Fall, setzt die Maschine das Band zurück und wiederholt den Lesevorgang. Ändert sich das Prüfergebnis auch nach mehrmaliger Wiederholung nicht, muß die Arbeit abgebrochen und die Fehlerursache vom Wartungstechniker ermittelt und beseitigt werden.

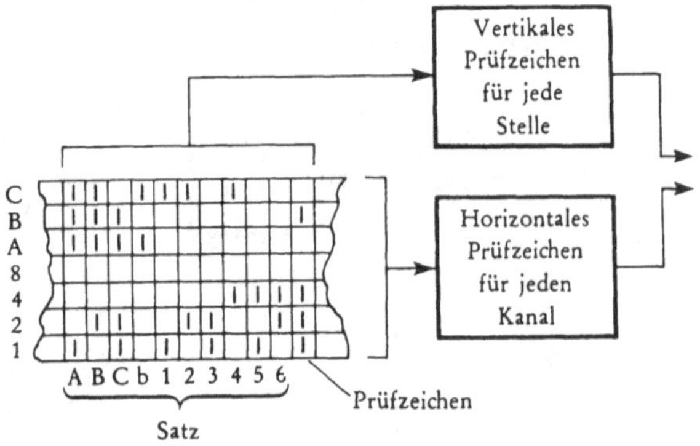

Bild 127: Vertikale und horizontale Lesekontrolle (Darstellung IBM)

Sind jedoch in einer Stelle nicht nur 1 Bit, sondern 2 Einerbits beim Speichern verlorengegangen, so stellt die vertikale Lesekontrolle den Fehler nicht fest, weil ja die Zählung der Einerbits wiederum eine gerade Anzahl ergibt. Um auch diesen Fall abzusichern, erhöht eine zusätzliche horizontale (waagerechte) Lese- oder Längssummenkontrolle die Zuverlässigkeit der Magnetbandlesung. Bei der Längssummenkontrolle handelt es sich um den gleichen Vorgang wie bei der vertikalen Prüfung, nur daß hier die Zählung der Einerbits nicht je Zeichen, sondern je Spur innerhalb eines Datenblocks erfolgt. Aus diesem Grunde wird beim Schreibvorgang jedem Datenblock ein zusätzliches Prüfzeichen angefügt, wie es ebenfalls in Bild 127 dargestellt ist. Die Möglichkeit, daß ein Magnetpunkt in einem Zeichen oder in einer Spur übersehen und dafür ein anderer Magnetpunkt (der gar nicht vorhanden ist) hinzugefügt wird und die Kontrolle damit eine richtige Speicherung ergibt, kann ausgeschlossen werden.

B. *Bandkennsätze*

Um sicherzustellen, daß bei einer Arbeit kein falsches Band verwendet und kein Magnetband, das noch wichtige Daten enthält, überschrieben wird, werden dem Magnetband sogenannte Bandkennsätze hinzugefügt. Das Prüfen dieser Kennsätze geschieht im allgemeinen durch Unterprogramme, die von dem Hersteller der EDV-Anlage innerhalb seiner Software zur Verfügung gestellt werden. Man unterscheidet den Bandvorsatz am Anfang und den Bandnachsatz am Ende eines Bandes. Zwischen beiden Kennsätzen sind dann die Datenblöcke gespeichert. Zu beachten ist, daß der Bandnachsatz hinter dem letzten Datenblock und nicht am physischen Ende des Bandes gespeichert ist. Bild 128 zeigt die Speicherung der Kennsätze und Datenblöcke und Bild 129 den Inhalt von Vor- und Nachsatz.

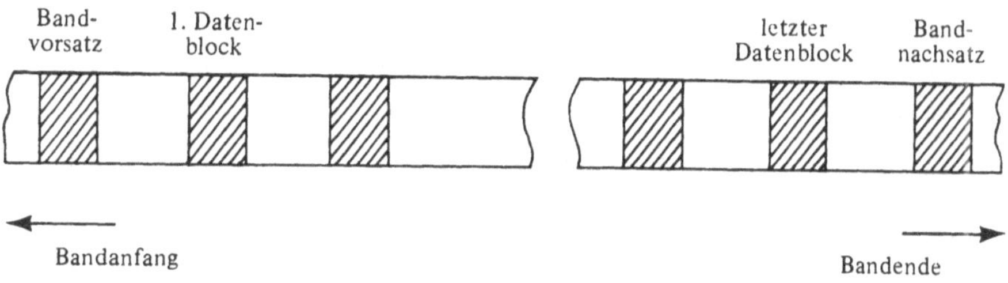

Bild 128: Band-Kennsätze und -Datenblöcke

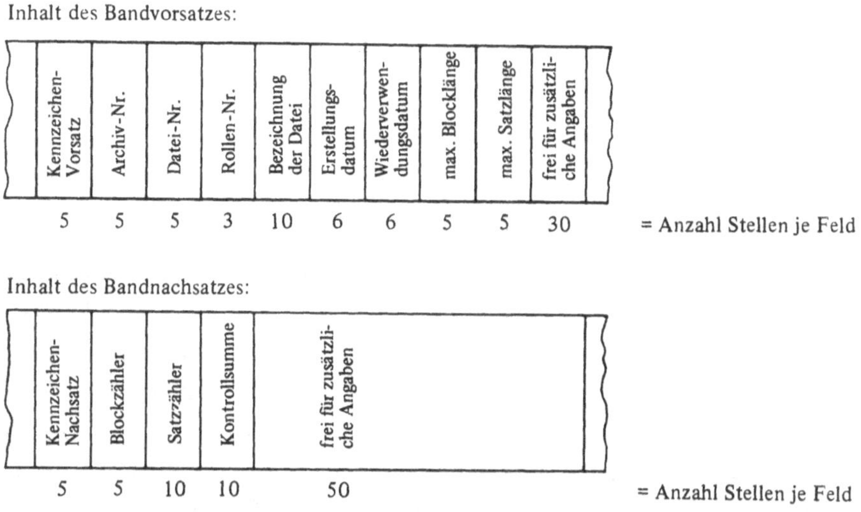

Bild 129: Inhalt von Bandvor- und -nachsatz

Werden standardmäßige Bandvor- und -nachsätze verwendet (was ratsam und die Regel ist), so muß der Benutzer die Anweisungen des Herstellers beachten. Dies gilt sowohl hinsichtlich der Feldaufteilung als auch der Anzahl der Stellen je Feld. Im allgemeinen enthält der Bandvorsatz:

die Vorsatzkennzeichnung

die Archivnummer (= fortlaufende Nummer aller im Bandarchiv vorhandenen Bänder)

die Dateinummer (sie hat den Zweck, alle Rollen eines Datenbestandes einheitlich zu kennzeichnen, damit Operator und Maschine wissen, welche Rollen zu einem Datenbestand gehören)

die Rollennummer (sie wird fortlaufend je Rolle für einen Datenbestand vergeben)

die Bezeichnung der Datei (als Bezeichnung des betreffenden Datenbestandes)

das Erstellungsdatum (= Datum, an dem dieses Band beschrieben wurde)

das Wiederverwendungsdatum (= Datum, an dem dieses Band gelöscht und wiederverwendet werden kann)

die maximale Blocklänge (= höchstmögliche Anzahl Zeichen je Datenblock)

die maximale Satzlänge (= höchstmögliche Anzahl Zeichen je Datensatz) und

Platz für zusätzliche Angaben.

Der Nachsatz setzt sich aus folgenden einzelnen Feldern zusammen:

der Nachsatzkennzeichnung

dem Blockzähler (während des Schreibens wird die Anzahl der Bandblöcke gezählt und in den Blockzähler des Nachsatzes gespeichert)

dem Satzzähler (auch die gespeicherten logischen Datensätze werden gezählt und in dem Satzzähler des Nachsatzes mitgespeichert)

der Kontrollsumme (während des Schreibens werden irgendwelche Angaben aus den Datensätzen addiert und zum Schluß in das Feld Kontrollsumme des Nachsatzes geschrieben. Beim Lesevorgang wiederholt sich dann diese Addition mit Prüfung auf Übereinstimmung mit der gespeicherten Kontrollsumme. Durch diese Kontrollsummenprüfung soll sichergestellt werden, daß nicht zwischen Schreib- und Lesevorgang einzelne Datensätze geändert oder entfernt werden) und

dem freien Platz für zusätzliche Angaben, soweit diese erforderlich sind.

Bei jedem Beschreiben eines Magnetbandes prüft die Maschine zunächst (im Vergleich von Tagesdatum und Wiederverwendungsdatum), ob die Sperrfrist dieses Bandes abgelaufen ist und das Band gelöscht und erneut beschriftet werden darf. Außerdem muß jedes Band, das beschrieben werden soll, einen Plastik-Schreibring tragen, den der Operator vor dem Beschriften auf der Rückseite der Rolle einsetzen und nach dem Beschriften entfernen muß. Fehlt der Schreibring, so führt die Anlage den Schreibvorgang nicht durch, sondern stoppt und gibt dem Bediener einen Hinweis, daß der Schreibring fehlt. Spätestens zu diesem Zeitpunkt muß der Bediener nochmals genau überprüfen, ob er eine noch nicht freigegebene Rolle eingesetzt hat. Stellt die Maschine die Freigabe des Bandes fest (durch den Schreibring bzw. Erreichen des Wiederverwendungsdatums), so wird zunächst vor dem ersten Datenblock der Vorsatz geschrieben. Die Daten für diesen Vorsatz erhält die Maschine aus dem Betriebssystem des Herstellers (= Vorsatzkennzeichnung), über eine Vorlaufkarte (= Archivnummer) und über das ablaufende Programm (= restliche Angaben). In ähnlicher Weise erfolgt die Speicherung des Bandnachsatzes, und zwar auch hier die Kennzeichnung des Nachsatzes über das Betriebssystem, die Speicherung des Blockzählers, Satzzählers und der Kontrollsumme mit den addierten Angaben und den zusätzlichen Angaben dagegen über das Benutzerprogramm. Wird das Band später gelesen, so wird die umgekehrte Prüfung auf richtige Eingabezuordnung durchgeführt. Im Vergleich mit den im Programm definierten Kennsatzkonstanten (insbesondere Dateinummer, Rollennummer und Dateibezeichnung) prüft die Maschine, ob der Operator das richtige Eingabeband eingelegt hat. Außerdem werden beim Lesen die Anzahl der Blöcke und Sätze gezählt, die Werte für die Kontrollsumme addiert und diese Angaben mit den im Nachsatz gespeicherten Werten verglichen. Wird mangelnde Übereinstimmung festgestellt, so erfolgt ein entsprechender Hinweis für den Operator.

4.422 Magnettrommelspeicher

Der Magnettrommelspeicher besteht aus einem Metallzylinder, dessen Manteloberfläche mit einer magnetisierbaren Eisenschicht überzogen ist. Er dreht sich während seines Einsatzes ständig und mit gleichbleibend hoher Geschwindigkeit um seine (bei den meisten Typen waagerechte) Achse. Bild 130 zeigt einen solchen Trommelspeicher, und in den Bildern

Bild 130:
Magnettrommelspeicher
(Werkbild Remington Rand)

131 und 132 ist die Aufteilung der Trommeloberfläche in parallel angeordnete Bahnen bzw. die Speicherung dargestellt.

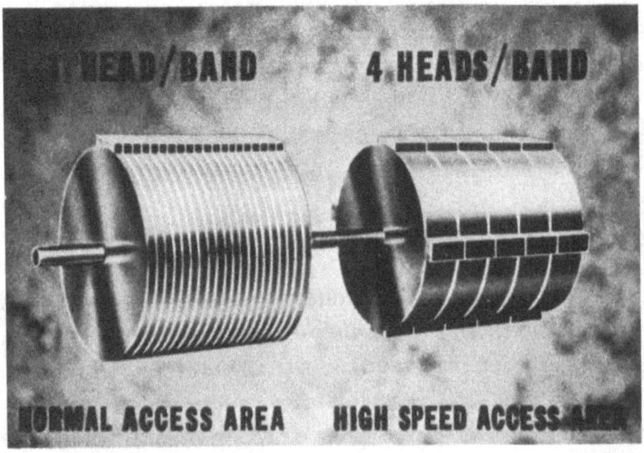

Bild 131:
UCT-Magnettrommel
(Werkbild Remington Rand)

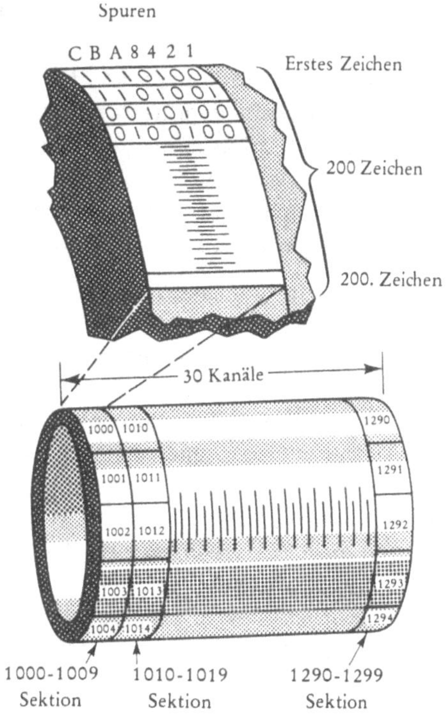

Bild 132:
Aufteilung der Trommeloberfläche (Werkbild IBM)

Parallel zur Zylinderachse sind mehrere Schreib-/Leseköpfe (Bild 133) fest angebracht. Andere Trommelspeicher besitzen nur einen gemeinsamen Schreib-/Lesekopf, der auf einer Schiene hin- und hergleitet und alle Spuren bedient, während die festen Magnetköpfe jeweils nur für eine Spur gelten. Da bei einer Magnettrommel mit festen Schreib-/Leseköpfen außer der Trommelrotation keine mechanische Bewegung auftritt, können die Zugriffszeiten wesentlich verkürzt werden. Die Zugriffszeit entspricht der Wegezeit, die ein Speicherplatz im Augenblick des Anrufs bis zum Schreib-/Lesekopf zurücklegen muß. Sie hängt von der Drehzahl, dem Umfang der Trommel und der Speicherdichte ab. Die minimale Zugriffszeit ist gege-

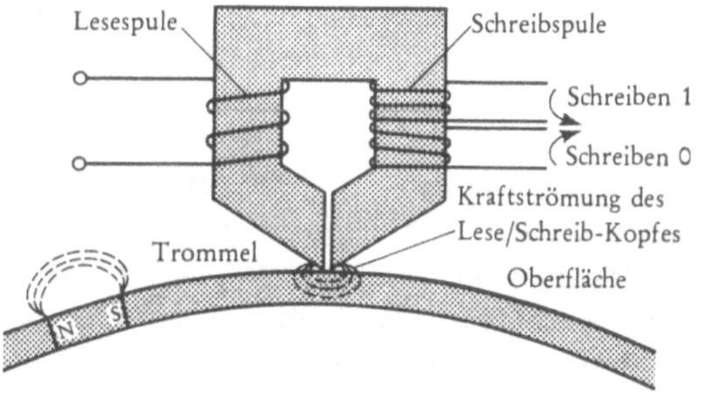

Bild 133:
Schreib-/Lesekopf beim Magnettrommelspeicher (Werkbild IBM)

ben, wenn der Abstand zwischen Schreib-/Lesekopf und dem gewünschten Speicherwort am kleinsten ist. In diesem Fall befindet sich das aufgerufene Speicherwort gerade unter dem Kopf. Die maximale Zugriffszeit dagegen entspricht der Zeit für eine ganze Trommelumdrehung: Die gesuchte Speicheradresse ist gerade am Kopf vorüber gekommen; das Speicherwort muß eine ganze Trommelumdrehung zurücklegen, um wieder für den Lese- bzw. Schreibvorgang verfügbar zu sein. Die durchschnittliche Zugriffszeit entspricht dann der Zeit für eine halbe Trommelumdrehung.

Während sich die Trommel mit gleichbleibender Geschwindigkeit von einigen Tausend Umdrehungen in der Minute bewegt, werden die Daten, nach dem gleichen technischen Prinzip wie bei den Magentbandgeräten, geschrieben oder gelesen. Beim Schreibvorgang schickt die Maschine kurze elektrische Stromimpulse durch die Schreibspule (vergleiche hierzu Bild 133). Da der Abstand zwischen Spule und der vorbeilaufenden Trommeloberfläche nur etwa 0,04 mm beträgt, können die magnetischen Kraftlinien vom Schreibkopf zur Magnetschicht der Trommel fließen. Von der Richtung der Stromimpulse hängt es wieder ab, welche Polarität die Bits und damit welchen dualen Wert sie erhalten. Jede gespeicherte Information kommt in regelmäßigen Abständen immer wieder unter dem betreffenden Schreib-/Lesekopf vorbei. Beim Lesevorgang induzieren die Magnetpunkte auf der Trommel einen Strom in der Lesespule, wie in Bild 133 ersichtlich. Die Maschine kann auf diese Weise feststellen, welche magnetischen Zustände die einzelnen Bits haben. Da der Lesevorgang die gespeicherten Daten nicht zerstört, können sie so oft abgerufen werden, bis sie durch neue Daten überschrieben sind. Wie alle Speichereinrichtungen, so verliert auch die Magnettrommel ihren Inhalt beim Stromausfall nicht.

4.423 Magnetplattenspeicher

Mit dem Magnetplattenspeicher steht ein weiteres Speichermittel zur Verfügung, das den Magnettrommeln hinsichtlich Kapazität und Zugriff verwandt ist. Im Vergleich zur Trommel haben die Magnetplattenspeicher eine größere Kapazität, dagegen jedoch eine etwas ungünstigere Zugriffszeit. Außerdem können bei den meisten der heute angebotenen EDV-Anlagen zwar Magnetplattenspeicher, aber bei nur wenigen (meist größeren) EDV-Systemen Magnettrommelspeicher angeschlossen werden. Alle Herstellerfirmen bieten heute Magnetplattenspeicher an, wobei das reichhaltigste Angebot von der IBM kommt: Es reicht vom nicht wechselbaren Großraumplattenspeicher über Einfach- bis zu Mehrfach-Wechselplattenspeichern. Wegen des umfassenden IBM-Plattenspeicherangebots soll hier auch der Aufbau dieser Plattenspeicher besprochen werden. Die Magnetplattenspeicher der anderen Herstellerfirmen unterscheiden sich hinsichtlich ihres Aufbaus und ihrer Arbeitsweise nicht oder nur wenig von den IBM-Plattenspeichern.

A. Nicht wechselbarer Magnetplattenspeicher

Beim nicht wechselbaren IBM-Magnetplattenspeicher sind auf einer senkrechten Achse 50 Magnetplatten übereinander und in geringen Abständen fest angeordnet. Der Plattenturm rotiert mit einer Geschwindigkeit von einigen Hundert Umdrehungen in der Minute. Die Daten werden auf konzentrischen Spuren in Form von magnetisierten Punkten auf den Plattenober- und -unterflächen gespeichert. Ein vertikal und horizontal beweglicher Zugriffsarm mit zwei Schreib-/Leseköpfen (je einen für die Ober- und Unterfläche) dient dazu, die gewünschte Spur auf einer der Plattenflächen zu finden und die Daten mit Hilfe eines der beiden Schreib-/Leseköpfe zu schreiben oder zu lesen.

Die Kapazität dieses Speichers beträgt 112 Millionen Bytes, die mittlere Zugriffszeit 165 Millisekunden, und die Übertragung der Daten erfolgt mit 156 000 Bytes je Sekunde. Durch Anordnung eines zweiten Zugriffsarmes können die Zugriffszeiten noch gesenkt werden. Wie bei den Magnettrommelspeichern, so läßt sich auch bei der Magnetplattenspeicherung die Kapazität durch den Anschluß mehrerer Magnetplatteneinheiten erhöhen. Bild 134 zeigt den nicht wechselbaren Magnetplattenspeicher der IBM, Bild 135 die schematische Darstellung eines Plattenstapels und Bild 136 Zugriffsarm mit Schreib-/Leseköpfen.

B. Wechselbare Magnetplattenspeicher

Auch der wechselbare Magnetplattenspeicher besitzt, vergleichbar mit einem Mehrfachplattenspieler, eine Reihe von übereinander gestapelten Platten. Der Typ IBM 2311 hat 6 Platten, von denen 10 Plattenflächen für die Speicherung benutzt werden, während die oberste und unterste Plattenseite an die Schutzplatte grenzen und deshalb keine Daten aufnehmen können. Jede Plattenfläche besitzt, wie in Bild 137 dargestellt, 200 konzentrische Spuren, der Speicher also insgesamt 2 000 Spuren mit 7,25 Millionen Bytes, wobei je Spur 3625 Bytes gespeichert werden können. Im Gegensatz zur parallelen Bitaufzeichnung bei der Magnettrommel und beim Magnetband liegen die Datenbits seriell, also nacheinander, auf der Spur. Die Kapazität der Plattenspeicherung ist nahezu unbegrenzt, weil an ein EDV-System mehrere Plattenspeichereinheiten angeschlossen werden können und die Plattenstapel innerhalb einer Einheit beliebig auswechselbar sind. Da die Speicherdichte von Spur zu Spur nach innen zunimmt, können in jeder Spur die gleiche Anzahl von Bytes gespeichert werden. Die Spuren auf einer Magnetplatte sind jedoch nicht zu verwechseln mit den Rillen von Schall-

Bild 134: Nicht wechselbarer IBM-Magnetplattenspeicher, im Hintergrund (Werkbild IBM)

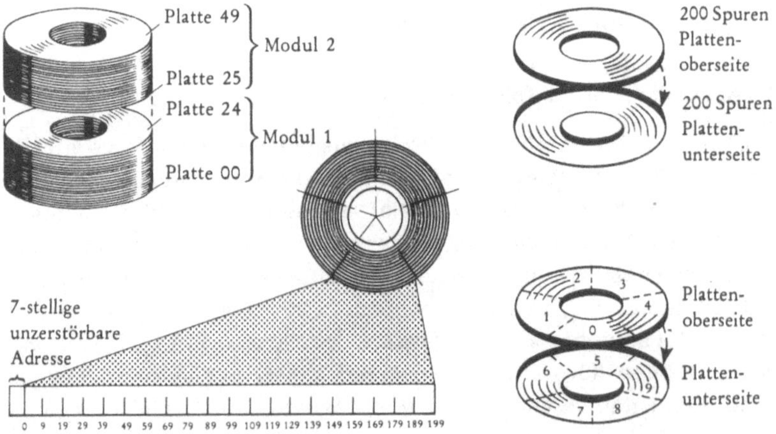

Bild 135: Schematische Darstellung eines Plattenstapels (Werkbild IBM)

platten, denn bei den Magnetplatten handelt es sich um Metallscheiben, die mit einer magnetisierbaren Schicht überzogen und hochpoliert sind.

Der Plattenspeicher IBM 2311 hat insgesamt 5 Zugriffsarme, die, zu einem

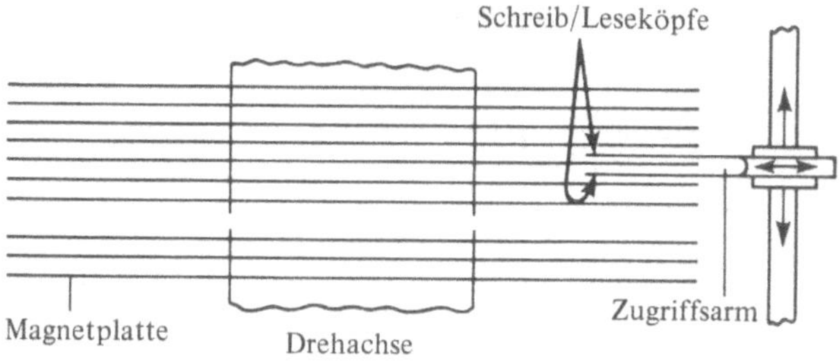

Bild 136: Zugriffsarm mit Schreib-/Leseköpfen (Werkbild IBM)

1 Plattenspeicher	=	6 Platten
1 Plattenspeicher	=	10 Pl. Oberfl.
1 Plattenspeicher	=	200 Zylinder (exkl. 3 Ersatzzyl.)
1 Zylinder	=	10 Spuren
1 Spur	=	3 625 Bytes
1 Plattenspeicher	=	7.25 Mio. Bytes

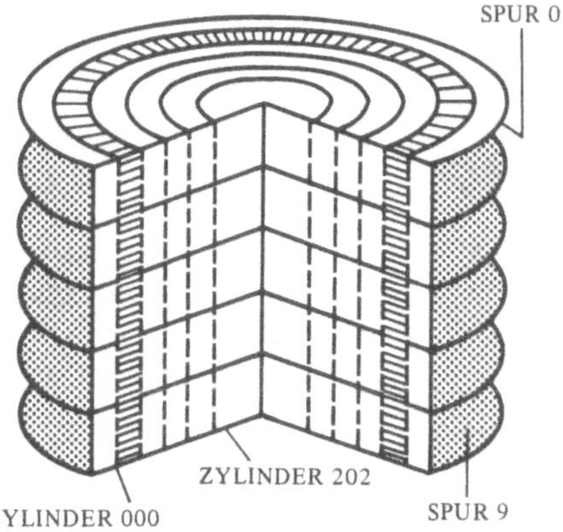

Bild 137: Aufbau des Magnetplattenspeichers IBM 2311 (Werkbild IBM)

festen Block zusammengefaßt, kammartig zwischen die Platten greifen. Jeder Zugriffsarm ist mit zwei Schreib-/Leseköpfen ausgerüstet, wie in Bild 138 dargestellt. Der Zugriffsmechanismus kann nur insgesamt eingestellt werden: Alle Arme bewegen sich, wie ein Kamm, gleichzeitig, so daß sich mit einer einzigen Einstellung die jeweils übereinander liegenden Spuren aller Plattenseiten gleichzeitig im Zugriff befinden - ein Vorgang, den man als Zylinder-Zugriff bezeichnet und der in Bild 139 dargestellt ist.

Bei dem Prinzip des Zylinderzugriffs werden die Daten also nicht, wie beim nicht wechselbaren Plattenspeicher, hintereinander auf den Spuren *einer* Plattenoberfläche gespeichert, sondern jeweils untereinander in den gleichen Spuren verschiedener Plattenflächen. Das hat den Vorteil, daß für je 10 Spuren (entsprechend den 10 Plattenflächen) nur *eine* Einstellung des Zugriffskamms erforderlich ist. Durch den vielfachen Zugriffsmechanismus in Verbindung mit der zylinderförmigen Speicherung der Daten ergeben sich verhältnismäßig kurze Zugriffszeiten zu den gewünschten Spuren. Das Schreiben und Lesen selbst erfolgt in der vom Magnetband

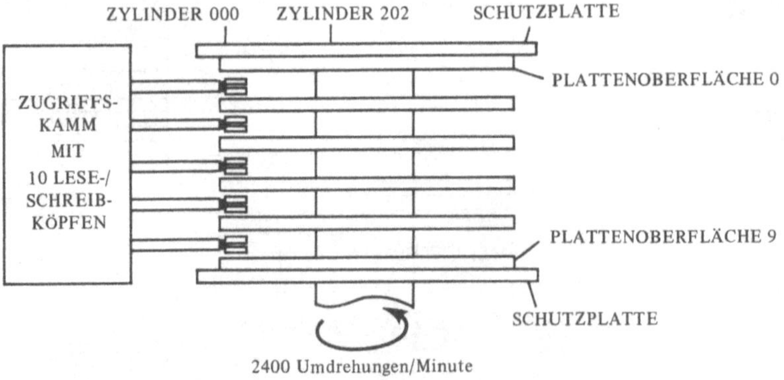

Bild 138: Magnetplattenspeicher mit Zugriffskamm (Werkbild IBM)

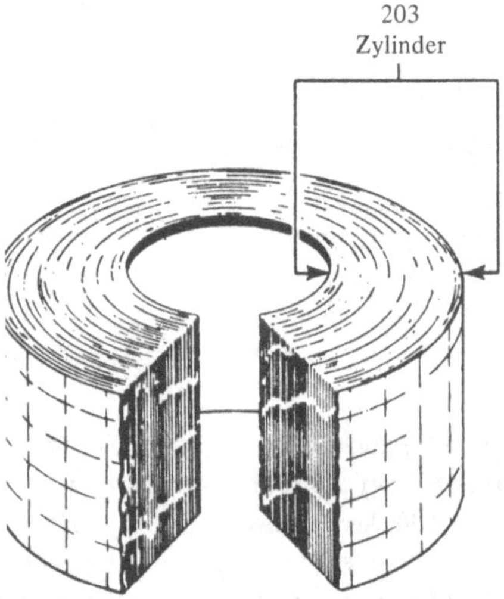

Bild 139:
Zylinderkonzept des Magnetplattenspeichers IBM 2311 (Werkbild IBM)

und dem Magnettrommelspeicher her bekannten Weise, das heißt mit Hilfe einer kleinen Schreib-/Lesespule; der Plattenstapel dreht sich mit einer gleichbleibenden Geschwindigkeit von 2400 Umdrehungen in der Minute. Die Zugriffszeit hängt von der jeweiligen Stellung des Zugriffskamms zur gewünschten Spur ab und beträgt im Mittel 85 Millisekunden, während die eigentliche Übertragungsgeschwindigkeit bei 156 000 Bytes je Sekunde liegt. Zusätzlich zu den 200 Spuren je Plattenseite für die Datenspeicherung sind 3 Spuren als Ersatz für etwa defekt gewordene Spuren vorhanden. Bild 140 zeigt ein Foto des Magnetplattenspeichers IBM 2311.

Bei allen Anwendungen, die einen großen Datenbestand mit verhältnismäßig schnellem Zugriff verlangen, bietet der Großraum-Magnetplattenspeicher

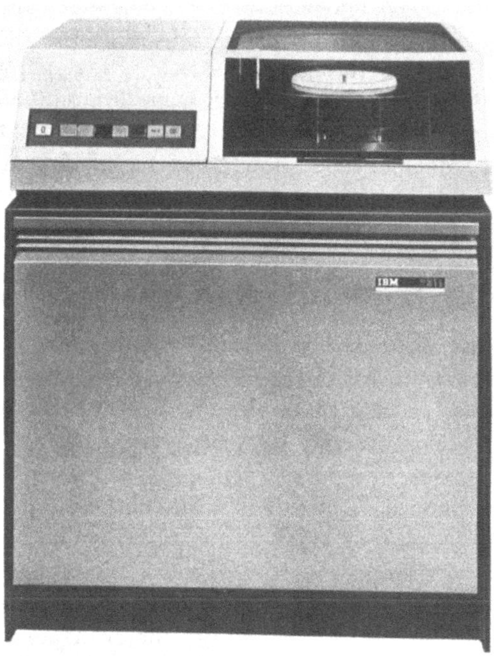

Bild 140:
Magnetplattenspeichereinheit
IBM 2311 (Werkbild IBM)

IBM 2314 (siehe Bild 141) ideale Lösungen. Auf jedem der 8 auswechselbaren Plattenstapel lassen sich bis zu 25,87 Millionen Bytes speichern, womit der Speicher einen ständigen Zugriff zu 8 × 25,87 = 207 Millionen Bytes bietet. Durch die Auswechselbarkeit der Plattenstapel ist bei diesem Speicher die Kapazität praktisch unbegrenzt. Jeder der 8 Plattenstapel wird durch einen eigenen Zugriffskamm bedient, wobei die Suchbewegungen der Zugriffskämme überlappt erfolgen können. Die mittlere Zugriffszeit beträgt 75 ms, die maximale 140 ms. Die Plattenstapel bestehen aus 11

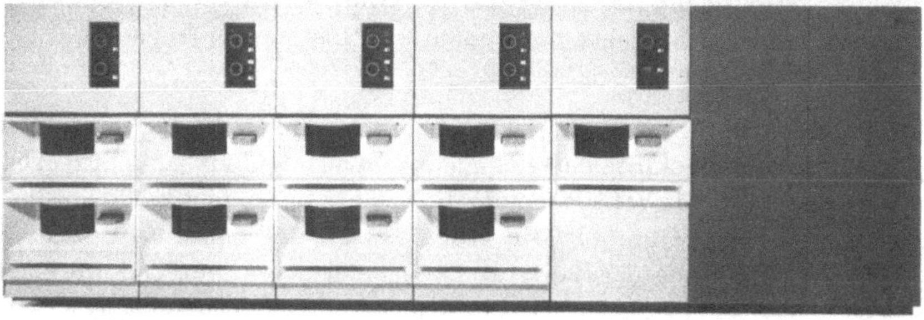

Bild 141: Magnetplattenspeichereinheit IBM 2314 (Werkbild IBM)

Platten, von denen 9 zur Datenspeicherung bestimmt sind. Genauso wie beim Plattenspeicher IBM 2311, ist der Zugriffskamm so ausgebildet, daß für jede Oberfläche ein Schreib-/Lesekopf zur Verfügung steht. Auch hier sind wieder 200 Spuren auf jeder Plattenfläche zur Datenspeicherung vorgesehen. Zur besonderen Sicherheit besitzt die IBM 2314 einen neunten Plattenstapel und Zugriffsmechanismus, die dann benutzt werden, wenn eine der 8 gewöhnlich zu benutzenden Einrichtungen ausfällt. Die Schreib-/Lesegeschwindigkeit beträgt 31 200 Bytes je Sekunde.

4.424 Magnetkarten- und -streifenspeicher

Einen anderen Weg der Speicherung von großen Datenmengen gehen die Hersteller von Magnetkarten- und Magnetstreifenspeichern. Die Daten werden hier nicht mehr auf den Oberflächen von Zylindern oder Platten, sondern auf Karten bzw. Streifenabschnitten gespeichert, die einseitig mit einer magnetisierfähigen Auflage beschichtet sind. Stellt man sich ein Magnetband verbreitert, verstärkt und in Abschnitte zerlegt vor, so hat man derartige Magnetstreifen. Die Unterschiede von Magnetkarten und Magnetstreifen liegen vornehmlich in der Bezeichnung durch den Hersteller; vermutlich sind die Namen patentrechtlich geschützt. Verschiedene Hersteller von EDV-Anlagen bieten heute Speicher der genannten Art an, so vor allem die Firmen NCR, IBM, Siemens und ICL (vormals ICT). Während die NCR und ICL ihren Speicher als Magnetkartenspeicher bezeichnen, sprechen die IBM und Siemens von Magnetstreifenspeichern. Der Magnetkartenspeicher CRAM (= **C**ard **R**andom **A**ccess **M**emory) der NCR National Cash Register besitzt ein auswechselbares Magazin mit 384 Mylar-Magnetkarten von etwa je 25 cm Länge und 8 cm Breite, verstellbar als gleichlange breite Magnetbandabschnitte. Eine Magnetkarte hat 144 Spuren bei einer Aufzeichnungsdichte von 1 500 BPI (= Bits Per Inch), ein Magazin eine Speicherkapazität von 125 Millionen Bytes. An jeder EDV-Anlage der NCR können eine Vielzahl von CRAM-Einheiten, und zwar je Steuergerät 8 Einheiten, angeschlossen werden, wodurch die Gesamtkapazität praktisch unbegrenzt ist. Bild 142 zeigt eine CRAM-Einheit, Bild 143 eine Magnetkarte, und in Bild 144 ist ein Magazinwechsel (an einem älteren Modell) dargestellt.

Beim Schreib- und Lesevorgang wählt eine Auswahlvorrichtung (mit Hilfe von Kerbstangen) die adressierte Magnetkarte aus dem Magazin aus, preßt sie auf eine rotierende Vakuumtrommel und führt sie so an den 36 Schreib-/Leseköpfen vorbei (Bild 145). Die große Anzahl der Schreib-/Leseköpfe (9 je Spur, entsprechend dem Byteaufbau) weist darauf hin, daß mit einer einzigen Einstellung, vergleichbar mit dem Kammzugriff beim Magnetplattenspeicher, 4 verschiedene Spuren bedient werden können, wodurch sich die Zugriffszeit erheblich reduziert. Die Einstellung des Schreib-/Lese-

Bild 142:
CRAM-Magnetkarteneinheit
(Werkbild NCR)

Bild 143: Magnetkarte der CRAM-Einheit (Werkbild NCR)

mechanismus erfolgt in weniger als 40 ms, die Wiederzugriffszeit zu einer bereits rotierenden Karte beträgt im Durchschnitt nur 23 ms. Die Einstellung wird vollständig überlappt mit der Fallzeit der zu verarbeitenden Karte. Die Rückführung der bearbeiteten Karte in das Kartenmagazin überlappt ebenfalls mit der Fallzeit der nächsten Karte. Die Daten selbst

Bild 144:
NCR-CRAM Magazinwechsel
(Werkbild NCR)

werden mit einer Geschwindigkeit von 71.250 Bytes je Sekunde übertragen. Wie beim Magnetband erfolgt die Fehlerkontrolle durch Lesen der Daten nach dem Schreiben und Vergleich mit den Daten im internen Speicher bzw. durch Prüfbit und Prüfzeichen (Lesekontrolle). Naturgemäß ermöglichen alle Magnetkarten- und -streifenspeicher einen wahlfreien Zugriff zu jedem gewünschten Datenbestand.

Beim Magnetstreifenspeicher IBM 2321 sind in einem Zylinder 10 auswechselbare Zellen untergebracht. In jeder Zelle hängen wiederum 200 Magnetstreifen, wobei ein Streifen 100 Spuren zu je 2000 Bytes umfaßt; ein Magnetstreifen kann also 200.000 Bytes aufnehmen. Da die ganze Einheit 2000 Streifen beinhaltet, beträgt das gesamte Fassungsvermögen eines Magazins 400 Millionen Bytes. Sowohl die einzelnen Zellen als auch der ganze Zylinder sind auswechselbar. In durchschnittlich 550 Millisekunden steht jede gespeicherte Information zur Verfügung. Auch hier sind wiederum mehrere Magnetstreifenspeicher an einer EDV-Anlage anschließbar, so daß praktisch eine unbegrenzte Kapazität gespeicherter Daten zur Verfügung steht. Die Technik der Verarbeitung entspricht der des Magnetkartenspeichers. Bei Anruf eines bestimmten Datensatzes wird

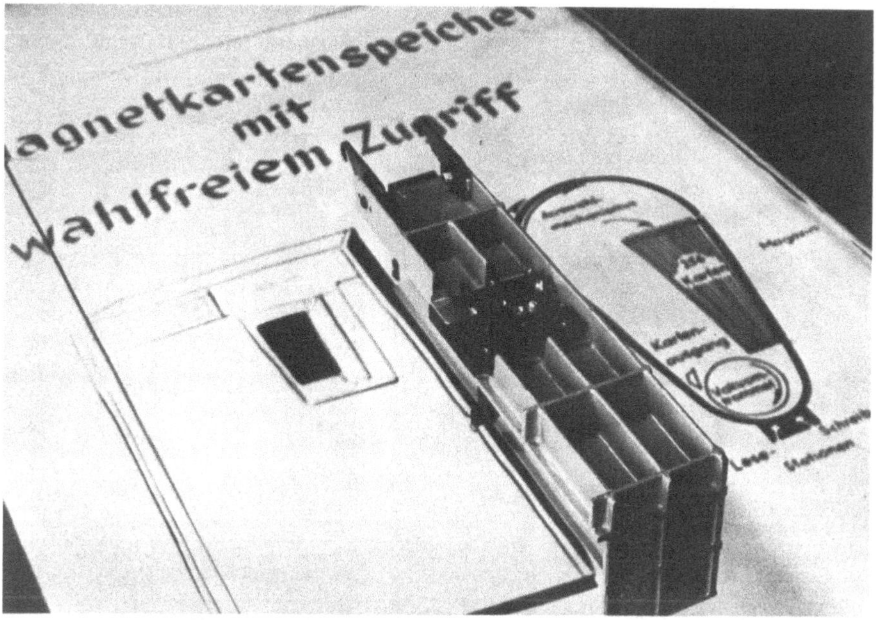

Bild 145: Arbeitsablauf beim Magnetkartenspeicher (Werkbild NCR)

der entsprechende Streifen durch einen Zugriffsmechanismus der Zelle entnommen und auf eine rotierende Trommel gepreßt. Seitlich der Trommel (dieser Vorgang ist in Bild 146 dargestellt) befinden sich 20 Lese-/ Schreibköpfe, so daß 20 Spuren gleichzeitig im Zugriff sind. Nach der

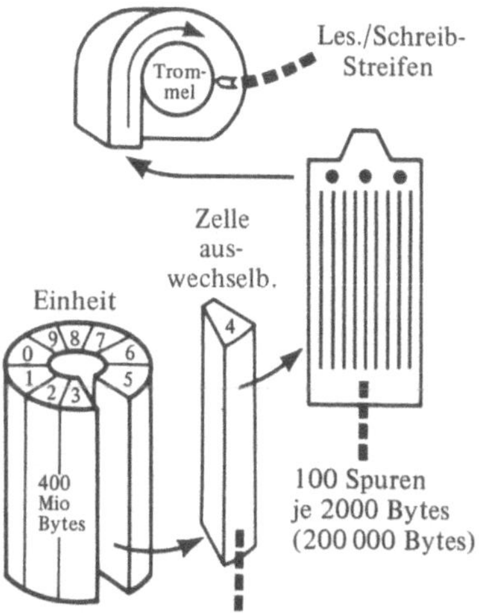

Bild 146:
Arbeitsprinzip und Aufbau des Magnetstreifenspeichers IBM 2321 (Werkbild IBM)

Verarbeitung eines Streifens wird er wieder auf seinen alten Platz in der Zelle zurückgeführt. Bild 147 zeigt ein Foto des Magnetstreifenspeichers IBM 2321.

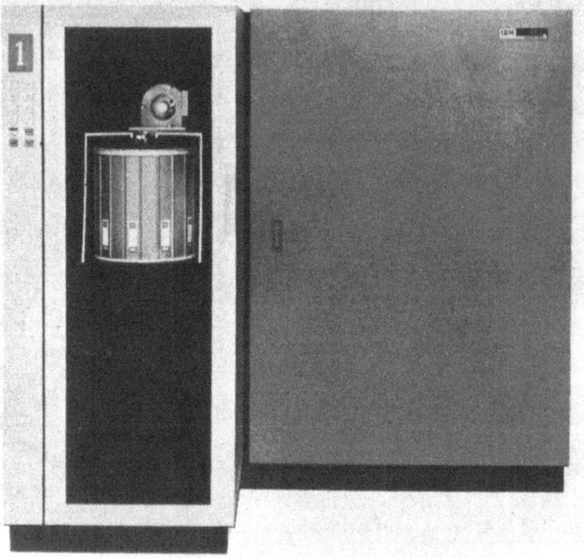

Bild 147: Magnetstreifenspeicher IBM 2321 (Werkbild IBM)

5. *Die Programmierung von EDV-Anlagen*

5.1 Einführung in die Programmierung

Damit eine EDV-Anlage arbeiten kann, muß jede durchzuführende Aufgabe in eine Reihe von Einzelschritten zerlegt und der Maschine in Form von Anweisungen (Maschineninstruktionen) eingegeben werden. Die Gesamtheit aller Instruktionen für eine Aufgabe nennt man ein Programm.

Von der Aufgabe (in Form der Programmvorgabe) ausgehend, entwickelt der Programmierer das Programm. Zunächst entwirft er den Programmablaufplan, der dann verschlüsselt (codiert) und je Instruktion in eine Lochkarte gelocht wird. Dem Ablochen des Programms folgt eine Umwandlung in die Maschinensprache sowie das Testen. Das getestete Programm wird dann in Lochkarten gestanzt bzw. auf ein Programmband oder auf Magnetplatten gespeichert. Bild 148 zeigt die Darstellung der Programmierung.

In Bild 149 ist der Aufbau eines sehr kleinen Programms mit Programmablauf und Verschlüsselung dargestellt. Wie ersichtlich, setzt sich jede Instruktion aus dem Befehl (was soll die Maschine tun?) und den beiden Speicheradressen (woher und wohin sind die Daten zu übertragen?) zusammen. Während ein Befehl also eine Anweisung an die Maschine zur Durchführung einer bestimmten Verrichtung (Abfühlen, Rechnen, Drucken, Speichern) ist, bezeichnen die Adressen die Speicherplätze, in denen die Daten gespeichert sind, die verarbeitet werden sollen. Hieraus geht hervor, daß in einer Instruktion niemals die zu verarbeitenden Daten selbst, sondern immer nur die Nummern (in der Fachsprache als Adressen bezeichnet) der Speicherplätze angegeben sind, auf denen diese Daten stehen. Entsprechend besteht eine Instruktion immer aus dem Befehlsteil (oder Operationsteil) und den Adressen.

5.2 Die Programmierung in der Praxis

5.21 *Vorbereitung und Entwurf eines Programms*

Die Ausarbeitung eines Programms setzt zunächst voraus, daß der Programmierer sein "Handwerk" sicher beherrscht und die EDV-Anlage genau kennt, für die er dieses Programm erstellen soll. Außerdem müssen ihm alle Einzelheiten der zu programmierenden Aufgabe bekannt sein,

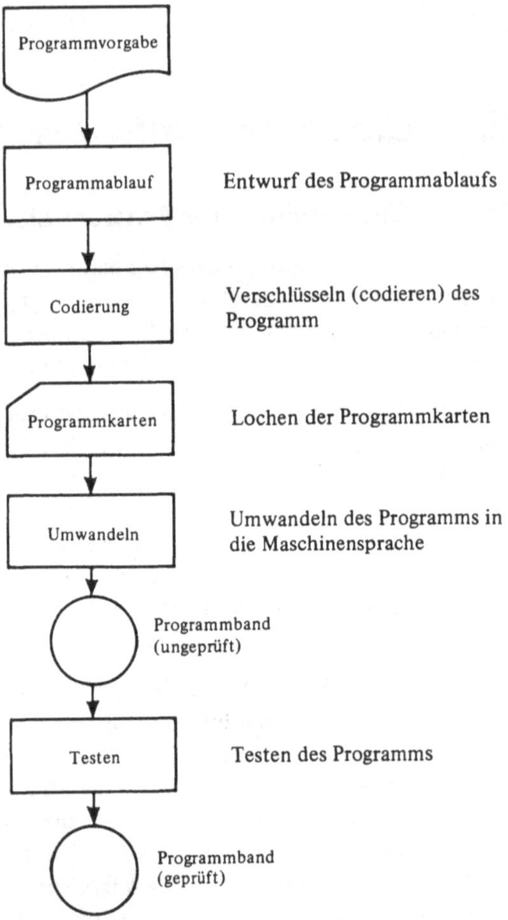

Bild 148:
Darstellung der Programmierung

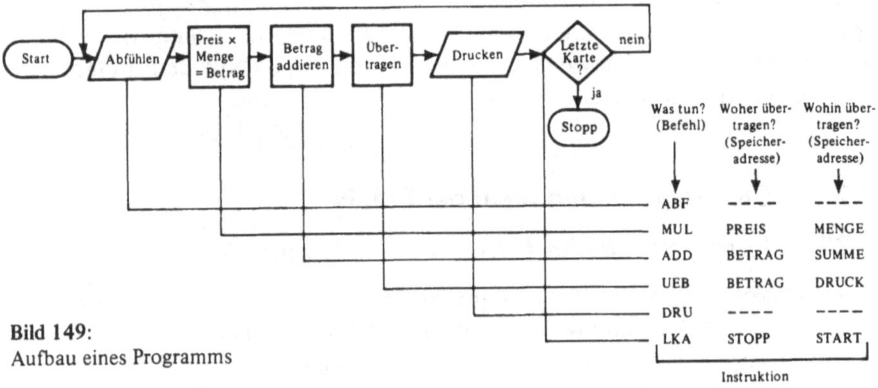

Bild 149:
Aufbau eines Programms

welchen Zweck die Programmvorgabe erfüllt, die der EDV-Organisator für jedes Programm ausarbeitet.

Abgesehen von Einzel- und Sonderprogrammen ist eine Programmvorgabe immer Teil eines Organisationsvorschlages zur Lösung einer komplexen Aufgabe. So werden die EDV-Organisatoren beispielsweise Organisationsvorschläge für die Umstellung der Buchhaltung, der Kostenrechnung, der Lohn- und Gehaltsabrechnung, der Auftragsbearbeitung, Fakturierung u.a. ausarbeiten. Zum Inhalt eines Organisationsvorschlages gehören nicht nur die einzelnen Programmvorgaben selbst, sondern auch die der elektronischen Datenverarbeitung vor- und nachgelagerten Aufgaben, wie die Datenerfassung, die Datenübermittlung, die Gruppierung der Daten außerhalb der EDV-Anlage und die Auswertung der von der Maschine ausgegebenen Ergebnisse.

Hauptteil eines jeden Organisationsvorschlages sind jedoch die Vorgaben für die einzelnen Programme, die zu diesem Arbeitsgebiet gehören. Da sich ein Organisationsvorschlag, wie oben angedeutet, in der Regel auf einen ganzen Arbeitskomplex bezieht, so wird er meist mehrere Programme, häufig sogar eine größere Anzahl von Programmen, beinhalten. Bild 150 zeigt einen solchen Arbeitsablauf für die Auftragsbearbeitung und Fakturierung mit ingesamt 4 Durchläufen auf der EDV-Anlage. Für jeden dieser Maschinendurchläufe muß der EDV-Organisator nun eine Programmvorgabe mit allen Einzelheiten und Angaben anfertigen.

Jede Programmvorgabe enthält nun eine Zusammenstellung der Ein- und Ausgabedaten und genaue Hinweise, wie die bezeichneten Daten zu verarbeiten sind. In diesen Unterlagen findet der Programmierer alle sachlichen Angaben, die er für die Ausarbeitung dieses Programms benötigt. Demgegenüber sollten alle maschinenbezogenen Einzelheiten dem Programmierer überlassen bleiben. So ist beispielsweise für die sachlich richtige Lösung einer Aufgabe gleichgültig, welche Speicherungs- und Verarbeitungsformen der Programmierer wählt. Diese Arbeiten gehören eindeutig zum Tätigkeitsbereich des Programmierers. Im übrigen wird es immer notwendig sein, daß der Programmierer sowohl vor als auch während der Programmierung eng mit dem EDV-Organisator zusammenarbeitet. Vielfach tauchen erst während der Programmierungsarbeiten Details auf, die nicht voraussehbar waren und erst zu diesem Zeitpunkt geklärt werden können.

So besteht der erste Schritt der praktischen Programmierungstätigkeit in der Analyse der Programmvorgabe. Der Programmierer studiert diese Vorgabe genau, um sich mit dem Problem, das er programmieren soll, vertraut zu machen. Er stellt fest, welche Daten eingegeben, gespeichert und ausgegeben werden sollen und wie diese Daten zu verarbeiten sind.

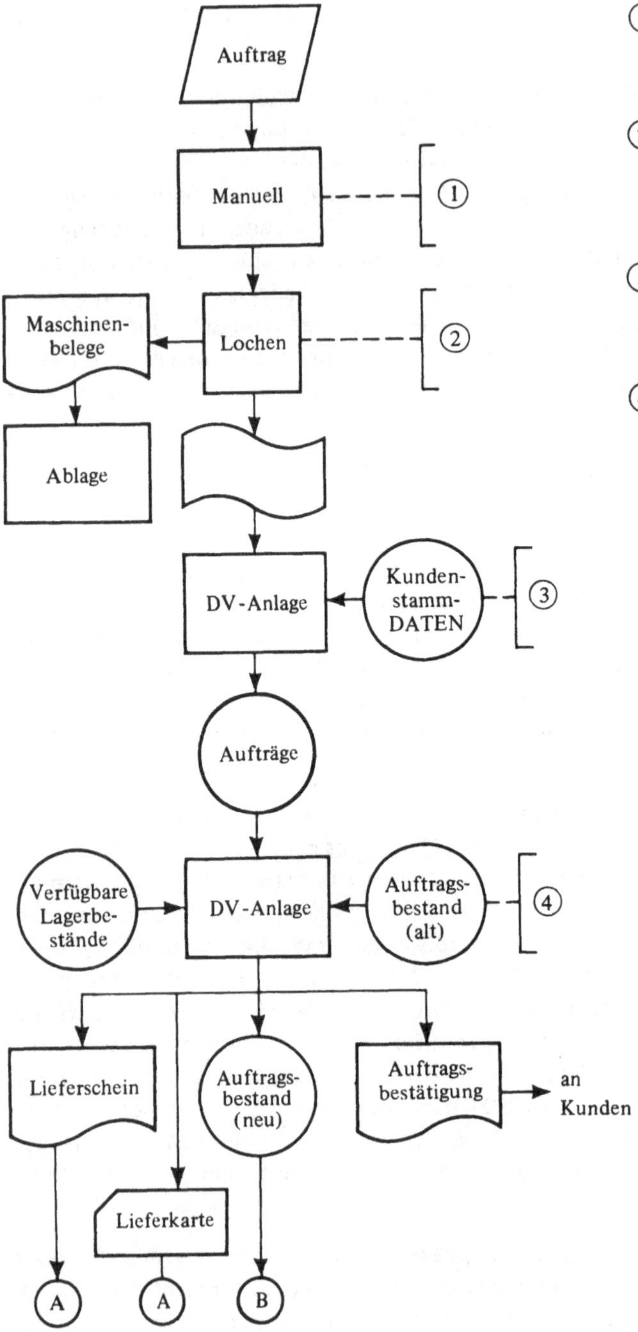

① Prüfung und Ergänzung der eingehenden Aufträge

② Übertragung der Aufträge in Lochstreifen über Schreibmaschine mit angeschlossenem Streifenlocher

③ Eingabe der Lochstreifen und Prüfen der Aufträge in der DV-Anlage

④ Verfügbarkeitsprüfung in der DV-Anlage anhand der auf Magnetband gespeicherten verfügbaren Lagerbestände. Drucken der Lieferscheine bei verfügbaren und der Auftragsbestätigungen bei nicht verfügbaren Artikeln. Stanzen der Lieferkarten. Schreiben Band Auftragsbestand

Bild 150: Arbeitsablauf Auftragsbearbeitung und Fakturierung

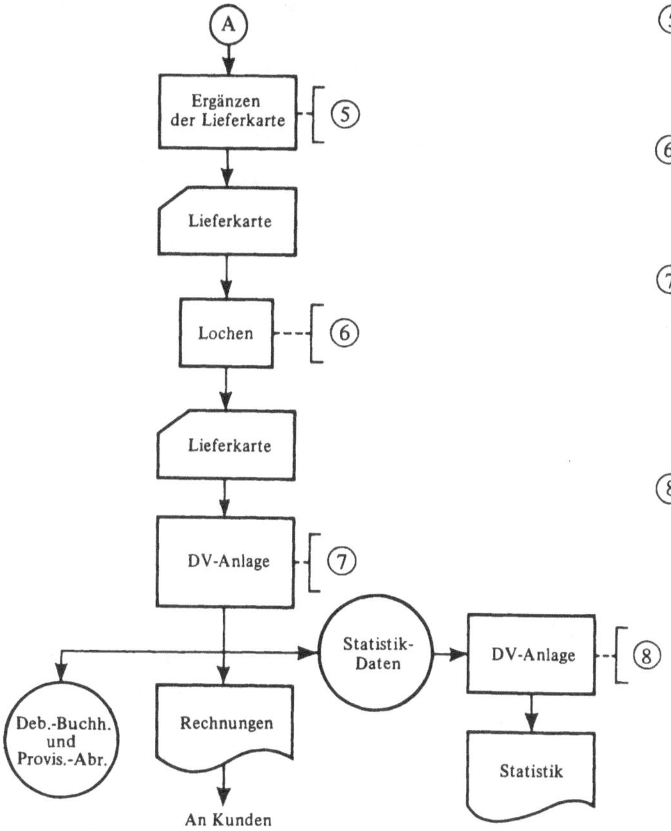

⑤ Versand der Ware mit Lieferschein. Ergänzen der Lieferkarte und Rückgabe

⑥ Lochen und Prüfen der um die Versandangaben ergänzten Lieferkarten

⑦ Drucken der Rechnungen und Schreiben der daten für Debitorenbuchhaltung, Provisionsabrechnung und Umsatzstatistik auf Magnetband

⑧ Drucken der Umsatzstatistik

Bild 150: (Fortsetzung)

Außerdem prüft er, ob alle Unterlagen vorhanden sind und die Programmvorgabe alle Angaben enthält, die er zur Programmierung benötigt. Alle fehlenden Unterlagen und Angaben muß er sich umgehend vom verantwortlichen EDV-Organisator besorgen.

Der Programmanalyse folgt der zweite - sehr wichtige - Schritt der Programmierungsarbeit: der Entwurf und die Darstellung der Programmablaufpläne (in der Praxis vielfach als Blockdiagramme bezeichnet). Ein Programmablaufplan oder Blockdiagramm stellt die zeitliche Aufeinanderfolge aller Programmschritte für eine Aufgabe in der EDV-Anlage dar. Im Gegensatz zum Arbeitsablauf- oder Datenflußplan des Organisationsvorschlages bezieht sich ein Programmablaufplan also immer nur auf den Ablauf eines Programms innerhalb der EDV-Anlage selbst.

Immer wird der Programmablaufplan als Schaubild (graphisch) dargestellt.

Hierbei werden bestimmte Sinnbilder (Symbole) für die einzelnen Arbeitsgänge verwendet und durch Linien miteinander verbunden. Eine solche graphische Darstellung bezeichnet man als Diagramm. Zum Zeichnen des Diagramms benutzt der Programmierer eine Schablone, die ihm meist von der Herstellerfirma der EDV-Anlage zur Verfügung gestellt wird.

Während in der Vergangenheit die Symbole von Hersteller zu Hersteller verschieden waren, empfiehlt der Deutsche Normenausschuß (DNA) jetzt die Verwendung einheitlich genormter Symbole. Sie sind unter der Bezeichnung DIN 66001 veröffentlicht. Die Symbole der Programmablaufpläne bestehen im wesentlichen aus

Symbolen für Operationen,

Symbolen für Eingabe und Ausgabe und

Symbolen für die Ablauflinie.

Bild 151 zeigt eine Übersicht über die Symbole für Programmablaufpläne nach DIN 66001.

Der Entwurf eines Programmablaufplanes erfordert, daß der Programmierer die ihm gestellte Aufgabe analysiert und ihren Ablauf genau durchdenkt. Alle logischen Fehler oder Unterlassungen führen zu Programmierungsfehlern, die später oftmals sehr schwer zu entdecken und zu beseitigen sind. Je umfangreicher und schwieriger eine Aufgabe ist, desto notwendiger erscheint es, daß der Programmierer zunächst einen groben Programmablaufplan entwirft, der lediglich die Struktur und Zusammenhänge des Programms in übersichtlicher und klarer Form aufzeigt. Wohl selten wird ein solches Grobdiagramm mehr als eine Seite umfassen. In der Regel stellt ein Symbol innerhalb des groben Ablaufplanes nicht einen einzelnen Programmschritt, sondern ein Unterprogramm dar, das wiederum eine ganze Gruppe von Instruktionen beinhaltet. Bei einem groben Diagramm kommt es auch weniger auf den Ausweis der einzelnen Programmoperationen, als auf die Darstellung des Programmzusammenhanges und der Verbindungen der einzelnen Programmteile (= Unterprogramme) an.

Erst nach der Aufstellung und Kontrolle des Grobablaufplanes wird der Programmierer die darauf aufbauenden Detail- oder Feinprogrammablaufpläne fertigen. Ein solches Feindiagramm enthält dann normalerweise für jeden einzelnen Programmschritt ein Symbol. Allerdings kann es auch hier vorkommen, daß der Programmierer mehrere Schritte, deren Auflösung völlig klar ist, zu einem Symbol zusammenfaßt. Während das Grobdiagramm mehr die Zusammenhänge und die Übersicht des Programms in den Vordergrund stellt, berücksichtigt das Feindiagramm vor allem die

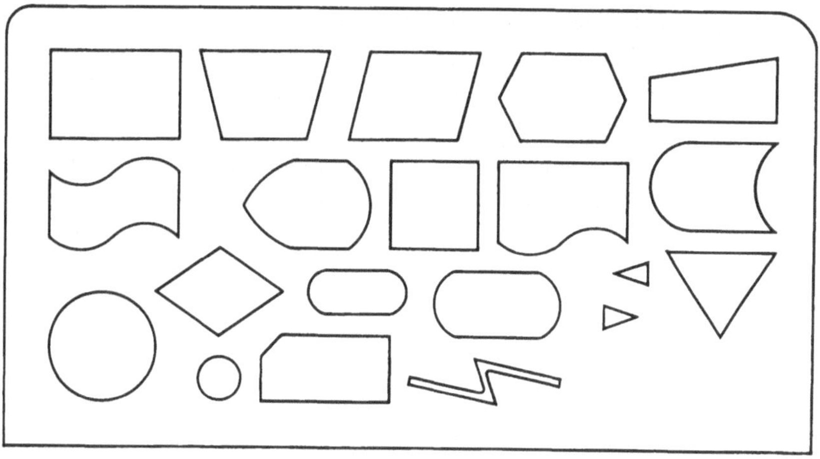

Zeichenschablone nach DIN 66001

Bedeutung der Symbole:

Operation, allgemein
(engl. Process)

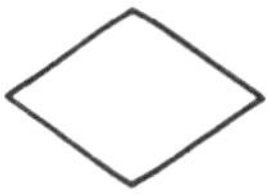

Verzweigung
(engl. decision)

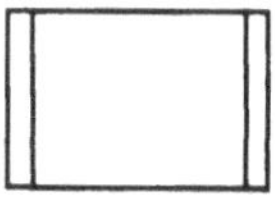

Unterprogramm
(engl. predefined process)

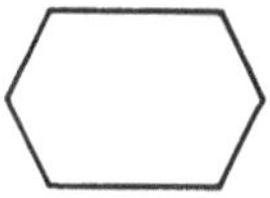

Programmodifikation
(engl. preparation)

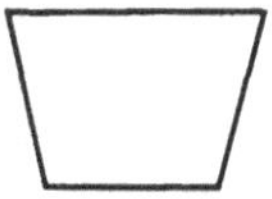

Operation von Hand
(engl. manual operation)

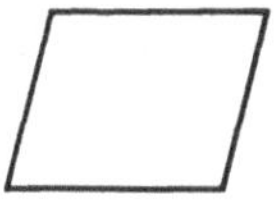

Eingabe/Ausgabe
(engl. input/output)

Ablauflinie (engl. flow line)

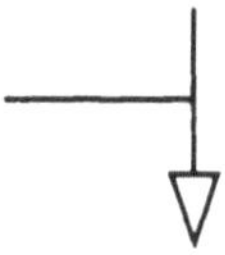

Zusammenführung
(engl. junction)

Übergangsstelle
(engl. connector)

Grenzstelle
(engl. terminal, interrupt)

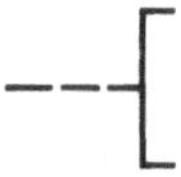

Bemerkung
(engl. comment, annotation)

Anmerkung:

Die hier nicht benutzten Symbole werden nur zur Darstellung von organisatorischen Datenflußplänen verwendet. Zur weiteren Erläuterung trägt der Programmierer kurze Bemerkungen und Hinweise in die Symbole ein. Diese Bemerkungen sind nicht vereinheitlicht, müssen jedoch allgemein verständlich sein.

Bild 151: Symbole der Programmablaufpläne nach DIN 66001

Anforderungen der sich anschließenden Programmverschlüsselung. Ganz allgemein gilt, daß, je ungeübter ein Programmierer ist, er desto mehr Sorgfalt auf den Entwurf und die Darstellung der Feindiagramme verwenden sollte.

Die Darstellung eines Grob-Programmablaufplanes sei an einem Beispiel gezeigt. Wie bekannt, setzt der Entwurf eines solchen Programmablaufplanes voraus, daß der Programmierer die zu programmierende Aufgabe genau kennt. Aus diesem Grunde folgt zunächst die Programmvorgabe für dieses Beispiel.

A. Programmvorgabe

Programm-Nr.: VK001 Bezeichnung: Verkaufsstatistik

a) Einführung
Für jedes verkaufte Auto erhält das Automobilwerk von seinen Händlern eine Mitteilung, aus der eine Lochkarte entsteht. Das Programm soll ermitteln, wie viele Wagen jedes Typs, unterteilt nach bestimmter Ausstattung, in einem Monat verkauft wurden. Die ermittelten Werte werden in einer Liste ausgedruckt.

b) Dateneingabe
Lochkarte "Verkaufsmitteilung" (Bild 152)
Sortierung: Die Lochkarten sind sortiert nach

Verkaufsdistrikt	(Übergruppe, Spalte 3 - 5)
Verkaufsbezirk	(Hauptgruppe, Spalte 6 - 8)
Händler	(Untergruppe, Spalte 9 - 12)

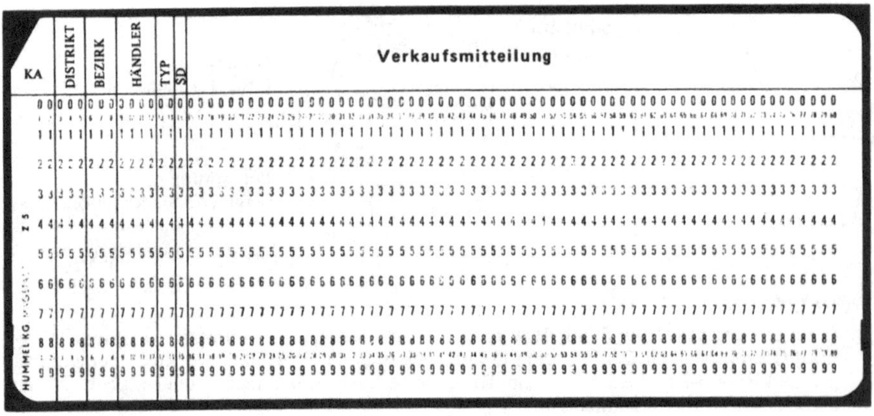

Bild 152: Lochkarte "Verkaufsmitteilung"

c) Datenausgabe
Die Liste "Verkaufsstatistik" (Bild 153; im Anhang).
Der Ausdruck erfolgt auf Blankopapier (kein Vordruck).

d) Verarbeitung

d 1) Prüfen der Karten
Als Kartenart (KA) muß "V 1" gelocht sein. Alle Felder dürfen nur numerische Lochungen (Ziffern) enthalten. Außerdem dürfen die Felder: "Distrikt", "Schiebedach" (SD) und "Typ" nur bestimmte Werte annehmen:

Feld	*gültige Werte*
Distrikt	001 - 005
SD	0 oder 1
Typ	11, 12, 21, 22, 30

Bei Typ = 30 muß SD = 0 sein.

Alle fehlerhaften Karten werden nicht verarbeitet.

Schlüsselverzeichnis:

Typ	*Schlüssel*	*Bezeichnung*
KW2T	11	kleiner Wagen, zweitürig
KW4T	12	kleiner Wagen, viertürig
GW2T	21	großer Wagen, zweitürig
GW4T	22	großer Wagen, viertürig
LKW	30	Lastkraftwagen

Kurzbezeichnung für Wagen mit Schiebedach = KW2TSD usw.

d 2) Verarbeiten der (fehlerfreien) Karten
Je Karte wird eine 1 auf den - dem Wagentyp und der Ausrüstung entsprechend - Zähler addiert. Außer für den Typ 30 (LKW) sind für jeden Typ die Wagen mit Schiebedach (SD = 1) und ohne Schiebedach (SD = 0) in getrennten Zählern zu addieren. Erst bei Wechsel eines Händlers wird die Summe der verkauften Wagen ausgedruckt. Zusätzliche Summenzeilen sind je Bezirk und Distrikt zu drucken. Nach Verarbeitung aller Karten wird außerdem noch eine Gesamtsumme gedruckt. Jede Summenzeile (außer der Händlersumme) ist mit der jeweiligen Bezeichnung (Summe Bezirk/Summe Distrikt/Gesamtsumme) zu kennzeichnen. Auf jedem Blatt sind die Überschriften zu drucken (siehe Bild 153). Beim Wechsel eines Bezirks oder Distrikts ist nach Ausgabe der Summen Blattwechsel vorzunehmen. Jedes Blatt der Liste soll höchstens bis zur Zeile 60 bedruckt werden. Folgen auf die Zeile 60 jedoch Summenzeilen, so sind diese noch auf das gleiche Blatt zu drucken.

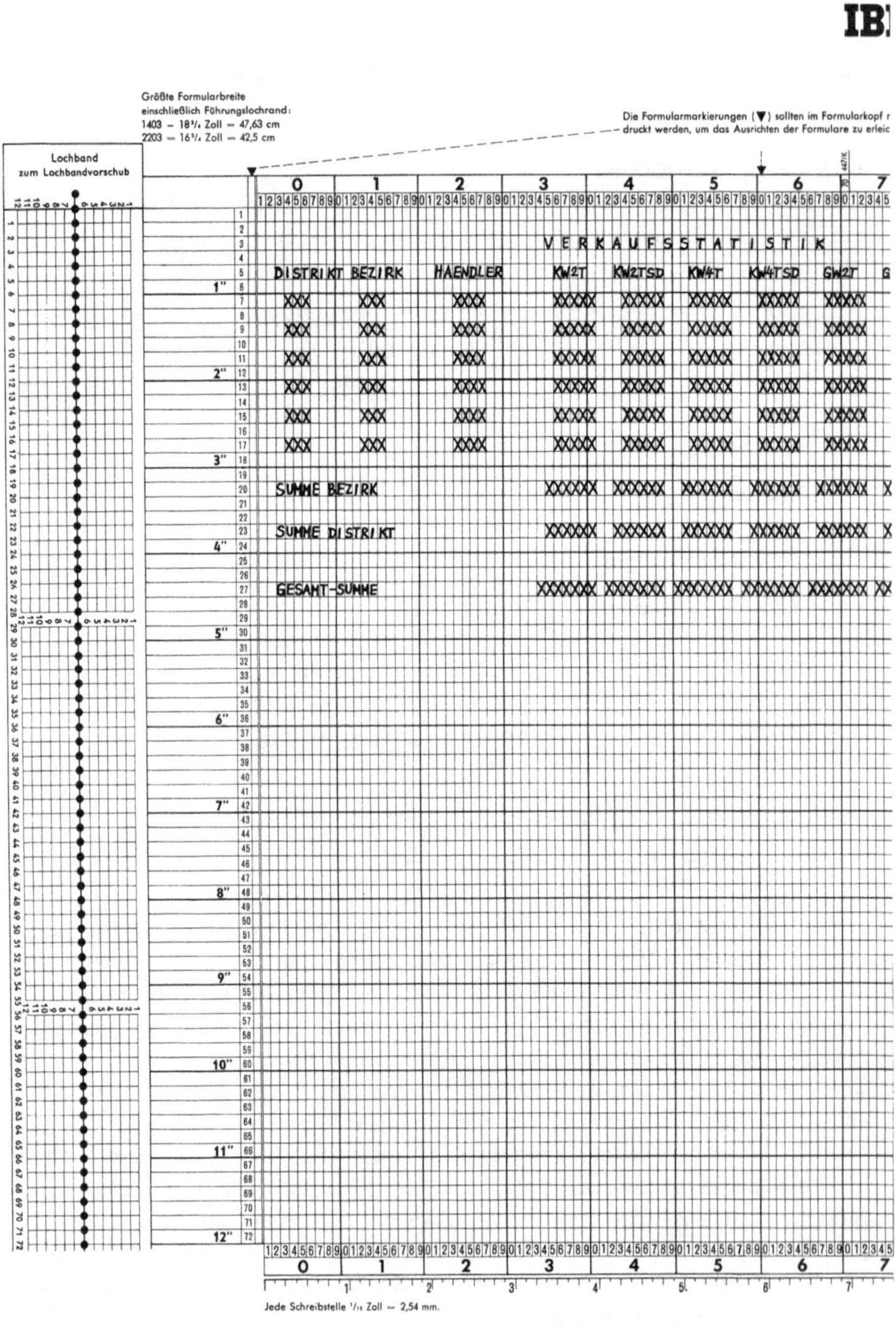

Bild 153: Liste "Verkaufsstatistik"

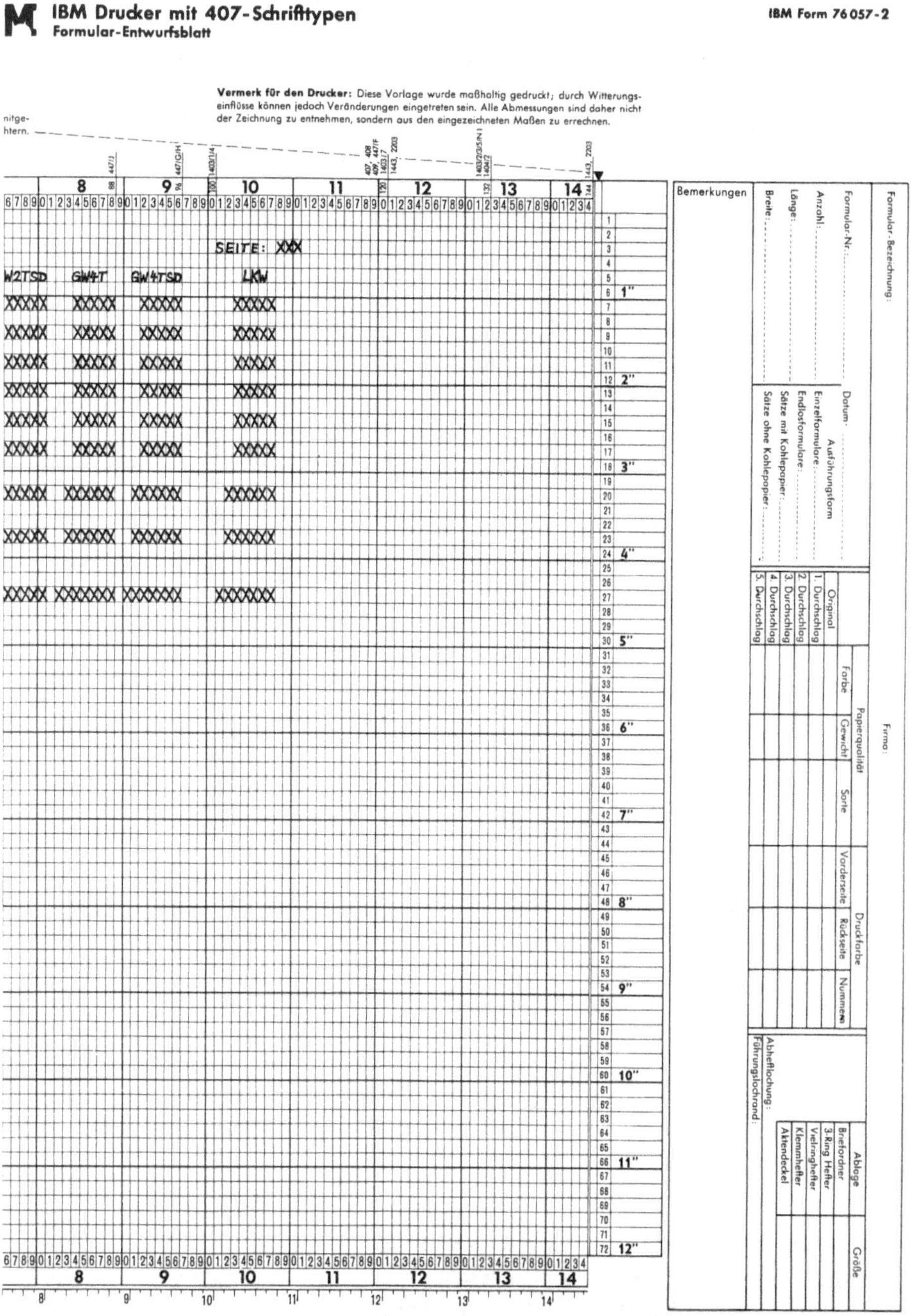

Bild 153: (Fortsetzung)

B. Programmablauf

Der Programmablauf beginnt mit dem Symbol "START" (dargestellt in Bild 154). Als erstes Symbol nach dem Start ist ein sogenannter Eröffnungsbefehl für die beiden Dateien "KARTE" und "LISTE" zu geben. Dieser Befehl ist genauso wie der Abschlußbefehl (rechts in der Mitte des Bildes vor dem STOP) von den standardisierten Ein-/Ausgabeprogrammen des Herstellers vorgeschrieben. Der Programmierer hat die Eröffnungs- bzw. Abschlußbefehle entsprechend den Vorschriften des Herstellers einzusetzen.

Unmittelbar nach dem Eröffnungsbefehl beginnt am Anschlußpunkt ① das Hauptprogramm: Die erste Lochkarte wird eingelesen und auf ihre Richtigkeit geprüft. Sind die Lochungen in der Karte fehlerhaft, so wird die Karte nicht bearbeitet. Das Programm verzweigt über den Ausgang "FEHLER" zum Anschlußpunkt ① zurück und liest die nächste Lochkarte ein. Hat die Prüfung dagegen keinen Fehler ergeben, so wird gefragt, ob dies die erste richtige Lochkarte ist, die verarbeitet werden soll. Die Unterscheidung der *ersten* von allen folgenden Karten muß deshalb erfolgen, damit die erste Lochkarte keinen Gruppenwechsel auslöst und die Maschine nicht bereits vor der Verarbeitung mit dem Ausdruck des Summenspeichers beginnt. Im Ja-Fall werden die Gruppenbegriffe (Distrikt, Bezirk, Händler) aus dem Eingabebereich der Lochkarte in einen Zwischenspeicher gebracht. Danach druckt die Maschine die beiden Überschriften für das erste Blatt. Das Programm verzweigt zum Anschlußpunkt ② (links unten im Bild), addiert eine 1 auf den durch Typ und Ausstattung bestimmten Zähler und verzweigt zurück zum Einlesen der nächsten Karte (Anschlußpunkt ①), und der Durchlauf beginnt von neuem.

Nach der Prüfung folgt wiederum die Abfrage, ob dies die erste richtige Karte ist. Logischerweise führt die Verzweigung dieser Abfrage von jetzt an immer auf den Nein-Zweig. Das Programm vergleicht nun die Gruppenbegriffe aus der Lochkarte mit den zwischengespeicherten Gruppenbegriffen. Hat die zweite Karte die gleiche Distrikt-, Bezirks- und Händlernummer, so verläuft das Programm über die Nein-Zweige der Abfragen Distrikt-, Bezirks- und Händlerwechsel wie bei der ersten Karte zum Anschlußpunkt ②. Nach der Addition wird wiederum die nächste Lochkarte eingelesen.

Wechselt dann irgendwann die Händlernummer, so verzweigt das Programm bei der Abfrage "HÄNDLER-WECHSEL?" in den Ja-Zweig. In dem nun folgenden Unterprogramm werden die Zeile für den abgeschlossenen Händler gedruckt, die Werte der Untergruppenzähler für den Händler in die Bezirkszähler addiert und anschließend (für die Neuaufnahme der Zahlen des nächsten Händlers) gelöscht. Zugleich speichert die Maschine

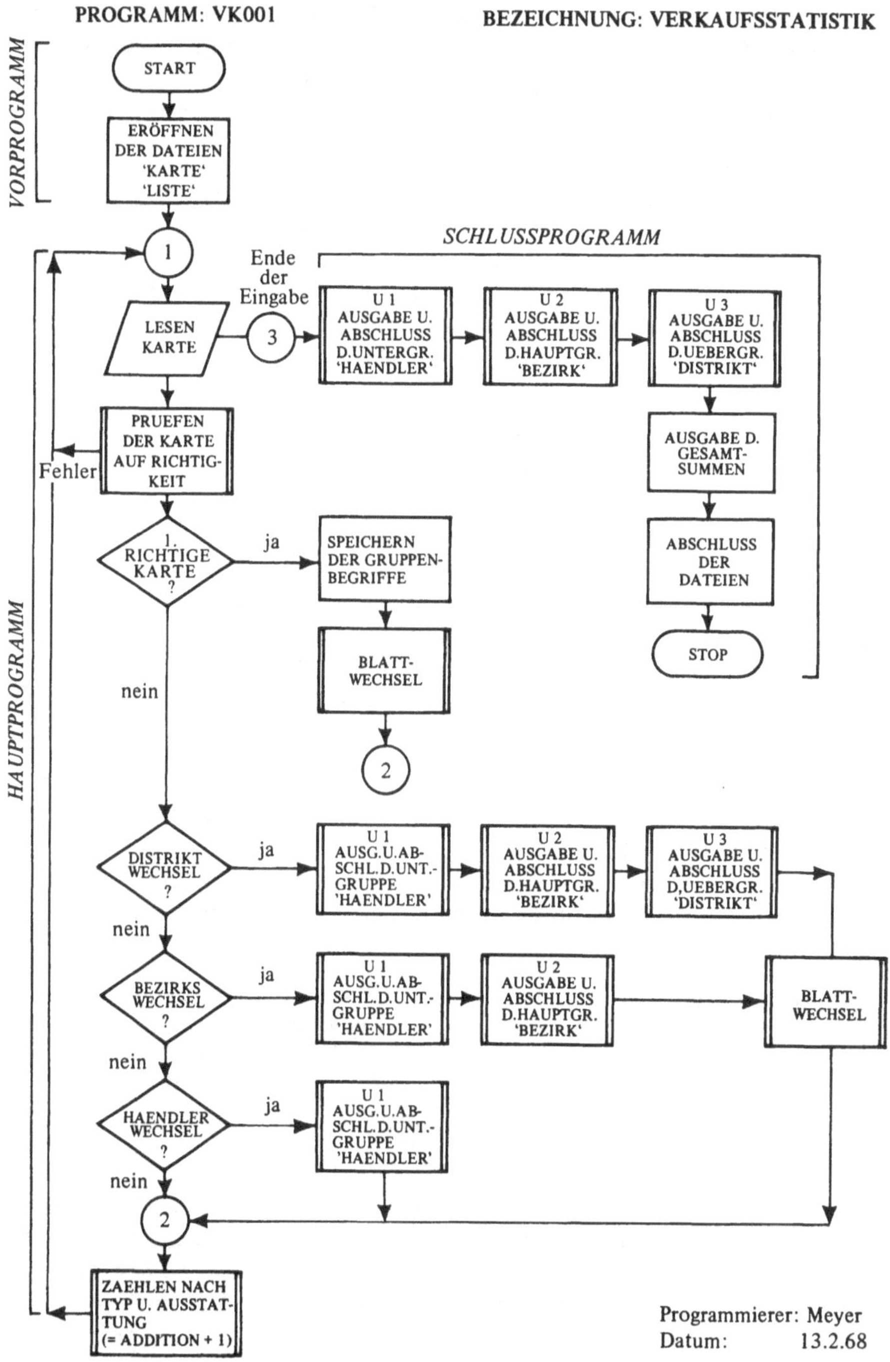

Bild 154: Grob-Programmablaufplan

den betreffenden Gruppenbegriff vom Einlesebereich in den Zwischenspeicher um, damit die nächste Karte mit der gleichen Händlernummer nicht wieder sofort einen Gruppenwechsel auslöst. Erst nach Abschluß des vorangegangenen Händlers wird die erste Lochkarte des neuen Händlers verarbeitet.

Liegt zusätzlich ein Bezirks- bzw. Distriktwechsel vor, so verläuft der Vorgang in ähnlicher Weise, nur mit dem Unterschied, daß bei Bezirkswechsel immer auch gleichzeitig die Händlergruppe und bei Distriktwechsel die Bezirks- und Händlergruppe mit wechseln. Bei Bezirks- und Distriktwechsel erfolgt zusätzlich ein Blattwechsel, d.h. die Maschine schiebt das Endlospapier auf das nächste Blatt vor und druckt die vorgesehenen Kopfzeilen.

Wie aus der Darstellung ersichtlich, sind einige Programmteile (in der Fachsprache Unterprogramme genannt) mehrmals in der gleichen Weise aufgeführt. Bei einem Unterprogramm handelt es sich also um einen Programmteil, der eine geschlossene Einheit bildet. Kommt ein solches Unterprogramm mehrmals in einem Programmablauf vor, so wird es nur einmal verschlüsselt, wodurch sowohl Programmierarbeiten als auch Speicherplatz gespart werden; an den vorgesehenen Stellen wird das Unterprogramm dann jeweils nur aufgerufen: Die Maschine verzweigt in das Unterprogramm und kehrt nach dem Durchlauf an die jeweilige Stelle des Strukturprogramms zurück.

Sind alle Karten aus dem Eingabemagazin in die Maschine eingelesen und verarbeitet, so verzweigt das Programm zum sogenannten Schlußprogramm (im rechten oberen Teil des Bildes 154): Die Maschine druckt die Summen für den letzten Händler, den letzten Bezirk und den letzten Distrikt aus. Bevor die Maschine stoppt, erfolgen abschließend der Ausdruck der Gesamtsummen und der Abschluß der Dateien.

Jedes Programm wird immer in die drei Teile Vor-, Haupt- und Schlußprogramm unterteilt. Während das Vor- und das Schlußprogramm nur jeweils einmal durchlaufen werden, erfolgt der Durchlauf des Hauptprogramms in der Regel für jeden Datensatz. In unserem Falle bezieht sich der Durchlauf des Hauptprogramms auf die Verarbeitung jeder einzelnen Lochkarte.

Nach dem Entwurf und der Kontrolle des Grob-Programmablaufplanes wird der Programmierer die Einzel- oder Detail-Ablaufpläne fertigen. Ein detaillierter Programmablaufplan enthält dann normalerweise für jeden einzelnen Programmschritt ein Symbol. Allerdings kann es auch hier vorkommen, daß der Programmierer mehrere Schritte, deren Auflösung völlig klar ist, zu einem Symbol zusammenfaßt.

Im allgemeinen geht der Programmierer bei der Aufstellung der Detail-Programmablaufpläne so vor, daß er einzelne Blöcke des Grobablaufplanes herauslöst und getrennt darstellt. Bild 154 zeigt (im linken unteren Teil) das Unterprogramm "ZAEHLEN", das nun im folgenden (Bild 155) detailliert dargestellt wird.

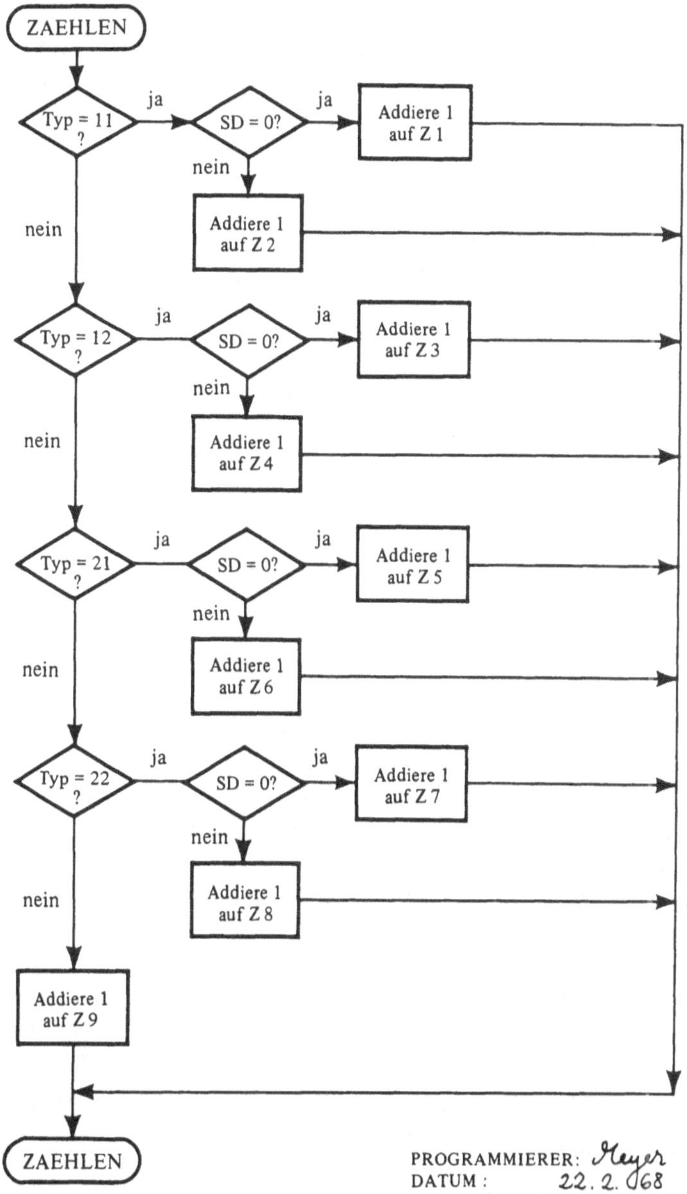

Bild 155: Detail-Programmablaufplan

Wie geschildert, werden in diesem Unterprogramm - unterschieden nach Typ und Sonderausstattung - die verkauften Wagen gezählt. Je Wagen wird in dem entsprechenden Zähler eine 1 addiert. Bei Durchlauf des Unterprogramms vergleicht die Maschine den in der Lochkarte gelochten Typenschlüssel mit den dafür im Programm festgelegten Werten (= Konstanten). Ist Übereinstimmung mit dem entsprechenden Schlüssel erzielt, durchläuft das Programm den dazugehörigen Ja-Zweig, in dem eine 1 in dem diesem Typ zugeordneten Zähler addiert wird. Zusätzlich erfolgt die Trennung je Typ nach Ausrüstung mit und ohne Schiebedach. Eine zweite Abfrage teilt die beiden Möglichkeiten auf. Eine Ausnahme hiervon macht der LKW (Typenschlüssel 30), bei dem eine Ausstattung mit Schiebedach nicht vorgesehen ist. Da die Prüfung auf gültigen Typenschlüssel bereits in einem gesonderten Prüfprogramm durchgeführt wurde (siehe Bild 154, erstes Unterprogramm nach Anschlußpunkt ①), ist jeder Wagen, der nicht den Typenschlüssel 11, 12, 21 oder 22 besitzt, zwangsläufig ein LKW. Auf Zähler 9 erfolgt die entsprechende Zählung für den LKW.

Nach der Fertigstellung wird der Programmierer die Programmablaufpläne noch einmal überprüfen, um logische Fehler vor der Programmverschlüsselung zu beseitigen. Bei dieser Prüfung handelt es sich jedoch nicht um den Programmtest (der erst nach der Programmverschlüsselung stattfindet), sondern allein darum, den Aufbau der Ablaufpläne einschließlich aller Verzweigungen und Unterprogramme zu kontrollieren.

Wie geht nun der Programmierer bei dieser Prüfung vor? Zuerst wird er sich eine Liste von Lochkarteninhalten anlegen, wie sie später in der praktischen Anwendung des Programms vorkommen. Dabei kommt es aber nicht nur auf die Eingabedaten selbst, sondern auch auf die Reihenfolge der Lochkarten an. Kurzum, er wird einige Kartenbilder - vielleicht 2 bis 3 Dutzend - so zusammenstellen, daß sie alle möglichen Fälle enthalten, und zwar sowohl in den Eingabedaten als auch in der Kartenfolge. Mit diesem Eingabematerial muß der Programmierer die gesamten Programmablaufpläne "gedanklich durchspielen". Er muß prüfen, ob er alle möglichen Fälle und Kombinationen - einschließlich fehlerhafter Karten und falscher Sortierfolge - der späteren Verarbeitung berücksichtigt hat. Weiter hat er darauf zu achten, daß die geforderten Kontrollen und Prüfungen innerhalb des Programms eingebaut sind. Erst wenn er die Programmablaufpläne in der beschriebenen Weise geprüft hat, kann er zum nächsten Schritt, der Programmverschlüsselung, übergehen.

5.22 *Verschlüsselung und Umwandlung des Programms*

Nachdem alle Programmablaufpläne aufgestellt und sorgfältig geprüft sind, folgt als nächster Schritt der praktischen Programmierung die Programmverschlüsselung, in der Praxis meist als Codierung bezeichnet. Die Codierung besteht in der Auflösung und Übertragung der Programmablaufpläne in die einzelnen Instruktionen, wie sie später in der Maschine ablaufen sollen. Üblicherweise wird die Übertragung nicht in die direkte Maschinensprache, sondern in eine symbolische Programmsprache vorgenommen.

Welche symbolische Programmsprache (hierüber wird in einem späteren Abschnitt genau berichtet) der Programmierer benutzt, hängt einmal vom Schwierigkeitsgrad der gestellten Aufgaben, und zum anderen von der eingesetzten EDV-Anlage und dem verfügbaren Programmsystem ab. Während eine kleinere EDV-Anlage meist in einer maschinenorientierten Symbolsprache (Assembler) oder mit Hilfe von Generatoren programmiert wird, stehen für größere EDV-Anlagen in der Regel außer der Assembler-Sprache und den Generatoren auch problemorientierte Programmsprachen (COBOL, FORTRAN und evtl. PL1) zur Verfügung. So kann der Programmierer ein einfaches Druckprogramm mit Hilfe eines Listgenerators programmieren, während er für schwierigere Verarbeitungsprogramme die Assembler-Sprache oder die COBOL-Programmierung benutzt. Es ist jedoch zu beachten, daß für die Verwendung der problemorientierten Programmsprache bestimmte Anforderungen im Hinblick auf die Ausstattung einer EDV-Anlage gestellt werden. Ist die Programmierung in einer problemorientierten Sprache möglich, so gilt ganz allgemein, daß die Programmierung selbst zwar weniger aufwendig ist, dagegen jedoch eine etwas höhere Laufzeit des Programms und ein größerer interner Speicheraufwand in Kauf genommen werden müssen.

Die Darstellung in Bild 156 zeigt, daß Ausgangspunkt der Programmverschlüsselung einmal die Aufgabe, (dargestellt als Programmvorgabe) ist, der Programmierer zum anderen die Anweisungen entsprechend der gewählten Programmsprache (Programmiersystem) beachten muß. Zur Beschreibung der Programmvorgabe und des verwendeten Programmiersystems kommen die speziellen Kenntnisse und Erfahrungen des Programmierers. Das verschlüsselte Programm (in der Praxis manchmal auch als Quellenprogramm bezeichnet) wird anschließend in Lochkarten übertragen und mit Hilfe der EDV-Anlage in das endgültige Maschinenprogramm umgewandelt. Zur Umwandlung dienen einmal das Umwandlungsprogramm und zum zweiten eine Programmbibliothek zur Einfügung von Standardprogrammteilen. Erst das endgültige Programm in der Maschinensprache kann dann für die Durchführung der Arbeit in der EDV-Anlage benutzt werden.

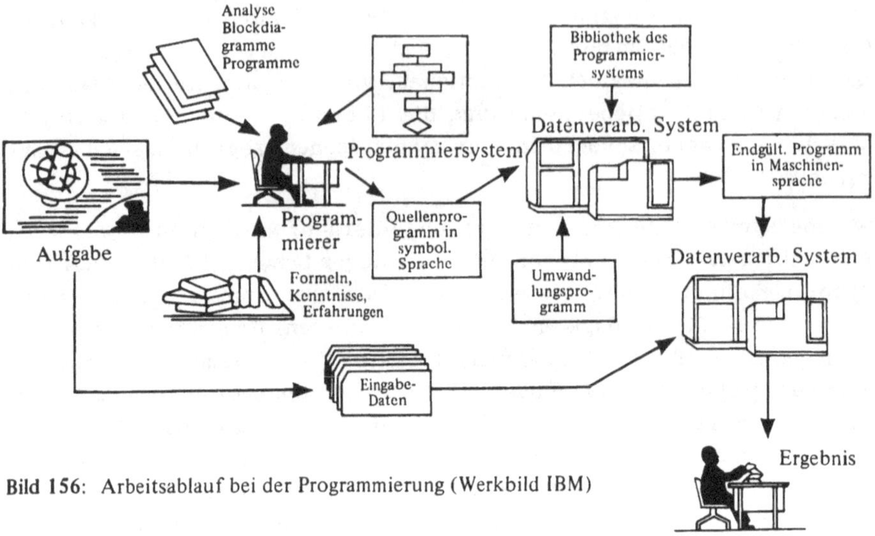

Bild 156: Arbeitsablauf bei der Programmierung (Werkbild IBM)

5.221 Programmverschlüsselung

Obwohl der Arbeitsablauf eines Programms bereits in den Programmablaufplänen festgelegt und dargestellt ist, handelt es sich bei der Programmverschlüsselung doch keineswegs nur um eine reine Übertragungsarbeit. Vielmehr erfordert jede Programmverschlüsselung ein erneutes Durchdenken der Aufgabe, um einerseits noch logische Fehler erkennen bzw. weitere Verbesserungen anbringen zu können. Die Verknüpfung von Programmablaufplan und Verschlüsselung ist so eng, daß es auch nicht zweckmäßig ist (wie es teilweise in der Praxis gefordert wird), die Programmierung aufzuspalten und die Codierungsarbeiten einem sogenannten Codierer, einer zweitrangigen Arbeitskraft, zu übertragen. Die Einarbeitung eines Codierers in den Programmablauf würde zuviel Zeit beanspruchen. Außerdem müßte der Programmierer den Codierer ständig beraten, um Mißverständnisse und damit Fehler zu vermeiden. Ratsam ist es dagegen, ein umfangreiches Programm in Teilprogramme aufzulösen und diese dann einzelnen Programmierern zu übertragen. Teilprogramme können völlig getrennt programmiert werden, wobei die EDV-Anlage selbst diese Teilprogramme durch ein besonderes Standardprogramm nach der Umwandlung zusammenfügt. Bei einer solchen Verteilung lassen sich die Teilprogramme, entsprechend ihrem Schwierigkeitsgrad, auf Nachwuchs- (Junior-) und erfahrene Programmierer verteilen.

Welche Unterlagen benötigt nun der Programmierer zur Programmverschlüsselung? Wie aus Bild 157 ersichtlich, müssen die Unterlagen unterteilt werden in die Unterlagen für die Programmverschlüsselung selbst und in die Verschlüsselungsformulare, die das Ergebnis der Codierung aufnehmen: Der Programmierer braucht zur Verschlüsselung einmal die Unterlagen, die sich auf die betreffenden Aufgaben beziehen (Ablaufpläne und Programmbeschreibung), zum anderen Unterlagen über die verwendete Programmsprache. Hierzu gehören Handbücher, Befehlslisten und Nachschlagewerke. Über die Verschlüsselungsformulare (in der Praxis auch als Codierblätter oder Programmschemata bezeichnet) soll im folgenden Abschnitt berichtet werden.

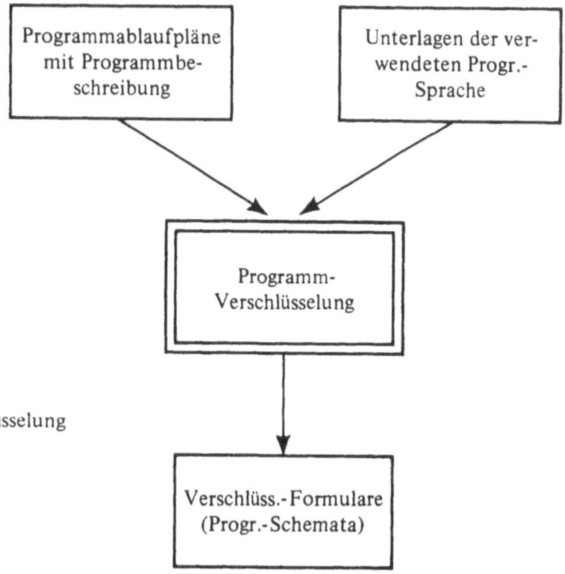

Bild 157:
Unterlagen zur Programmverschlüsselung

Der Aufbau der Codierblätter oder Programmschemata hängt von der verwendeten Programmsprache ab; außerdem findet man innerhalb einer Programmsprache zusätzlich geringfügige Abweichungen bei den einzelnen Herstellerfirmen. Die Formulare werden den Benutzern in der Regel vom Hersteller zur Verfügung gestellt. Bild 158 zeigt den Ausschnitt eines Codierblattes für eine Assembler-Sprache, in Bild 159 ist ein COBOL-Programmschema dargestellt.

Für alle Codierblätter gilt, daß im Kopfteil Eintragungen allgemeiner Art vorgenommen werden, die nicht abzulochen sind. So enthalten sowohl das Assembler- als auch das COBOL-Programmschema den Namen des Programmierers, die Programmbezeichnung und das Datum.

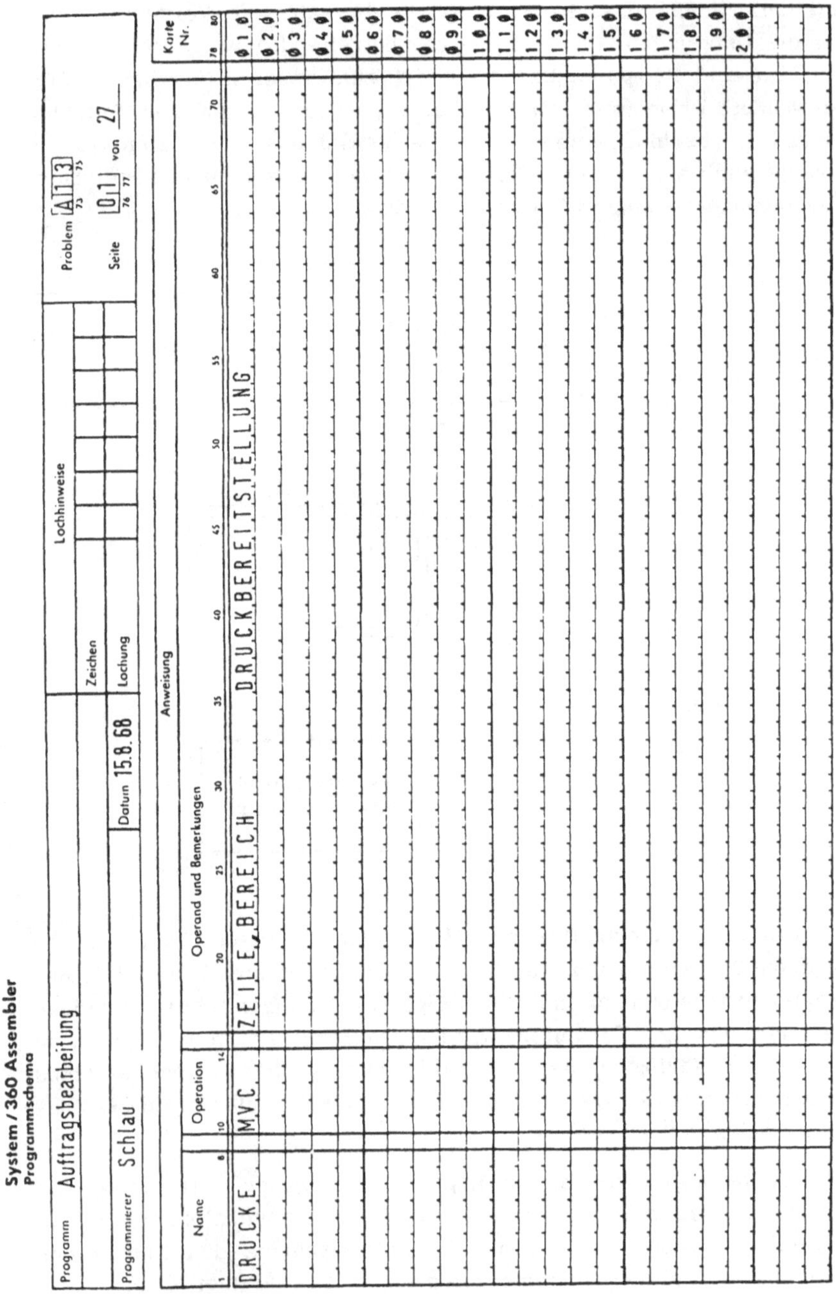

Bild 158: Assembler-Programmschema

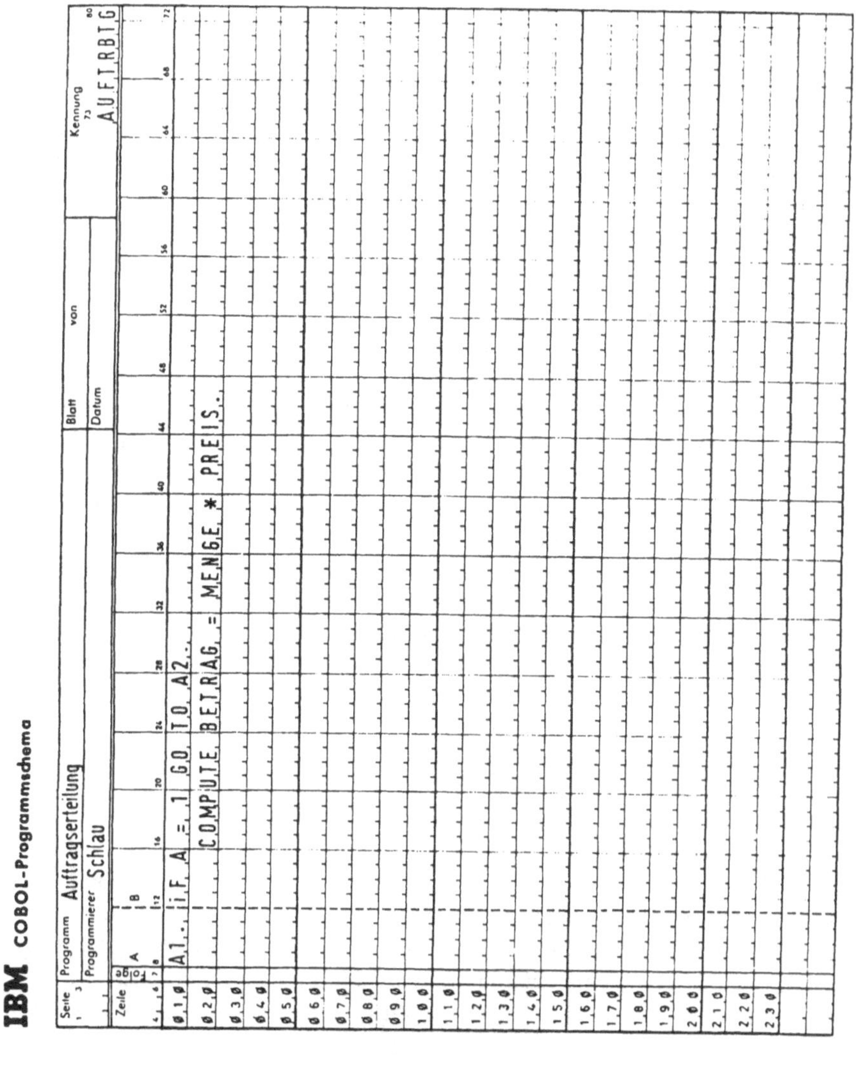

Bild 159: Cobol-Programmschema

Etwa in der Mitte des Kopfteils des Assembler-Programmschemas (Bild 158) ist die Eintragung "Lochhinweise" zu finden. In diesem Feld nennt der Programmierer Sonderzeichen, die er in seinem Programm verwendet und für die noch keine spezielle Taste auf dem Locher vorhanden ist. Er gibt die Tastenkombination an, die die Locherin drücken muß, um diesen Sondercode lochen zu können. Handelt es sich beispielsweise um einen Spezialcode für die Programmierung mit den Lochungen 0, 4 und 8 in einer Spalte, so kann die Locherin diesen Schlüssel lochen, obwohl sie keine spezielle Taste hierzu besitzt. Sie wird die Taste Mehrfachlochung und dazu die Tasten 0, 4 und 8 drücken.

Als nächstes soll darauf hingewiesen werden, daß aus jeder Codierzeile auf dem Programmschema eine Lochkarte entsteht, weshalb auch die Spalteneinteilung von 1 - 80 vorgedruckt ist. Lediglich die Spalten 73 - 75 und 76 - 77 beziehen sich auf alle Karten dieses Problems bzw. auf die Karten der betreffenden Seite. So wird (durch Festeinstellung am Locher) in jede Karte die Problemnummer (Spalte 73 - 75) und in alle Karten der betreffenden Seite die fortlaufende Numerierung (Spalten 76 und 77) gelocht.

Da die Programmkarten beim Durchlauf durch die EDV-Anlage eine bestimmte Reihenfolge haben müssen, ist es notwendig, ihnen ein Sortiermerkmal zu geben. Außer der beschriebenen Seitennummer erhält deshalb jede Karte eine Zeilennummer eingelocht (am rechten Rand des Programmschemas für die Lochspalten 78 - 80 dargestellt). Die Kartennumerierung erfolgt in Zehnersprüngen. Das hat den Zweck, daß ein späteres Einfügen von Programmkarten möglich ist, ohne die ganze Numerierung ändern zu müssen. Sollen beispielsweise zwei Programmkarten nachträglich zwischen den Zeilen 010 und 020 eingefügt werden, so erhalten sie die Zeilennummer 011 und 012. Beim Sortieren (über alle 3 Spalten) liegen diese eingefügten Karten dann zwischen den Karten mit den Zeilennummern 010 und 020. Viel Testzeit geht verloren, wenn Programmkarten in falsche Reihenfolge geraten und diese Fehler nicht leicht zu erkennen sind.

Unter dem Oberbegriff "Anweisung" sind die Felder (von links nach rechts) "Name" (Spalte 1 bis 8), "Operation" (Spalte 10 bis 14) und "Operand und Bemerkungen" (restliche Spalten) zusammengefaßt. Bei der Verschlüsselung des Programms trägt der Programmierer nun in jede Zeile des Codierblattes eine Instruktion ein. Er schreibt den Befehl in das Feld Operation und dahinter, beginnend mit der Spalte 16, die Operanden, die durch Komma voneinander getrennt werden. Bei den Operanden handelt es sich um die symbolischen Speicheradressen. Mit Abstand von mindestens einer Leerstelle nach dem zweiten Operanden kann der Programmierer auch noch eine Bemerkung anfügen. Benötigt die betreffende Instruktion außerdem einen Namen (wird beispielsweise innerhalb des Programms auf diese Instruktion verzweigt), so muß der Programmierer zusätzlich (in die Spalten 1 bis 8) den Namen eintragen. Je nach den Regeln und Anweisungen der betreffenden Herstellerfirma muß sich der Programmierer entweder streng an den Aufbau des Formulars halten oder braucht nur gewisse Mindestbedingungen einzuhalten.

Beim COBOL-Programmschema (Bild 159) befindet sich die Seitennumerierung (mit den Spalten 1 bis 3) oben links. Um später eine oder mehrere Seiten einfügen zu können, empfiehlt es sich, die Seitennumerierung nicht fortlaufend, sondern ebenfalls in Zehnersprüngen vorzunehmen. Die Spalten 73 bis 80 jeder COBOL-Karte enthalten den Programmnamen, hier als Kennung bezeichnet. Die Zeilennumerierung befindet sich hier links im Bild mit den Lochspalten 4 bis 6. Auch hier sind die Zeilen in Zehnersprüngen durchnumeriert. Es folgt ein einstelliges Feld in der Spalte 7 mit der Bezeichnung "Folge". In diesem Feld wird ein Bindestrich eingetragen für den Fall, daß ein Datenwort in der vorhergehenden Zeile begonnen wurde und hier fortgesetzt wird. COBOL erlaubt jedoch die Trennung eines Datenwortes nur in einem einzigen Fall, nämlich dann, wenn das Datenwort ein nicht numerisches Literal ist. Unter einem Literal versteht man eine Konstante, bei der nicht wie üblich die Speicherplätze, sondern die tatsächlichen Daten selbst angegeben werden.

In die Spalten 8 bis 72 trägt der Programmierer die COBOL-Befehle ein. Wie aus Bild 159 ersichtlich, sind die Spalten 8 und 12 mit einem A bzw. einem B gekennzeichnet. A und B werden als sogenannte Begrenzungspunkte bezeichnet. Ihre Bedeutung liegt darin, daß bestimmte Eintragungen wiederum nicht vor der Spalte 12 anfangen dürfen. So ist es beispielsweise vorgeschrieben, daß alle Namen von COBOL-Befehlen in Spalte 8 beginnen müssen; die Befehle selbst dürfen jedoch erst ab Spalte 12 eingetragen werden.

In Bild 159 wurden in die Zeile 010 der Name A 1 in Spalte 8 und 9 und der Befehl "IF A = 1 GO TO A 2" ab Spalte 12 (= Begrenzungspunkt B) eingetragen. Der nächste COBOL-Befehl in der Zeile 020 dagegen beginnt ab Spalte 16. Da der Befehl nicht vor dem Begrenzungspunkt B geschrieben ist, entspricht diese Eintragung ebenfalls den Vorschriften. Die weitere Unterteilung zu je 4 Spalten pro Feld dient lediglich der besseren Übersichtlichkeit, vor allem im Hinblick auf die Ablocharbeit.

Beispiel einer Programmverschlüsselung

Aufgabenbeschreibung

Im nachfolgenden soll die Programmverschlüsselung anhand eines Beispiels gezeigt werden. Es handelt sich um die bereits bekannte Verkaufsstatistik, deren Grob- und Feinprogrammablaufplan in den Bildern 154 und 155 dargestellt ist.

Um die Bedeutung dieser modernen Programmierungstechnik besonders hervorzuheben, sei nochmals darauf hingewiesen, daß das Strukturprogramm in Bild 154 allein die logische Verknüpfung aller einzelnen Unterprogramme darstellt. Die Unterprogramme selbst werden gesondert dargestellt und auch gesondert verschlüsselt. In der Praxis sieht dies so aus, daß die einzelnen Unterprogramme nicht innerhalb des Hauptteils, sondern im Anschluß daran gespeichert sind. Der wesentliche Unterschied besteht in der Zwecksetzung. Während also die Programmlogik des Strukturprogramms die Verknüpfung der einzelnen Unterprogramme bewirkt und ihren Ablauf steuert, dienen die Unterprogramme der eigentlichen Durchführung der Arbeit. Bild 155 zeigt ein solches Unterprogramm, dessen Darstellung im Gesamtablauf im linken unteren Teil des Bildes 154 wiederzufinden ist. Die Vorteile dieser Programmierungstechnik liegen darin, daß der Gesamtablauf eines Programms so einfach und übersichtlich wie möglich gehalten ist. Zum anderen werden auf diese Weise Programmteile, die zweimal oder mehrmals in gleicher Weise in einem Programmablauf vorkommen, nur einmal codiert und gespeichert, jedoch an den verschiedenen Stellen des Strukturprogramms aufgerufen. Auch das Prüfen eines Programms geschieht getrennt nach einzelnen Unterprogrammen, wodurch das Gesamtprogramm nicht nur leichter überschaubar ist, sondern der Testaufwand auch wesentlich verringert wird.

Programmverschlüsselung mit Erläuterungen

Bild 160 zeigt die Verschlüsselung der dargestellten Arbeitsabläufe in der Assembler-Sprache. Sie entspricht den Programmablaufplänen der Bilder 154 und 155, mit Ausnahme der sogenannten Definitionen, bei denen es sich um Dateibeschreibungen für die Ein- und Ausgabe (Karte und Liste) sowie um die Festlegung der Zwischenspeicher und Konstanten handelt. Die Definitionen wurden hier ausgelassen, um das Verständnis für die Programmverschlüsselung zu erleichtern und das Beispiel nicht zu stark auszudehnen.

Der Übersichtlichkeit wegen wurden die Erläuterungen nach Seiten- und Zeilennummern unterteilt, die den Programmschemata des Bildes 160 entsprechen.

Seite 01:
Zeile 010:
Beginnt eine Codierungszeile mit einem Sternchen in der Spalte 1, so dient der nachfolgende Text lediglich als Bemerkung, nicht jedoch als Befehlszeile. Das Umwandlungsprogramm berücksichtigt eine solche Bemerkung

System / 360 Assembler
Programmschema

Programm	VERKAUFSSTATISTIK	Lochhinweise	Problem VK1
		Zeichen	
Programmierer MEYER	Datum 13.3.68	Lochung	Seite Ø1 von

Name (1–8)	Operation (10–14)	Operand und Bemerkungen (16–71)	Karte Nr. (78–80)
* BEISPIEL EINER CODIERUNG IN ASSEMBLER-SPRACHE			Ø1Ø
VKØØ1	START		Ø2Ø
	:	ASSEMBLER ABHAENGIGE ANGABEN	Ø3Ø
	OPEN	(KARTE,INPUT)	Ø4Ø
	OPEN	(LISTE,OUTPUT)	Ø5Ø
EINS	GET	KARTE,KARTBER	Ø6Ø
	BAL	5,PRUEFEN	Ø7Ø
WEICHE	NOP	A1 KARTE FEHLERFREI	Ø8Ø
	OI	WEICHE+1,X'FØ'	Ø9Ø
	MVC	ZDISTR,DISTR SPEICHER	1ØØ
	MVC	ZBEZIRK,BEZIRK GRUPPENBEGRIFFE	11Ø
	MVC	ZHAENDLR,HAENDLR	12Ø
	BAL	5,BLAWE	13Ø
	B	ZWEI	14Ø
A1	CLC	DISTR,ZDISTR	15Ø
	BNE	DWECHSEL	16Ø
	CLC	BEZIRK,ZBEZIRK	17Ø
	BNE	BWECHSEL	18Ø
	CLC	HAENDLR,ZHAENDLR	19Ø
	BE	ZWEI	2ØØ

Bild 160: Verschlüsselung eines Beispiels (in der Assembler-Sprache)

System / 360 Assembler
Programmschema

Programm VERKAUFSSTATISTIK	Lochhinweise		Problem VKI1
	Zeichen		
Programmierer MEYER	Datum 13.3.68	Lochung	Seite 02 von

Name	Operation	Operand und Bemerkungen	Karte Nr.
	BAL	5,U1 HAENDLERWECHSEL	010
ZWEI	BAL	5,ZAEHLEN	020
	B	EINS	030
*			040
* CODIERUNG DER GRUPPENWECHSEL DISTRIKT UND BEZIRK			050
*			060
DWECHSEL	BAL	5,U1	070
	BAL	5,U2	080
	BAL	5,U3	090
	B	A2	100
BWECHSEL	BAL	5,U1	110
	BAL	5,U2	120
A2	BAL	5,BLAWE	130
	B	ZWEI	140
*		SCHLUSSPROGRAMM	150
DREI	BAL	5,U1	160
	BAL	5,U2	170
	BAL	5,U3	180
	BAL	5,GESUM	190
	CLOSE	KARTE	200
	CLOSE	LISTE	210
			220

Bild 160: (Fortsetzung)

System / 360 Assembler
Programmschema

Programm VERKAUFSSTATISTIK		Lochhinweise	Problem VK1
		Zeichen	
Programmierer MEYER	Datum 13.3.68	Lochung	Seite Ø3 von

Name	Operation	Operand und Bemerkungen	Karte Nr.
* UNTERPROGRAMM ZAEHLEN			Ø1Ø
ZAEHLEN	CLC	TYP,=C'11'	Ø2Ø
	BE	B1	Ø3Ø
	CLC	TYP,=C'12'	Ø4Ø
	:		Ø5Ø
	.		Ø6Ø
	.		Ø7Ø
	CLC	TYP,=C'22'	Ø8Ø
	BE	B7	Ø9Ø
	AP	Z9,=P'1'	1ØØ
	BR	5	11Ø
B1	CLC	SD,=C'Ø'	12Ø
	BNE	B2	13Ø
	AP	Z1,=P'1'	14Ø
	BR	5	15Ø
B2	AP	Z2,=P'1'	16Ø
	BR	5	17Ø
	:		18Ø
	:		19Ø
	:		2ØØ

Bild 160: (Fortsetzung)

nur insoweit, als sie bei der Umwandlung auf die Umwandlungsliste gedruckt wird.

Zeile 020:
Mit dem Befehl "START" beginnt das eigentliche Programm. Das Programm erhält den Namen, der in dieser Zeile im Namensfeld (Spalte 1 bis 8) eingetragen ist, im Beispiel also VK 001.

Zeile 030:
In die nach "START" folgenden Zeilen hat der Programmierer feststehende Angaben einzugeben, die die Maschine für die Umwandlung benötigt. Im Beispiel wurde auf die Angaben verzichtet, jedoch durch die Bemerkung in Zeile 030 darauf hingewiesen.

Zeilen 040 und 050:
Mit dem Befehl "OPEN" werden die Dateien "KARTE" (für die Eingabe) und "LISTE" (für die Ausgabe) eröffnet, d.h. an dieser Stelle werden die Voraussetzungen für die weitere Verarbeitung der genannten Dateien geschaffen.

Zeile 060:
Der Befehl "GET" ist ein Lesebefehl. Er bedeutet, daß eine Lochkarte in den Speicher eingelesen werden soll. Der Befehl selbst trägt den Namen "EINS", was bedeutet, daß an anderer Stelle des Programms zu diesem Befehl hin verzweigt wird (siehe Verzweigung 02, Zeile 030).

Zeile 070:
Hier wird das Unterprogramm "PRUEFEN" aufgerufen. Der Befehl "BAL" (Branch And Load, d.h. Verzweige und Lade) lädt die Speicheradresse des Folgebefehls (Zeile 080) in das angegebene Register 5 und verzweigt danach in das genannte Unterprogramm. Nach Durchlaufen des Unterprogramms erfolgt ein Sprung in das Hauptprogramm zurück. Ist die eingelesene Karte jedoch fehlerhaft, so verzweigt das Programm aus dem Unterprogramm heraus direkt auf den Befehl mit dem Namen "EINS" (siehe Rückverzweigung links oben im Programmablaufplan des Bildes 154).

Zeilen 080 und 090:
Im Ablaufplan des Bildes 154 folgt nach dem Prüfen der Karte die Frage nach "1. RICHTIGE KARTE". Diese Abfrage wurde hier durch eine sogenannte Weiche ersetzt. Der Befehl "NOP" bedeutet "NO OPERATION" (in der Übersetzung "KEINE OPERATION", d.h., daß das Programm automatisch auf den nächsten Befehl übergeht). Der nachfolgende Befehl in Zeile 090 wandelt den Befehl NOP der Zeile 080 in einen Sprungbefehl um, der dann im Durchlauf der nächsten Karte auf den Befehl mit dem Namen A 1 in der Zeile 150 verzweigt.

Zeilen 100 bis 120:
Bei der ersten richtigen Karte werden die Distriktnummer, die Bezirksnummer und die Händlernummer zwischengespeichert.

Zeile 130:
Mit dem neuen Sprungbefehl "BAL" wird das Unterprogramm aufgerufen, das das Drucken der Überschriften für das erste Blatt der Liste durchführt.

Zeile 140:
Mit dem Befehl "B" verzweigt das Programm nach "ZWEI".

Zeile 150:
Mit dem Befehl "CLC" (= VERGLEICHEN) und den entsprechenden Operanden wird abgefragt, ob ein Distriktwechsel vorliegt. Hierbei vergleicht das Programm die beiden Felder "DISTR" aus dem Abfühlbereich mit der zwischengespeicherten Distriktnummer im Feld "ZDISTR".

Zeile 160:
Stimmen die Merkmale in den beiden Vergleichsfeldern nicht überein, verzweigt das Programm in der Zeile 160 (Befehl "BNE" = VERZWEIGE BEI UNGLEICH) zum Begriff "DWECHSEL" (Distriktwechsel).

Zeilen 170 und 180:
Der gleiche Vorgang wie in den Zeilen 150 und 160 erfolgt hier mit dem Merkmal des Bezirks. Auch hier verzweigt die Maschine bei Ungleichheit zum Begriff "BWECHSEL" (Bezirkswechsel).

Zeilen 190 und 200:
Der letzte Vergleich erfolgt anhand der Händlermerkmale. Entsprechend der Logik des Programmablaufplanes wird hier nicht bei ungleich, sondern bei gleich zu dem Begriff "ZWEI" verzweigt.

Seite 02:
Zeile 010:
Bei Händlerwechsel soll die Maschine das Unterprogramm "U1" durchlaufen. In diesem Unterprogramm erfolgen die Druckausgabe einer Zeile und der Abschluß der Händlergruppe.

Zeile 020:
Im Programmablaufplan (Bild 154) ist im linken unteren Teil der Anschlußpunkt 2 zu sehen. Bei der Verschlüsselung dieses Anschlußpunktes muß der Programmierer allerdings anstelle der Ziffer einen entsprechenden Text schreiben. Wie aus Zeile 020 ersichtlich, erhält der Aufruf des Unterprogramms "ZAEHLEN" hier den Namen "ZWEI". Die 3. Seite des Codierblattes zeigt die Codierung dieses Unterprogramms.

Zeile 030:
Hier erfolgt der Sprung zum Punkt "EINS" (links oben in Bild 154 bzw. Zeile 060, Seite 01) zurück.

Zeilen 040 bis 060:
Auch hier sind wieder (durch Sternchen angeführt) Bemerkungszeilen zu finden. Fehlt der entsprechende Bemerkungstext, so entsteht auf der Umwandlungsliste lediglich eine Leerzeile zur besseren Übersicht für den Programmierer.

Zeilen 070 bis 100:
An dieser Stelle wird der Distriktwechsel verschlüsselt. Dieser Teil beginnt mit dem Namen "DWECHSEL". Entsprechend dem Programmablaufplan werden die Unterprogramme U 1 bis U 3 durchlaufen. Durch den Verzweigungsbefehl B mit dem Operanden A 2 wird der erforderliche Blattwechsel durchgeführt.

Zeilen 110 bis 140:
Vom Befehl mit dem Namen "BWECHSEL" an beginnt der Programmzweig für den Bezirkswechsel. Hier werden die Unterprogramme für den Händlerabschluß (U 1) und Bezirksabschluß (U 2) durchlaufen. Bei A 2 wird für den Distrikt- und Bezirkswechsel gemeinsam das Unterprogramm für den Blattwechsel aufgerufen. Danach verzweigt das Programm zum Anschlußpunkt "ZWEI".

Zeile 150:
Auch hier veranlaßt der Programmierer eine Bemerkungszeile, die ihm die Codierung und Umwandlung des Schlußprogramms anzeigt. In Bild 154 ist das Schlußprogramm im oberen rechten Teil dargestellt.

Zeilen 160 bis 190:
Hier werden die Unterprogramme für den Druck der Händlersumme (U 1), der Bezirkssumme (U 2), der Distriktsumme (U 3) und der Gesamtsumme (GESUM) durchlaufen.

Zeilen 200 und 210:
Bei dem Befehl "CLOSE" handelt es sich um einen Makrobefehl. Er dient dazu, die Dateien "KARTE" und "LISTE" mit Hilfe standardmäßiger Ein-/Ausgabeprogramme abzuschließen.

Auch zum Schluß des Programmes, vergleichbar mit den Ausführungen zu Beginn, hat der Programmierer wieder einige zusätzliche Angaben zu machen, die auch hier herausgelassen wurden.

Seite 03:
Wegen der Gleichartigkeit der Typenabfragen (in Bild 155 dargestellt) wurde für die Verschlüsselung des Unterprogramms "ZAEHLEN" nur ein

Ausschnitt gewählt. In dem Falle, daß in der gerade bearbeiteten Karte der Typ 11 gelocht ist, verzweigt das Programm zum Anschlußpunkt B 1. Vergleich und Verzweigung sind in den Zeilen 020 und 030 dargestellt. Die Zeilen 040 bis 110 werden dagegen durchlaufen, wenn die Typenverschlüsselung nicht die Nummer 11 trägt.

Zeilen 120 und 130:
Hier erfolgt die Abfrage, ob der betreffende Wagen mit einem Schiebedach ausgerüstet ist. Ist dies der Fall (Lochung ist ungleich), verzweigt die Maschine zum Anschlußpunkt B 2.

Zeile 150:
Über das Register 5 (hierzu bitte den Unterprogrammsprung im Hauptprogramm, Seite 02, Zeile 020, vergleichen), verzweigt das Programm zurück in das Hauptprogramm.

5.222 Programmumwandlung

Bevor nun die Instruktionen aus den Codierblättern in symbolische Programmkarten gelocht werden, muß der Programmierer noch einmal seine Verschlüsselung überprüfen. Die Prüfung wird am besten mit Hilfe der Programmabläufe (die ja die Ausgangslage für die Codierung waren) simuliert. So prüft der Programmierer beispielsweise, ob alle Zweige der Ablaufpläne programmiert sind, ob er alle Anschlußpunkte mit Namen versehen hat und ob alle Unterprogramme verschlüsselt sind. Auch muß er kontrollieren, ob alle angesprochenen Daten und Dateien, z.B. Zwischenspeicher, Zähler, Arbeitsbereiche und Konstanten, richtig beschrieben (definiert) wurden.

Erst nach einer solchen, gewissenhaften Prüfung wird das Programm zum Ablochen in den Lochsaal gegeben. Hier entsteht nun aus jeder Zeile des Programmschemas eine Programmkarte, wie sie in Bild 161 (je ein Beispiel einer gelochten Assembler- und COBOL-Programmkarte) abgebildet ist. Da auch die Seiten- und Zeilennummern mitgelocht werden, können die Karten anschließend mit Hilfe einer Sortiermaschine in die richtige Reihenfolge gebracht werden. Geraten die Programmkarten einmal durcheinander, so kann die richtige Reihenfolge über die abgelochten Kartennummern (Seite und Zeile) immer wieder hergestellt werden. Außerdem gibt es einen zweiten Grund, weshalb die eingelochte Numerierung der Kartennummer wichtig ist: Müssen später im Test Programmkarten ausgewechselt (eingefügt oder entfernt) werden, kann dies ebenfalls nur über die Kartennummer geschehen. Abschließend sei angemerkt, daß die gelochten Programmkarten in der Regel noch durch einen maschinellen Prüfgang (Lochen und Prüfen) geprüft werden.

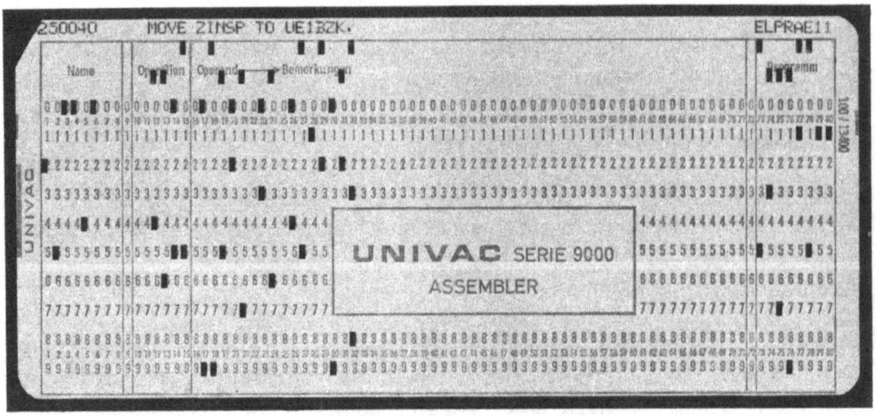

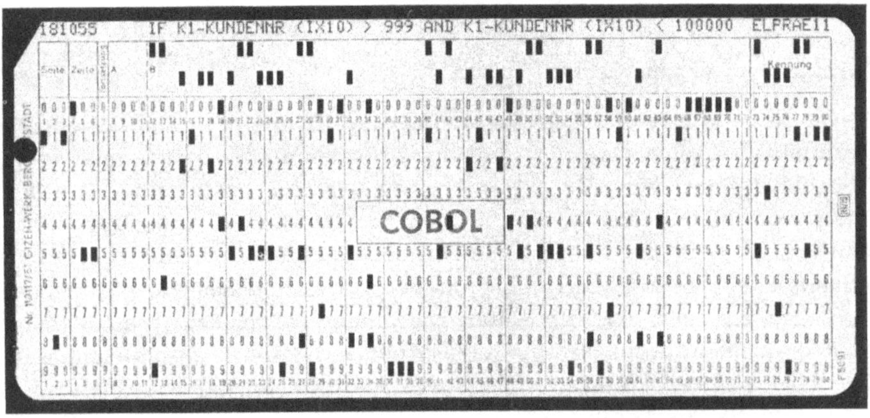

Bild 161: Assembler- und Cobol-Programmkarte

Die gelochten, geprüften und sortierten symbolischen Programmkarten sind jetzt bereit zur Umwandlung in das Maschinenprogramm, für die der Programmierer zusätzlich einige Steuerkarten anzulegen hat. Sie müssen bei der Umwandlung vor und hinter den symbolischen Programmkarten liegen. Anschließend geht das gesamte Kartenpaket zur Umwandlung ins Rechenzentrum.

Bevor die maschinelle Umwandlung beginnt, legt der Operator das Kartenpaket in das Eingabemagazin des Lochkarten-Lesegerätes. Es werden zunächst die Steuerkarten eingelesen, die wiederum das Laden des gewünschten Umwandlungsprogramms (Assembler, Compiler oder Generator) von dem Programm-Magnetband oder dem Programm-Magnetplattenspeicher in den internen Speicher der EDV-Anlage veranlassen (die

Ausrüstung der EDV-Anlage mit Magnetbändern bzw. Magnetplattenspeichern wurde hier unterstellt). Durch das Umwandlungsprogramm werden nun die symbolischen Programmkarten nacheinander eingelesen und in das entsprechende Maschinenprogramm übersetzt. Je nach Ausrüstung der EDV-Anlage werden die Instruktionen im echten Maschinen-Code in Lochkarten gestanzt und auf Magnetbänder oder Magnetplatten gespeichert. Gleichzeitig druckt die Maschine eine Umwandlungsliste, die sowohl das symbolische Programm als auch das umgewandelte Maschinenprogramm, nebeneinander gedruckt, enthält. Während der Umwandlung führt das Umwandlungs- oder Übersetzungsprogramm eine Vielzahl von Fehlerprüfungen durch und druckt die entsprechenden Fehlerbemerkungen mit auf die Umwandlungsliste. Bei der Fehlerprüfung kann es sich natürlich nur um eine Kontrolle formaler Fehler handeln. Ist beispielsweise der Übertragungsbefehl MVC falsch mit MWC abgelocht, so wird dieser Fehler als ungültiger Befehlscode vermerkt. Hat der Programmierer dagegen statt eines Additionsbefehls den entsprechenden Schlüssel für die Subtraktion eingesetzt, so ist dieser Befehl zwar sachlich falsch, formal jedoch richtig, und die Maschine wird ihn nicht bemerken.

Bevor das Programm nun, im nächsten Schritt der praktischen Programmierung, getestet wird, muß die Umwandlung "sauber" sein, d.h. es müssen alle formellen Fehler, die das Umwandlungsprogramm festgestellt hat, erst einmal bereinigt werden. Dies geschieht dadurch, daß die betreffenden symbolischen Programmkarten mit den richtigen Daten neu abgelocht und gegen die alten Karten ausgetauscht werden. Der Programmierer trägt die Änderungen und Korrekturen auf neue Codierblätter ein, wobei er darauf achten muß, daß die Seiten- und Zeilennummern übereinstimmen und die Karten richtig eingefügt werden. Die Änderungsblätter werden danach neu abgelocht und die korrigierten Karten in den alten Kartensatz eingeordnet. Das so berichtigte Kartenpaket wird für die erneute Umwandlung in das Rechenzentrum gegeben. Der Ablauf der Umwandlung ist in Bild 162 dargestellt.

Bild 163 zeigt einen Ausschnitt aus der Umwandlungsliste des Programmierungsbeispiels. Er entspricht dem Programmschema in Bild 160, Seite 01, Zeilen 060 bis 150. Da eine Originalübersetzung gewählt wurde, erscheinen die Überschriften in englischer Sprache. Rechts oben in der Umwandlungsliste findet man die fortlaufende Seitennumerierung (engl. PAGE), und darunter das Datum der Umwandlung, hier der 30.4.68. Der Hinweis im unteren Teil zeigt, daß das symbolische Programm im rechten Teil und das umgewandelte Maschinenprogramm im linken Teil der Umwandlungsliste erscheinen.

Nachfolgend sollen die englischen Ausdrücke im Kopfteil der Umwandlungs-

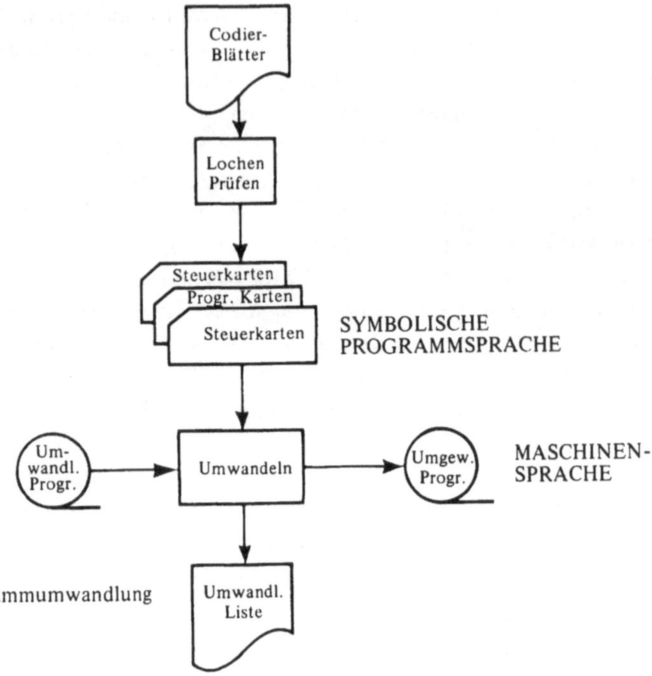

Bild 162:
Arbeitsablauf der Programmumwandlung

liste, zusammen mit ihrer Bedeutung (von links nach rechts), erläutert werden:

LOC (engl. Location) bedeutet den "Platz der Instruktion", d.h. Speicheradresse, in der die echte Maschinen-Instruktion später nach dem Laden des Programms gespeichert ist. Zusätzlich ist anzumerken, daß es sich bei den angegebenen Adressen um sog. relative Adressen handelt: Da der interne Speicher außer dem Programm auch noch das Steuerprogramm aufnehmen muß, werden die Programm-Instruktionen hinter das Steuerprogramm geladen und ihre Adressen um diesen Abstand erhöht.

OBJECT CODE, zu deutsch "echte Maschinen-Instruktion", bestehend aus dem Befehlscode einschließlich der Befehlsergänzung und den beiden Operanden. Wie zu erkennen, ist nicht bei allen Befehlen die Angabe einer zweiten Operandenadresse erforderlich.

ADDR (engl. Abk. "Adresse"). Wie bei Location, so handelt es sich bei ADDR 1 und ADDR 2 um zusätzliche Angaben für den Programmierer (ADDR 1 und ADDR 2 geben ihm Hinweise auf den Speicherplatz der beiden Operanden), die nicht zur eigentlichen Instruktion gehören.

PAGE 2
30/04/68

LOC	OBJECT CODE			ADDR 1	ADDR 2	STMT		SOURCE	STATEMENT	
						25	EINS	GET	KARTE, KARBER	VK101060
000026	5810	20CA			000D0	26 +	EINS	L	1, = A (KARTE) GET DTF TABLE ADDRESS	
00002A	5800	20CE			000D4	27 +		L	0, = A (KARTBER) GET WORK AREA ADDRESS	
00002E	58F1	0010			00010	28 +		L	15, 16 (1) GET LOGIC MODULE ADDRESS	
000032	45EF	0008			00008	29 +		BAL	14,8 (15) BRANCH TO GET ROUTINE	
000036	4550	20AC			000B2	30		BAL	5, PRUEFEN	VK101070
00003A	4700	2056			0005C	31	WEICHE	NOP	A1 KARTE FEHLERFREI	VK101080
00003E	96FO	2035		0003B		32		OI	WEICHE + 1 'FO'	VK101090
000042	D202	20B2	20B3	000B8	000B9	33		MVC	ZDISTR, DISTR SPEICHERN	VK101100
000048	D202	20B4	20B5	000BA	000BB	34		MVC	ZBEZIRK, BEZIRK GRUPPENBEGRIFFE	VK101110
00004E	D203	20B6	20B7	000BC	000BD	35		MVC	ZHAENDLR, HAENDLER	VK101120
000054	4550	20B8			000BE	36		BAL	5, BLAWE	VK101130
000058	47F0	20BC			000C2	37		B	ZWEI	VK101140
00005C	D502	20B3	20B2	000B9	000B8	38	A 1	CLC	DISTR, ZDISTR	VK101150

umgewandeltes Maschinenprogramm — symbolisches Programm

Bild 163: Umwandlungsliste (Ausschnitt)

STMT (Statement), übersetzt mit "Anweisung", gibt die fortlaufende Numerierung der symbolischen Instruktionen an.

SOURCE STATEMENT (in der Übersetzung als "Quellenanweisung") wiederholt die Angaben aus dem Codierblatt: links findet man die Namen, daneben den Befehlscode, gefolgt von den Operanden und den Bemerkungen. Die Zeile des symbolischen Programms wird abgeschlossen mit der Programmnummer (VK 1), der Seiten-Nummer (01) und der Zeilennumerierung (060 bis 150).

Wie den wiedergegebenen Programmkarten in Bild 164 zu entnehmen ist, entspricht der rechte Teil der Umwandlungsliste den Angaben in den Programmkarten. Als Beispiel wurden die Karten der Zeilen 100 und 130 gewählt.

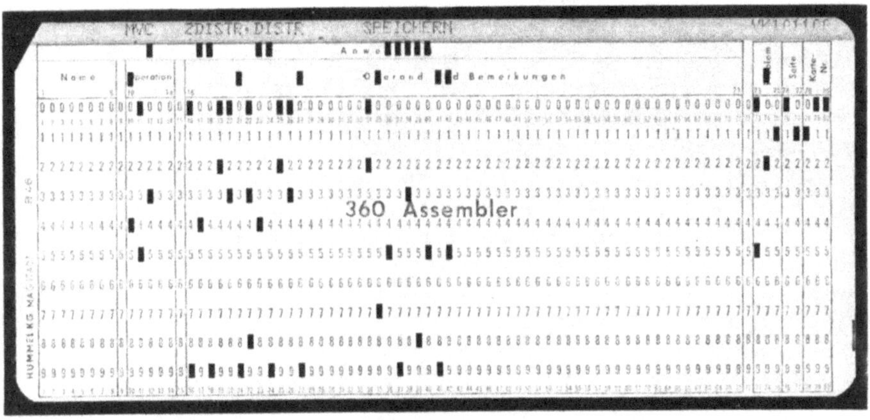

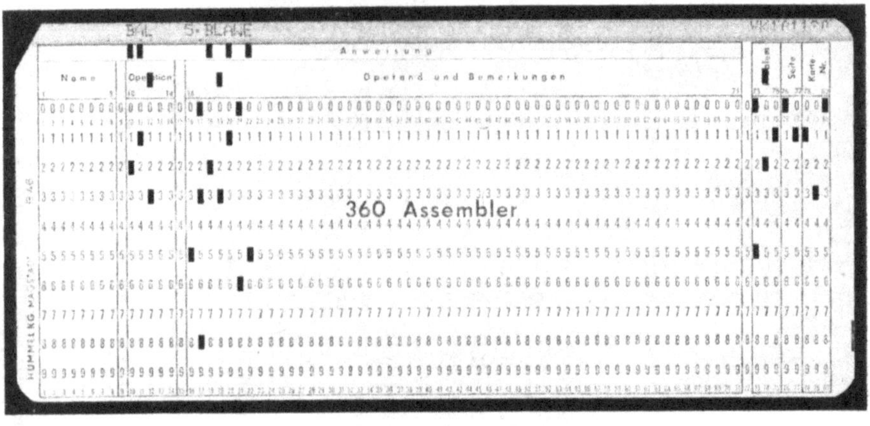

Bild 164: Symbolische Programmkarten des verschlüsselten Beispiels

Abschließend noch ein Hinweis über die Bedeutung und den Zweck der sogenannten Makrobefehle: Der Programmierer hat bei einzelnen, feststehenden Befehlsfolgen die Möglichkeit, anstelle der ganzen Befehlsgruppe nur einen einzigen Befehl (einen "Makrobefehl") zu schreiben. Bei der Umwandlung wird dann dieser Makrobefehl in die erwähnte Befehlsfolge umgewandelt, indem das Umwandlungsprogramm aus der mitgeführten Bibliothek die entsprechende Befehlsgruppe einfügt. Die erste Zeile der Umwandlungsliste zeigt einen solchen Makrobefehl, wobei die symbolische Instruktion "EINS GET KARTE, KARTBER" bedeutet, daß der Inhalt einer Lochkarte in den Kartenbereich des internen Speichers übertragen werden soll. Da der Vorgang des Einlesens einer Lochkarte aus mehreren Einzelschritten besteht, die zu einem Unterprogramm zusammengefaßt sind, berücksichtigt das Umwandlungsprogramm dies durch das Einfügen einer entsprechenden Befehlsgruppe. Der Vorgang ist in der dargestellten Umwandlungsliste zu erkennen, wo das Umwandlungsprogramm aus dem Makrobefehl in der Zeile 25 die Befehle entsprechend den Zeilen 26 bis 29 hinzugefügt hat. Dem Programmierer wird dieser Vorgang, durch Kennzeichnung mit einem Kreuz bei den aufgelösten Befehlen, angezeigt.

5.23 *Programmteste, Umstellung und Dokumentation*

5.231 Testen des Programms

A. Testvorbereitung

a) Vorüberlegungen

Selbst bei sorgfältiger Programmverschlüsselung und trotz gewissenhafter Überprüfung der Umwandlungsliste ist es der Regelfall, daß ein Programm nicht frei von Fehlern ist. Selbst einem guten Programmierer gelingt es kaum, ein Programm fehlerfrei zu schreiben, es sei denn, daß es sich um ein kleines, sehr einfaches Programm handelt. Im allgemeinen kann dagegen angenommen werden, daß ein Programm nicht ohne Fehler ist und auf jeden Fall durch einen besonderen Programmtest auf der EDV-Anlage geprüft werden muß.

Durch den Programmtest sollen alle Fehler in einem Programm ermittelt werden. Da alle formalen Fehler bereits auf der Umwandlungsliste gekennzeichnet und vom Programmierer bereinigt wurden, kann es sich bei den hier genannten Programmfehlern nur um sachliche Fehler handeln, die die Eingabe, die Verarbeitung und die Ausgabe der Daten betreffen. Wie ausgeführt, weist das Umwandlungsprogramm einen formalen Fehler aus, wenn der Programmierer beispielsweise den Befehl ADD für die Addition nur als AD geschrieben hat. Ist jedoch anstelle der richtigen Addition irrtümlicherweise der Befehl SUB für die Subtraktion eingesetzt, so kann die

Maschine das bei der Umwandlung nicht erkennen. Ein solcher Fehler wird allein beim Programmtest entdeckt.

Eine Reihe verschiedener Testhilfen, vom Hersteller als Standardprogramme zur Verfügung gestellt, erleichtern dem Programmierer die Testarbeit und damit die Suche nach Programmfehlern. Wichtig ist vor allem, daß der Programmierer den Programmtest sorgfältig vorbereitet und seine Testunterlagen zusammenstellt.

b) Ausarbeitung und Aufbereitung der Testbeispiele

Als Vorbereitung zum Programmtest hat der Programmierer Testbeispiele zusammenzustellen, die den Geschäftsvorfällen entsprechen, wie sie später in der Praxis mit Hilfe dieses Programms verarbeitet werden sollen. Außerdem hat er darauf zu achten, daß alle Programmzweige und Unterprogramme beim Test durchlaufen werden. Hierbei ist es wichtig, daß die Testdaten in allen Einzelheiten den Datensätzen entsprechen, wie sie später in der Praxis vorkommen. Besondere Beachtung ist auch den Grenzfällen zu schenken. Beispielsweise muß der Programmierer darauf achten, daß der erste und der letzte Satz einer Datei oder der kleinste und größte mögliche Wert in der Eingabe und Ausgabe richtig verarbeitet werden. Bei der Zusammenstellung der Testbeispiele kommt es jedoch nicht allein auf den Inhalt der Datensätze selbst, sondern auch auf ihre richtige Reihenfolge an.

Um Zeit und Kosten der Programmteste in vertretbarer Größe zu halten, ist es wichtig, daß die Anzahl der Testbeispiele nicht zu umfangreich ist. Vor allem aber muß die für den Test benötigte Maschinenzeit immer in einem vernünftigen Verhältnis zur gesamten Programmierungsarbeit stehen. Dies bedeutet, daß der Programmierer zwischen den beiden entgegengesetzten Forderungen (Testen aller Kombinationsmöglichkeiten einerseits und Wirtschaftlichkeit des Programmtests andererseits) immer einen sinnvollen Mittelweg finden muß. Im allgemeinen genügt für die ersten Programmteste eine kleine Anzahl von Testbeispielen, denn erfahrungsgemäß durchlaufen die Beispiele beim ersten Test nur einen Teil des Programms, und das Programm bricht ab, bevor ein Datensatz oder einige wenige Datensätze voll verarbeitet sind. Es wäre unzweckmäßig und unwirtschaftlich, während dieser ersten Teste mit einer größeren Anzahl von Testbeispielen zu arbeiten. Erst wenn das Programm mit ersten einfachen Eingabedaten richtig läuft, wird der Programmierer die anderen Testbeispiele hinzufügen.

Meist wählt der Programmierer die Testbeispiele aus den Daten vorhandener Originalunterlagen aus. Hierbei hat er jedoch darauf zu achten, daß nicht nur normale Geschäftsvorfälle, sondern auch alle abweichenden

Grenz- und Ausnahmefälle als Testbeispiele ausgewählt werden. Auch muß er Testdaten erstellen, die fehlerhaft sind oder in einer falschen Reihenfolge in die EDV-Anlage einlaufen, wie es später in der Praxis vorkommen kann. Enthält ein Programm Unterprogramme für Fehlerprüfungen, so sollten diese besonders gründlich getestet werden.

Werden nicht allein Lochkarten oder Lochstreifen zur Dateneingabe verwendet, sondern greift das betreffende Programm auch auf Dateien zurück, die auf Magnetbändern oder Magnetplatten gespeichert sind, so müssen diese Testdateien erst mit Hilfe besonderer Programme aufgebaut, d.h. auf Bänder oder Platten übertragen werden. Hersteller von EDV-Anlagen stellen hierzu meist Standardprogramme zur Verfügung. Diese Maßnahmen sind vor allem dann erforderlich, wenn die Programme eines ganzen Programmkomplexes nicht hintereinander in ihrer sachlich richtigen Reihenfolge, sondern unabhängig davon getestet werden. Würden die Programme dagegen in der gleichen Reihenfolge getestet werden, wie sie später ablaufen, könnte der Programmierer jeweils auf die Ausgabedateien des vorhergehenden Programms zurückgreifen.

Nach der Auswahl der Testdaten muß der Programmierer sie entsprechend ihrer maschinellen Verarbeitung aufbereiten. Hierzu gehört, daß der Programmierer die Eingabe-Daten in einer Liste zusammenstellt, um sie daraus ablochen zu lassen. Außerdem muß er die Testbeispiele gemäß dem vorgesehenen Programmablauf manuell durchrechnen und die Zwischen- und Endergebnisse festhalten. Auch die Ausgabelisten hat er, den erwarteten Verarbeitungsergebnissen entsprechend, zu beschriften. Bei den einzusetzenden Daten kann er einfache Beispiele wählen, die ihm die Aufbereitung erleichtern. Will er z.B. prüfen, ob das Programm die Rechnung Menge × Preis = Betrag richtig durchführt, so wird er einfache Zahlen (z.B. für die Menge = 100 und für den Preis = 1,00) nehmen. Ist der Rechenvorgang im Programm richtig dargestellt, so wird die Maschine komplizierte Werte genauso richtig rechnen wie einfache Zahlenangaben. Obwohl in der Praxis die Auswahl und Aufbereitung der Testdaten meist nicht so sorgfältig wie hier beschrieben durchgeführt wird (weil es vielfach an ausreichender Zeit fehlt und die Aufbereitung der Testdaten besonders zeitaufwendig ist), so sollte doch das geschilderte Testverfahren auf jeden Fall angestrebt und für die Mehrzahl der Programme auch durchgeführt werden. Nicht selten liegen die Ursachen für nachträgliche Programmfehler in der schlechten Auswahl und mangelhaften Aufbereitung der Testbeispiele.

c) Zusammenstellen der Testunterlagen

Die Testvorbereitung schließt mit dem Zusammenstellen aller benötigten Testunterlagen. Hierzu gehören:

1. alle Programmablaufpläne
2. die letzte, fehlerfreie Umwandlungsliste
3. alle Unterlagen über die Zusammenstellung und Aufbereitung der Testbeispiele
4. eine Beschreibung der Ein- und Ausgabesätze (Lochkartenbilder, Bandsätze, Plattensätze und Listenbilder)
5. die symbolischen Programmkarten (für die spätere Korrektur) und die echten Programmkarten, soweit das Programm nicht auf Magnetband oder Magnetplatten gespeichert ist
6. Steuerkarten für den Testlauf
7. die Eingabe-Dateien der Testbeispiele (Lochkarten, Lochstreifen, Magnetbänder, Magnetplatten)
8. für die Ausgabe von Daten: leere Magnetbänder, Magnetplatten und Lochkarten sowie Druckpapier
9. Bedienungsanleitungen, soweit (was heute die Regel ist) der Programmtest nicht durch den Programmierer selbst, sondern durch den Operator im Rechenzentrum durchgeführt wird.

Bei der Zusammenstellung hat der Programmierer zu beachten, daß die Unterlagen sorgfältig und unmittelbar nach Abschluß der Testvorbereitung verfügbar sind, damit der Test jederzeit beginnen kann. Nur wenn er diesem Punkt die genügende Bedeutung schenkt und die Unterlagen gewissenhaft ausarbeitet und vollständig bereitstellt, wird es gelingen, den Programmtest reibungslos und erfolgreich durchzuführen. Und nur so ist es möglich, die Testzeit - und damit die Testkosten - zu senken.

d) Testbeispiele

Bild 165 zeigt eine Liste von Testdaten für das Programm Verkaufsstatistik "VK001". Wie in den vorangegangenen Abschnitten, so soll auch hier wieder an das gewählte Beispiel der Verkaufsstatistik angeknüpft werden.

Wie in Bild 165 zu erkennen, schreibt der Programmierer die Testbeispiele auf das von ihm entworfene Formular, das gleichzeitig als Ablochbeleg dient; aus diesem Grunde wurden die entsprechenden Lochspalten mit angegeben. Alle Testkarten enthalten in den Spalten 1 + 2 die Konstante "V1" gelocht, während die Spalten 3 bis 5 die Distriktnummer, 6 bis 8 die Bezirksnummer, 9 bis 12 die Händlernummer, 13 bis 14 den Typ und 15 die Lochung für das Schiebedach aufnehmen. Die laufende Nummer in der ersten Spalte dient allein als Hinweis und wird nicht mit abgelocht. Das gleiche gilt für die Spalte "Bemerkungen", in der der Programmierer festhält, welche Testkarten er bewußt mit Fehlern versehen hat.

Bild 166 (im Anhang) zeigt den vom Programmierer erstellten Ausdruck der Testergebnisse. Inhalt und Anordnung der Daten dieses Formular-

KA
V 1
1-2

LFD.-NR.	DISTRIKT	BEZIRK	HAENDLER	TYP	SD	BEMERKUNGEN
	3 – 5	6 – 8	9 – 12	13 – 14	15	
1.	001	001	0100	11	0	
2.	"	"	0200	12	1	
3.	"	"	0300	30	1	Fehler: Typ 30 u. SD = 1
4.	"	003	0150	21	1	
5.	"	"	0250	22	0	
6.	"	005	0250	22	0	
7.	"	"	0300	10	1	Fehler: Typ 10
8.	002	A02	1000	12	1	Fehler: Bezirk A02
9.	"	002	1100	14	1	Fehler: Typ 14
10.	003	050	1300	11	0	
11.	"	060	1300	11	0	
12.	"	070	2000	30	0	

Bild 165: Testdaten für das Programm VK 001

Entwurfblattes müssen genau mit dem Ausdruck der EDV-Anlage übereinstimmen - vorausgesetzt, daß das Programm einwandfrei arbeitet. Selbstverständlich wird der Programmierer alle Angaben und Daten, die sich wiederholen, in seiner Aufbereitungsliste nur einmal anführen. Auch hier wurde diese Vereinfachung gewählt und beispielsweise die Überschriften über den einzelnen Seiten nicht wiederholt, wozu am rechten Rand entsprechende Vermerke angebracht wurden. Vergleicht man nun die Ausgabeliste mit den Eingabedaten, so kann man feststellen, daß im Bezirk 001 lediglich die Daten aus den ersten beiden Eingabekarten erscheinen. Die Daten aus der dritten Karte dürfen - gemäß Programm - nicht verarbeitet und ausgedruckt werden, weil es sich um einen LKW (Typ 30) mit Kennzeichen für Schiebedach handelt. Wie geschildert, wird eine solche Kennzeichnung beim LKW als Fehler gewertet, und die Daten werden nicht verarbeitet. Das gleiche gilt für die Karten mit der laufenden Nummer 7 und 8, wo der Typ bzw. die Bezirksnummer falsch gelocht sind. Auch diese Karten werden nicht verarbeitet und dürfen nicht in der Ausgabeliste erscheinen.

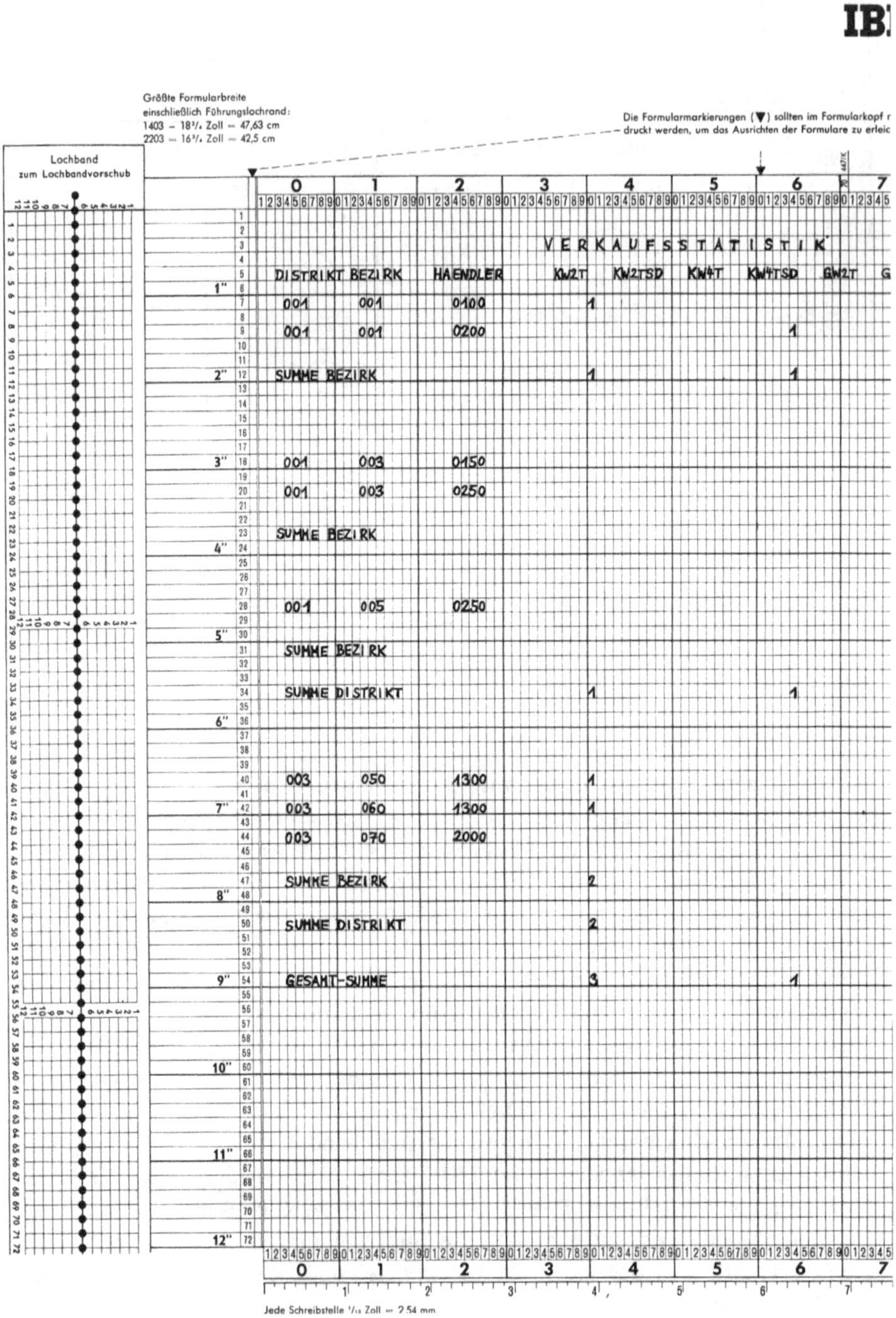

Bild 166: Zusammenstellung der Test-Druckausgabe

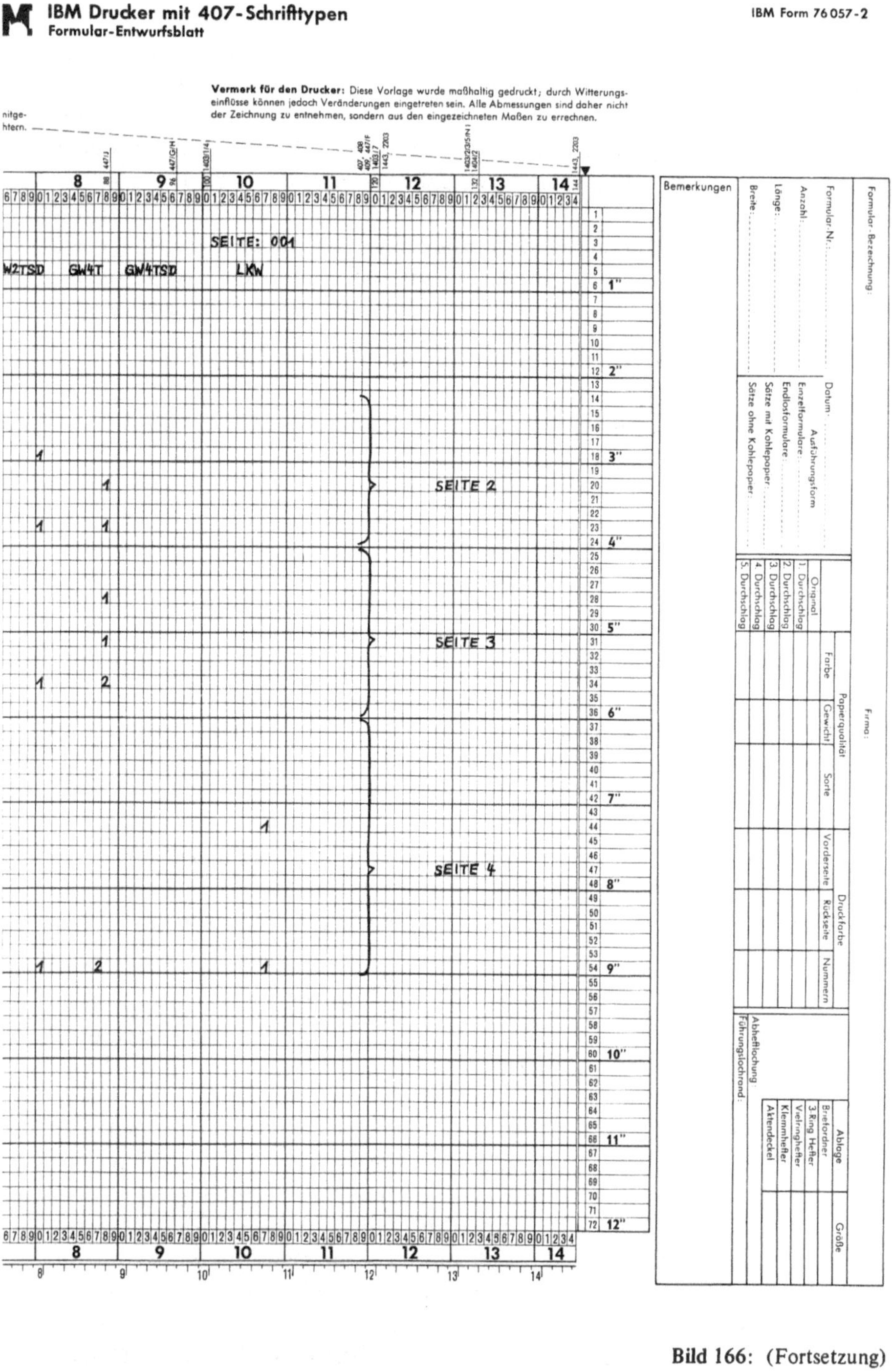

Bild 166: (Fortsetzung)

B. Testablauf

Wie im letzten Abschnitt bereits angedeutet, gehen die Rechenzentren mehr und mehr dazu über, die Programme nicht mehr vom Programmierer selbst direkt an der EDV-Anlage testen zu lassen, sondern die Programmteste ohne Hinzuziehung der Programmierer im sogenannten Closed-Shop-Betrieb (wie dieses Verfahren mit dem engl. Ausdruck bezeichnet wird) durchzuführen. Hiermit ist gemeint, daß die Programmierer lediglich die Testunterlagen, die für den Testlauf benötigt werden, den Operatoren des Rechenzentrums übergeben. Nach dem Test werden die Ergebnisse wieder von den Programmierern in Empfang genommen.

Das geschilderte Testverfahren setzt voraus, daß die Testvorbereitungen sorgfältig und gewissenhaft vorgenommen werden. Der Erfolg eines Programmtests hängt hauptsächlich von der ordnungsmäßigen Zusammenstellung der Testunterlagen ab. Zusätzlich zu den Testdaten muß der Programmierer einige Steuerkarten anlegen, die ebenfalls für einen erfolgreichen Testabschluß wichtig sind. Ist nur eine einzige Steuerkarte fehlerhaft, so wird der Test von der Anlage abgebrochen, ohne daß der Programmierer irgendwelche Testergebnisse erhält.

Die Einführung des Closed-Shop-Testbetriebes macht es unmöglich, daß Fehler vom Programmierer direkt an der EDV-Anlage verbessert werden. Hierdurch wird nicht nur kostbare Maschinenzeit gewonnen, sondern Korrekturen und Änderungen werden vom Programmierer auch sorgfältiger durchgeführt, weil sich die eigentliche Prüfung und Korrektur der Testergebnisse von der EDV-Anlage zum Schreibtisch verlagert. Auch wird der Programmierer, ohne dem Zeitdruck des Testens an der Maschine ausgesetzt zu sein, die Testergebnisse intensiver prüfen und die Fehlerberichtigung genauer durchführen. Nach der Prüfung der Ergebnisse und der Fehlerberichtigung stellt er die Unterlagen für einen neuen Testlauf zusammen.

Nur in wenigen Fällen testen die Programmierer auch heute noch unmittelbar an der EDV-Anlage. Ist beispielsweise die eigene Anlage noch nicht installiert, so stellt die betreffende Herstellerfirma Testzeit in einem ihrer Rechenzentren zur Verfügung. Im allgemeinen wird bei diesen Programmtesten die EDV-Anlage auch von den Programmierern selbst bedient. Auch nachts, d.h. außerhalb der normalen Arbeitszeit, wird die EDV-Anlage häufig den Programmierern zum Testbetrieb zur Verfügung gestellt. Einmal will man durch diese Maßnahme die Operator-Besetzung einer zweiten oder dritten Schicht einsparen, zum anderen ist es ratsam, dem Programmierer von Zeit zu Zeit ein unmittelbares Arbeiten an der Maschine zu ermöglichen. Dies gilt auch für einzelne Programmteste, bei denen ein direkter Maschinentest günstiger erscheint als Testwiederholungen im Closed-Shop-Betrieb. Denn ein gewisser Nachteil des geschilderten normalen Testverfahrens besteht darin, daß ein einziger Fehler, der zum Abbruch des Testes führt, bei einem direkten Programmtest durch Eingriffe des Programmierers behoben und der Programmtest damit fortgesetzt werden kann, während bei der normalen Testmethode der Programmierer oft Stunden oder bis zum nächsten Tag auf eine Wiederholung des Programmtestes warten muß. Von diesen Fällen abgesehen, wird aber im allgemeinen dem Closed-Shop-Betrieb der Vorzug zu geben sein.

a) Der maschinelle Testlauf

Der Testlauf auf der EDV-Anlage beginnt damit, daß der Operator die EDV-Anlage entsprechend der Bedienungsanweisung einrichtet. Hierzu gehört das Einlegen von Magnetplatten, das Aufspannen der Magnetbänder (natürlich nur, soweit die EDV-Anlage mit diesen Speichern ausgerüstet ist), das Einspannen des Druckpapiers und des Vorschubbandes für den Schnelldrucker. Sollen in dem zu testenden Programm Lochkarten gestanzt werden, so wird der Operator Blanko-Lochkarten in das Eingabemagazin des Lochkartenstanzgerätes legen. Außerdem füllt er das Magazin des Kartenlesegerätes mit den Steuerkarten und den Programmkarten (soweit die EDV-Anlage nicht mit Magnetbandgeräten oder Magnetplattenspeichern ausgerüstet ist und das Programm über Bänder oder Platten in den Arbeitsspeicher geladen wird) sowie den eigentlichen Testkarten.

Da die meisten der heute eingesetzten EDV-Anlagen mit Magnetbandgeräten oder Magnetplattenspeichern ausgerüstet sind, wird das Programm bei einer solchen Anlage mit Hilfe des Steuerprogramms in den internen Speicher geladen, und der Programmtest beginnt dann sofort nach dem Laden des Programms. Der Ablauf des Programmtestes selbst hängt davon ab, ob das Programm bis zum Schluß durchläuft oder, was bei den ersten Testen meist der Fall ist, wegen vorhandener Fehler nicht bis zum Programmschluß kommt.

Stoppt die EDV-Anlage aufgrund eines Programmfehlers, so meldet das Steuerprogramm dem Operator den Grund des Abbruchs mit Hilfe besonderer Fehlerkennzeichnungen, zeigt ihm an, welcher Befehl als nächster ausgeführt werden sollte, und beendet den Programmtest. Jedoch reichen diese Fehlermeldungen in der Regel für den Programmierer nicht aus, um die eigentlichen Fehlerursachen zu erkennen. Aus diesem Grunde wird der Programmierer den Operator immer veranlassen bzw. durch eine entsprechende Steuerangabe selbst dafür zu sorgen, daß bei Abbruch eines Programms ein Speicherabzug (engl. DUMP) ausgedruckt wird. Ein Speicherabzug gibt den Inhalt des Speicherbereichs wieder, in dem das

Programm gespeichert ist und informiert den Programmierer über den zum Zeitpunkt des Abbruchs vorhandenen Stand der Zwischenspeicher, der Ein-/Ausgabebereiche usw.

Doch nicht immer bricht ein Programm bei einem Fehler ab, sondern läuft in einer Schleife (engl. LOOP), ohne abzubrechen. Beim LOOP, den der Operator im allgemeinen sehr schnell feststellt, durchläuft das Programm immer dieselben Programmschritte. Er wird die Maschine stoppen und auch in diesem Falle den Ausdruck eines Speicherabzuges veranlassen. Da es jedoch für den Programmierer sehr schwer ist, allein anhand des Speicherabzuges die Schleife festzustellen, aus der das Programm bei seinem Lauf nicht herauskommt, ist es von Vorteil, wenn der Operator am Konsol die Adressen der Befehle feststellt, die das Programm immer wieder durchläuft. Diese Möglichkeit ist jedoch nur dann gegeben, wenn die Schleife nicht allzu viele Befehle umfaßt.

Ganz gleich, ob das Programm beim Test durch Abbruch endet oder bis zum Programmschluß läuft, in jedem Falle wird der Programmierer den Operator veranlassen, alle bis zu diesem Zeitpunkt auf Bänder oder Platten ausgegebenen Daten auszudrucken, es sei denn, daß die Ausgabedaten allein in eine Liste gedruckt oder in Karten gestanzt werden. Der Ausdruck der Testbänder und -platten erfolgt mit standardisierten Hilfsprogrammen, die über Steuerkarten geladen werden.

Alle Speicherabzüge, Listen, Ausgabelochkarten und Angaben der Konsolschreibmaschine, evtl. mit Bemerkungen des Operators versehen, gehen nach dem Test an den Programmierer. Dieser benutzt die Testunterlagen und die gelieferten Testergebnisse, um jetzt am Schreibtisch die Fehler zu suchen.

b) Testhilfen

Um dem Programmierer das Auffinden von Programmfehlern zu erleichtern und Maschinenzeit zu sparen, stellen die Hersteller den Benutzern Testhilfen zur Verfügung, bei denen es sich um standardmäßige Testprogramme handelt. In den meisten Fällen fügt der Programmierer seinem Programm Steueranweisungen hinzu, die dann die Arbeit der Testhilfsprogramme auslösen.

Eine einfache, jedoch äußerst wirksame, Testhilfe besteht darin, daß bei Auftreten eines Fehlers alle besonders wichtigen Angaben, einschließlich der Adresse des Speicherplatzes, auf dem der fehlerhafte Befehl steht, automatisch ausgedruckt werden. Der Test wird fortgesetzt, und ein Programmabbruch wird auf diese Weise vermieden. Der Vorteil dieses Verfahrens liegt darin, daß bei einem Testdurchlauf nicht sofort abgebrochen wird, sondern mehrere Programmfehler ausgewiesen werden, deren Höchstzahl der Programmierer vorher bestimmen kann.

Im Gegensatz zu den Programmfehlern, die die Maschine selbst erkennt, gibt es Fehler in der Programmlogik, die allein durch den Programmierer aufgespürt werden können. Während zur ersten Gruppe Fehler gehören, bei denen arithmetische Operationen alphabetische Operanden enthalten oder die Adressen der Operanden ungültig sind, zählt die bereits genannte Vertauschung einer Addition durch einen Subtraktionsbefehl zu den Fehlern in der Programmlogik. Beispielsweise kann der Programmierer die richtige Arbeit seines Programms nur prüfen, indem er die ausgearbeiteten Testergebnisse mit denen vergleicht, die von der Maschine gewonnen wurden. Anhand des Speicherabzuges wird er feststellen, ob ein Eingabesatz bis zum Zeitpunkt des Abbruchs richtig bearbeitet wurde.

Der Speicherabzug als Wiedergabe des internen Arbeitsspeichers besitzt jedoch einen erheblichen Nachteil, denn er gibt den Speicherinhalt nur zum Zeitpunkt des Abbruchs wieder. Fehler, die nicht bei Abbruch, sondern bereits früher entstanden sind, können vom Programmierer nicht oder nur sehr schwer auf ihre Ursache hin geprüft werden. So sagt der falsche Inhalt eines Zwischenspeichers noch nichts darüber aus, an welcher Stelle des Programms und bei welchem Datensatz dieser Fehler entstanden ist. Schließlich ist auch der Fall denkbar, daß der Inhalt eines Zwischenspeichers zum Zeitpunkt des Abbruchs richtig sein kann, während er vorher falsch war.

Diese Nachteile führten zur Entwicklung sogenannter dynamischer Testmethoden, die es gestatten, die Bearbeitung der Daten im Testprogramm schrittweise und während des Ablaufs zu verfolgen. Auch diese Testhilfen werden aufgrund von Steueranweisungen dem zu testenden Programm hinzugefügt. Der Testvorgang selbst läuft dann in der Weise ab, daß das zu testende Programm von der Testhilfe überwacht und kontrolliert wird.

Die in der Praxis verwendeten dynamischen Testhilfen übernehmen im einzelnen folgende Funktionen:

den schrittweisen Ausdruck des ablaufenden Programms, wobei Anweisung erteilt werden kann, ob das gesamte Programm oder nur einzelne Unterprogramme bzw. bestimmte Befehlsfolgen auszudrucken sind

Ausdruck aller Verzweigungsbefehle, die das Programm beim Test wirklich durchläuft

Ausdruck aller Registerinhalte

Ausdruck bestimmter Speicherbereiche, beispielsweise der Bereiche für die Ein- und Ausgabe sowie der Zwischenspeicher.

Die dynamischen Testmethoden (dynamisch = nicht auf den Zeitpunkt, sondern auf den Zeitablauf bezogen) bieten dem Programmierer die Möglichkeit, den Weg jedes einzelnen Datensatzes durch das Programm zu verfolgen. Ein gewisser Nachteil liegt jedoch darin, daß der Testlauf mehr Maschinenzeit benötigt. Läßt der Programmierer jeden Befehl des Testlaufes ausdrucken, so wird er eine erhebliche Papiermenge mit Daten erhalten, die er nicht auswerten kann. Aus diesem Grunde kommt es sehr darauf an, daß der Programmierer dynamische Testhilfen richtig handhabt. Er muß gründliche Vorüberlegungen treffen und den Testausdruck für bestimmte Stellen des Programmablaufs gezielt ansetzen. Auf diese Weise kann bei erheblichen Testvorteilen Maschinenzeit gespart werden.

c) Kontrolle der Testergebnisse und Berichtigung der Programmfehler

Am Schreibtisch prüft der Programmierer, ob das Programm die erwarteten Ausgaben mit den richtigen Werten und in der richtigen Reihenfolge gedruckt oder in Lochkarten gestanzt hat und ob die Ausdrucke der Speicherdaten auf den Magnetbändern bzw. Magnetplatten den gewünschten Ergebnissen entsprechen. In den meisten Fällen wird das Programm beim ersten Test nicht zum Abschluß gekommen sein. Oftmals werden nicht einmal Ergebnisse ausgedruckt bzw. gespeichert.

Bei der Fehlersuche darf sich der Programmierer nicht allein auf das Auffinden und Berichtigen des Abbruchfehlers beschränken, sondern muß die gelieferten Testunterlagen so weitgehend wie möglich überprüfen, um weitere Fehler aufzuspüren. So sollte der Programmierer kontrollieren, ob die ermittelten Zwischenwerte richtig sind oder die Daten eines Eingabesatzes den richtigen Weg durch das Programm genommen haben. Auf diese Weise können Fehler im logischen Ablauf des Programms entdeckt werden, die der Programmierer anderenfalls erst bei einem späteren Test auffindet. Ganz allgemein gilt, daß je genauer und ausführlicher ein Schreibtischtest vorgenommen wird, eine desto geringere Anzahl an Testläufen erforderlich ist.

Hat der Programmierer nun die Programmfehler gefunden, so muß er das Programm entsprechend berichtigen. Die Berichtigung erfolgt durch entsprechende Änderung und Austausch der symbolischen Programmkarten: Die betreffenden Programmkarten werden korrigiert, es werden Karten eingefügt und fehlerhafte Karten entfernt. Zu beachten ist, daß das Programm nach jeder Berichtigung und vor einem erneuten Testlauf umgewandelt werden muß. Von der Möglichkeit, das echte Maschinenprogramm selbst zu ändern und damit einen erneuten Umwandlungslauf zu sparen, wird heute nur selten Gebrauch gemacht. Der Grund hierfür liegt einmal in der Verwendung problemorientierter Programmsprachen, zum anderen darin, daß anstelle der Verwendung von Programmkarten die Maschinenprogramme auf Magnetbändern oder Magnetplatten gespeichert werden. Hinzu kommt, daß Umwandlungsläufe bei modernen EDV-Anlagen wesentlich schneller ablaufen, als dies früher der Fall war.

Sehr wichtig ist es, daß der Programmierer gleichzeitig mit der Berichtigung des Programms auch die Programmablaufpläne und die anderen Programmunterlagen entsprechend ändert. Versäumt er dies, so kann es vorkommen, daß nach mehreren Testläufen und Änderungen das berichtigte Programm erheblich von den Ablaufplänen und anderen Unterlagen abweicht.

Sind alle Testergebnisse überprüft, die symbolischen Programmkarten und Ablaufpläne berichtigt, so stellt der Programmierer die Unterlagen für einen neuen Programmtest zusammen. Unter Umständen muß er neue oder zusätzliche Testbeispiele schaffen, wenn der bisherige Testverlauf dies erfordert. Erst wenn alle Unterlagen auf den neuesten Stand gebracht und zusammengestellt sind, geht das Programm erneut zum Test in das Rechenzentrum.

Der zweite und jeder weitere Test verläuft in der beschriebenen Weise. Ob der Programmierer hierfür die gleichen Methoden wie bei dem ersten Test verwendet, hängt im wesentlichen von den bisher erzielten Testergebnissen und davon ab, ob ein Fehler verhältnismäßig leicht eingekreist und gefunden werden kann.

d) Abschlußtest

Hat der Programmierer das Programm mit Hilfe der Testbeispiele so oft und soweit getestet, daß es keine erkennbaren Fehler mehr enthält, folgt der Abschlußtest (oder der Praxistest, wie er meist genannt wird).

Der Unterschied zu den vorhergegangenen Testläufen liegt einmal darin, daß die Testbeispiele nicht vom Programmierer selbst ausgearbeitet und zusammengestellt, sondern von der betreffenden Fachabteilung geliefert werden. Auch bei der Überprüfung der Testergebnisse ist zur Kontrolle die Fachabteilung eingeschaltet. Zum anderen benutzt der Programmierer beim Abschlußtest eine größere Anzahl von Beispielen, um den Test den späteren Praxisläufen entsprechend zu gestalten. Hinzu kommt noch, daß vielfach beim Abschlußtest nicht nur sein eigenes Programm allein, sondern alle Programme, die zu dem Programmkomplex gehören, zusammenhängend getestet werden. Hierbei will man feststellen, ob die Anschlußpunkte zwischen den Programmen richtig sind und die Ausgabedaten des einen Programms in dem sich anschließenden Programm richtig verarbeitet werden. Was bei der Ausarbeitung der Beispiele für die Programmteste festgestellt wurde, gilt auch hier: Alle Testdaten dürfen nicht nur den normalen Geschäftsvorfällen entsprechen, sondern müssen auch alle abweichenden Ausnahmefälle enthalten.

Der Abschlußtest dient außerdem dazu, den Operator mit dem Einsatz des neuen Programmkomplexes vertraut zu machen und die betreffende Fachabteilung im Umgang mit den Ein- und Ausgabedaten zu schulen. Gleichzeitig bietet die größere Menge an Testdaten die Möglichkeit, zu kontrollieren, ob sich die im Planungszeitraum aufgestellte Berechnung der Programmlaufzeit als richtig erwiesen hat. Der Abschlußtest wird so oft wiederholt, bis ein hohes Maß an Sicherheit besteht, daß das Programm unter allen Bedingungen fehlerfrei arbeitet.

5.232 Programmumstellung

In diesem Abschnitt sollen einige Hinweise gegeben werden, was der Programmierer zu beachten hat, wenn das Programm "in die Praxis" übernommen wird. Ziel dieser Maßnahmen ist es, die geplanten Arbeitsgebiete möglichst reibungslos vom alten auf das neue Verfahren umzustellen.

Die Übernahme der Programme auf die EDV-Anlage erfolgt entweder als Direktumstellung oder im Parallellauf; aber auch eine Kombination der beiden Methoden ist möglich. Bei der Methode der *Direktumstellung* endet das alte Verfahren zum Umstellungstermin, während das neue Verfahren gleichzeitig anläuft. Der Vorteil der direkten Umstellung liegt in der organisatorischen Einfachheit und in den geringen Umstellungskosten, wobei jedoch vorauszusetzen ist, daß der gesamte Programmkomplex einwandfrei funktioniert. Da ein größerer und schwieriger Programmkomplex aber meist einige Unsicherheiten enthält, kann die Methode der direkten Programmumstellung nur dort angewandt werden, wo es sich nicht um termingebundene Arbeiten handelt und wo genügend Zeit für die Bereinigung von Fehlern zur Verfügung steht. Das ist im allgemeinen bei Statistiken und innerbetrieblichen Berichten der Fall.

Handelt es sich dagegen um streng termingebundene Aufgaben oder um Arbeiten, die dem Geschäftsverkehr mit außerbetrieblichen Stellen dienen (Beispiele sind die Auftragsabwicklung, Rechnungsschreibung, Provisions- und Lohnabrechnung), so ist die Methode der direkten Programmumstellung ungeeignet. An ihre Stelle tritt der *Parallellauf,* bei dem das alte und das neue Verfahren eine kurze Zeit nebeneinander laufen. Vorteile des Parallellaufs sind die hohe Sicherheit und die guten Kontrollmöglichkeiten. Treten innerhalb der neuen Programme Fehler und Schwierigkeiten auf, so kann auf die Ergebnisse der Bearbeitung nach dem alten Verfahren zurückgegriffen werden. Außerdem kann man die Verarbeitungsergebnisse beider Verfahren gut miteinander vergleichen. Nachteilig wirkt sich dagegen aus, daß der Parallellauf einen verhältnismäßig großen Aufwand an Personal, Zeit und Kosten erfordert. Aus diesem Grunde wird man nur solche Arbeiten nach diesem Verfahren umstellen, die ein hohes Maß an Sicherheit und eine genaue Termineinhaltung erfordern.

Um die Nachteile des Parallellaufs zu vermeiden und dennoch einen hohen Sicherheitsgrad zu erreichen, kann man kritische Arbeitsgebiete auch nach der Direktmethode umstellen, wenn man zugleich eine Art "Katastrophenplan" vorsieht. Hierbei handelt es sich um Maßnahmen, die sicherstellen sollen, daß auch im Falle eines vollen oder teilweisen Zusammenbruchs Mindestergebnisse (z.B. für eine Abschlagzahlung an Arbeitnehmer oder Vertreter) gewonnen werden können.

Um die Umstellung reibungslos abzuwickeln, ist es notwendig, daß alle Personen, die mit der Umstellung betraut sind, genaue Informationen und Anweisungen erhalten. Zu den Abschlußarbeiten, die die Programmierer auch nach der Umstellung zu erfüllen haben, gehören die zeitweilige Überwachung, Kontrolle und Beobachtung der neuen Programme. Die Programmierer müssen die Maschinenabläufe noch einige Zeit überwachen und kontrollieren, ob die Arbeiten den Anweisungen gemäß ausgeführt werden.

5.233 Programmdokumentation

Nach der Umstellung stellt der Programmierer die Programmdokumentation zusammen: Er bringt die bereits vorhandenen Unterlagen auf den neuesten Stand und erweitert sie. Die Programmdokumentation dient der Sicherstellung aller Programmunterlagen und Programme und soll gewährleisten, daß Ablaufpläne, Programme und andere Unterlagen jederzeit verfügbar sind. Auch der Programmänderungsdienst wird auf diese Weise vereinfacht und beschleunigt. Die geforderte zweifache, getrennte Aufbewahrung aller Unterlagen bietet außerdem einen sicheren Schutz gegen Vernichtung. Zu beachten ist, daß es nicht allein auf eine richtige und übersichtliche Dokumentation ankommt, sondern alle Berichtigungen und Änderungen sofort und in allen Dokumentationsunterlagen vorgenommen werden.

Die Bilder 167 bis 177 zeigen das Beispiel einer Programmdokumentation. Sie umfaßt im einzelnen:

1. Deckblatt (Bild 167)
2. Änderungsblatt (Bild 168)
3. Datenflußplan (Bild 169)

4. Programmvorgabe (Bild 170)
5. Programmablaufpläne (Bilder 171 und 172)
6. Dateibeschreibungen (Bild 173)
7. Umwandlungsliste (Bild 174) und Testbeispiele (Bild 175)
8. Bedienungsanweisungen (Bild 176)
9. Übergabeprotokoll (Bild 177).

Das Deckblatt in Bild 167 nennt den Arbeitsbereich, das Problem (im Sinne von Programmkomplex), den Namen des Organisators, der die Auftragsbearbeitung organisatorisch entwickelt hat, die Nummer und den Namen des Programms, den Namen des Programmierers und das Datum, an dem die Dokumentation fertiggestellt ist.

	Beispiel einer Programmdokumentation	

Bereich:	Vertrieb
Problem:	Auftragsbearbeitung
Organisation:	Schmidt
Programm:	VK001, Verkaufsstatistik
Programmierer:	Meier
Datum:	22.4.1968

Bild 167: Beispiel einer Programmdokumentation – Deckblatt

Bild 168 zeigt das Änderungsblatt. Es dient dazu, Änderungen festzuhalten, die später an den Programmen vorgenommen werden. Es sollte angeordnet werden, daß der Programmierer von sich aus niemals ein Programm ändern darf, sondern daß hierzu mindestens die Genehmigung des EDV-Leiters erforderlich ist. Wünscht die betreffende Fachabteilung eine Programmänderung, so muß sie dies der EDV-Abteilung schriftlich mitteilen. Im Änderungsblatt werden, mit dem Datum, der Grund der Änderung sowie die auslösende Abteilung eingetragen. Es folgt, ebenfalls mit Datum, die Genehmigung durch den Leiter der Datenverarbeitung bzw. der Programmierung. In dem Feld "Durchführung der Änderung" wird der Name des betreffenden Programmierers vermerkt, der diese Änderung durchgeführt hat. Schließlich stehen auf dem Änderungsblatt Datum und Name des Rechenzentrum-Leiters, der die geänderten Programme auf den Dokumentationsunterlagen bestätigt.

Organisation + Datenverarbeitung							Blatt ....
Änderungsdienst							
Dat.	Grund der Änderung / auslösende Abteilung	Dat.		Dat.	Durchführung der Änderung	Dat.	Programmübergabe u. Dokum.-Änderung

Bild 168: Beispiel einer Programmdokumentation – Änderungsblatt

Bild 169 zeigt den Datenflußplan (das ist der organisatorische Ablauf) für die bekannte Verkaufsstatistik. Von der Erfassung der Daten über die verschiedenen lochkartenmaschinellen und die elektronische Bearbeitungsstufe bis zur Ausgabe der Liste in dem Programm VK001 ist der ganze Ablauf zu sehen. Der Datenflußplan wird der Dokumentation beigefügt, um alle Programmanschlüsse (wenn Daten aus anderen Programmen übernommen bzw. an andere Programme weitergegeben werden) aufzuzeigen.

Auch die Programmvorgabe (Darstellung Bild 170) gehört zur Dokumentation. Sie wurde im Beispiel mit einem Nachtrag versehen. Ein solcher Nachtrag erscheint in der Praxis häufig und enthält Vorgabeänderungen, die im Laufe der Programmbearbeitung anfallen. Hier wird nachträglich die zusätzliche Prüfung der Reihenfolge bei der Eingabe der Lochkarten gefordert. Man befürchtet, daß trotz lochkartenmaschineller Sortierung Reihenfolgefehler vorkommen können, die mit Hilfe einer programmierten Kontrolle erkannt werden sollen.

Der nächste Teil der Dokumentation enthält die Programmablaufpläne, die hier nur im Ausschnitt wiedergegeben wurden. Bild 171 zeigt den bereits bekannten Grob-Programmablaufplan. Zu beachten ist die - gegenüber dem bisherigen Ablaufplan - vorgenommene Änderung aufgrund des Vorgabenachtrages. Sie ist links im Bild zwischen der Abfrage "ERSTE RICHTIGE KARTE?" und der Abfrage "DISTRIKT-WECHSEL?" eingefügt. Es handelt sich um die beschriebene Prüfung auf richtige Reihenfolge der Karten. Bei Reihenfolgefehler verzweigt das Programm zum Symbol "STOP". In Bild 172 ist schließlich der ebenfalls bekannte Fein-Programmablaufplan dargestellt. (Bild 171, 172, 173 auf S. 218, 219, 221 ff.)

In Bild 173 folgen die Dateibeschreibungen. Hier wird der Aufbau der Eingabekarten und der Ausgabelisten beschrieben. Wären im Programm jedoch Dateien vorgekommen, die auf Magnetbändern oder Magnetplatten gespeichert sind, so hätte die alleinige Darstellung des Satzaufbaus nicht genügt. In diesen Fällen müssen zusätzlich alle Angaben über die Organisation der Daten gemacht werden. Hierzu gehören der Aufbau der Datei-Kennsätze, die Angabe des Blockungsfaktors sowie die Organisations- und Verarbeitungsform einschließlich der Satzformate. Auch für die Beschreibung der Dateien benutzt der Programmierer ein Formblatt.

In Bild 174 wurde das Beispiel einer Umwandlungsliste für das Programm Verkaufsstatistik dargestellt und Bild 175 zeigt noch einmal die Testbeispiele. Selbstverständlich muß es sich bei der Umwandlungsliste immer um die neueste Ausgabe handeln, die dem in der Praxis laufenden Programm entspricht. Bei jeder Programmänderung wird erneut eine Umwandlungsliste in die Dokumentation eingefügt. Geschieht dies nicht, sind auftauchende Programmfehler außerordentlich schwer zu bestim-

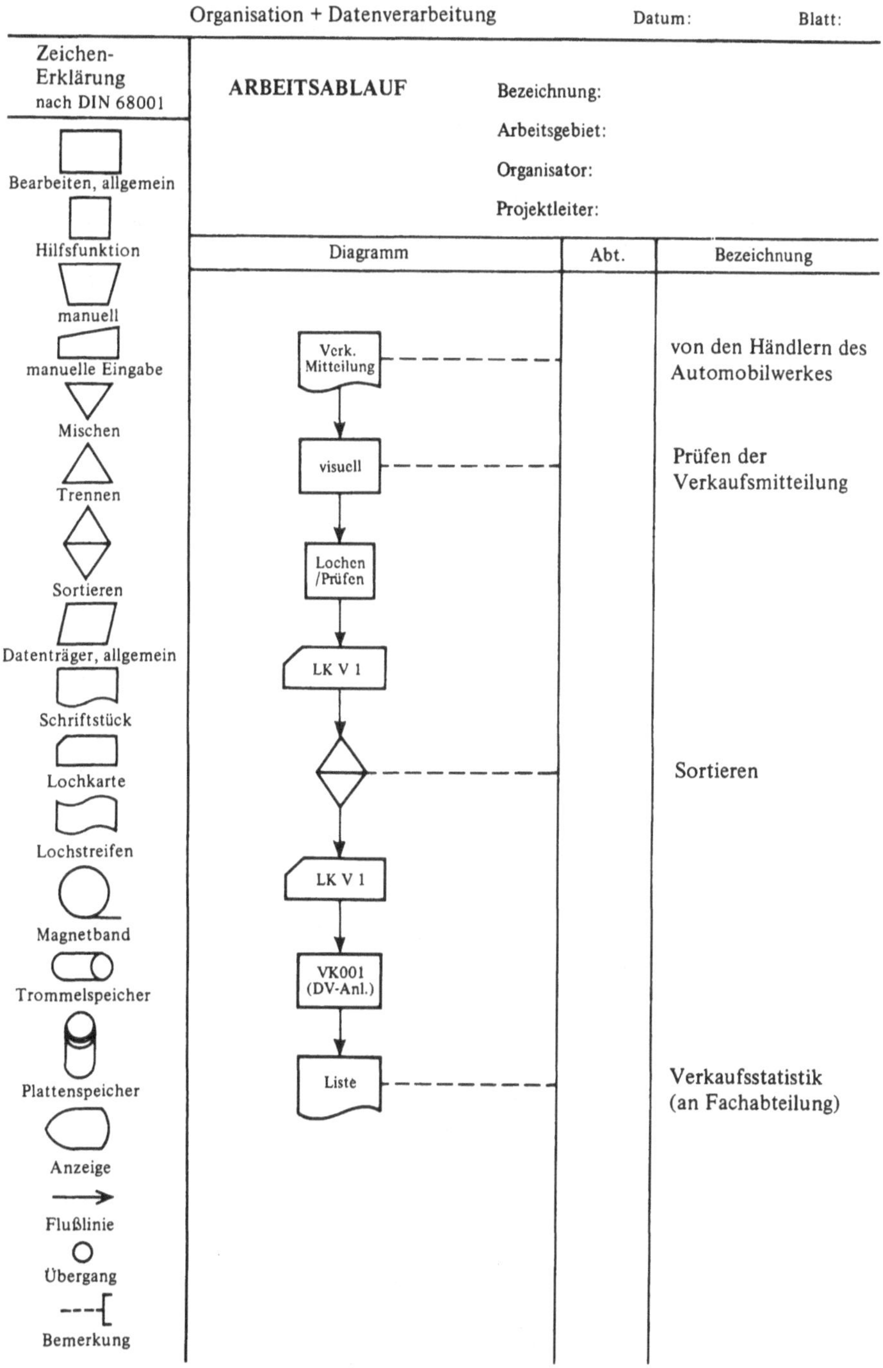

Bild 169: Beispiel einer Programmdokumentation – Datenflußplan

Organisation und Datenverarbeitung

Programm-Nr.: VK001 **Bezeichnung: Verkaufsstatistik**

a) Einführung

Für jedes verkaufte Auto erhält das Automobilwerk von seinen Händlern eine Mitteilung, aus der eine Lochkarte entsteht. Das Programm soll ermitteln, wie viele Wagen jeden Typs, unterteilt nach bestimmter Ausstattung, in einem Monat verkauft wurden. Die ermittelten Werte werden in einer Liste ausgedruckt.

b) Dateneingabe

Lochkarte "Verkaufsmitteilung"

Sortierung:

Die Lochkarten sind sortiert nach

- Verkaufsdistrikt (Übergruppe, Spalte 3 - 5)
- Verkaufsbezirk (Hauptgruppe, Spalte 6 - 8)
- Händler (Untergruppe, Spalte 9 -12)

c) Datenausgabe

Die Liste "Verkaufsstatistik".

Der Ausdruck erfolgt auf Blankopapier (kein Vordruck).

d) Verarbeitung

d 1) Prüfung der Karten

Als Kartenart (KA) muß "V1" gelocht sein. Alle anderen Felder dürfen nur numerische Lochungen (Ziffern) enthalten. Außerdem dürfen die Felder: "Distrikt", "Schiebedach" (SD) und "Typ" nur bestimmte Werte annehmen:

Feld	*gültige Werte*
Distrikt	001 - 005
SD	0 oder 1
Typ	11, 12, 21, 22, 30

Bei Typ = 30 muß SD = 0 sein.

Alle fehlerhaften Karten werden nicht verarbeitet.

Schlüsselverzeichnis:

Typ	*Schlüssel*	*Bezeichnung*
KW2T	11	kleiner Wagen, zweitürig
KW4T	12	kleiner Wagen, viertürig
GW2T	21	großer Wagen, zweitürig
GW4T	22	großer Wagen, viertürig
LKW	30	Lastkraftwagen

Kurzbezeichnung für Wagen mit Schiebedach = KW2TSD usw.

Bild 170: Beispiel einer Programmdokumentation – Programmvorgabe

d 2) Verarbeiten der (fehlerfreien) Karten

Je Karte wird eine 1 auf den – dem Wagentyp und der Ausrüstung entsprechenden – Zähler addiert. Außer für den Typ 30 (LKW) sind für jeden Typ die Wagen mit Schiebedach (SD = 1) und ohne Schiebedach (SD = 0) im getrennten Zähler zu addieren. Erst bei Wechsel eines Händlers wird die Summe der verkauften Wagen ausgedruckt. Zusätzliche Summenzeilen sind je Bezirk und Distrikt zu drucken. Nach Verarbeitung aller Karten wird außerdem noch eine Gesamtsumme gedruckt. Jede Summenzeile außer der Händlersumme ist mit der jeweiligen Bezeichnung (Summe Bezirk/Summe Distrikt/Gesamtsumme) zu kennzeichnen.

Auf jedem Blatt sind die Überschriften zu drucken. Beim Wechsel eines Bezirks oder Distrikts ist nach Ausgabe der Summen Blattwechsel vorzunehmen. Jedes Blatt der Liste soll höchstens bis zur Zeile 60 bedruckt werden. Folgen auf die Zeile 60 jedoch Summenzeilen, so sind diese noch auf das gleiche Blatt zu drucken.

Nachtrag zur Programmvorgabe VK001

Zusätzlich zu den unter Punkt d 1) der Programmvorgabe genannten Prüfungen ist die richtige Reihenfolge der Karten zu kontrollieren (Sortierbegriff siehe Pkt. b) der Vorgabe). Tritt ein Reihenfolgefehler auf, ist das Programm abzubrechen.

Bild 170: (Fortsetzung)

men. Eine genaue Betrachtung der Umwandlungsliste zeigt ebenfalls die Programmänderung aufgrund des Nachtrages: Die Instruktion mit der Kartennummer VK 101080 wurde geändert, und die Instruktionen VK 101121, VK 101141 und VK 101142 wurden eingefügt. (Bilder 174-176, S. 224 ff.)

Auch die Bedienungsanweisung für die EDV-Anlage gehört zur Programmdokumentation. Bild 176 zeigt das Beispiel einer Bedienungsanweisung für den Operator. Der Operator kann ihr entnehmen, wie die Nummer des Programms lautet, welche Lochkarten einzugeben sind, wie deren Sortierordnung ist und welches Tabellierpapier er in den Schnelldrucker einspannen muß. Auch die Einzelheiten zum Lochen des Vorschubbandes am Drucker sind dem Operator zu nennen.

Die Programmdokumentation schließt mit dem Übergabeprotokoll, das in Bild 177 dargestellt ist. Das Übergabeprotokoll verzeichnet die ordnungsmäßige Übergabe des Programms an das Rechenzentrum. Die Fachabteilung, der Organisator, der die Vorgabe veranlaßt hat, und das Rechenzentrum bestätigen in diesem Protokoll die sachliche Richtigkeit des Programms und die ordnungsmäßige Übergabe aller Programmunterlagen.

5.3 Programmsysteme

Dieser Abschnitt soll sich näher mit den Programmsystemen befassen. Ein Programmsystem umfaßt eine Vielzahl unterschiedlicher Programme zur bestmöglichen Nutzung einer EDV-Anlage. Im Gegensatz zur Hard-

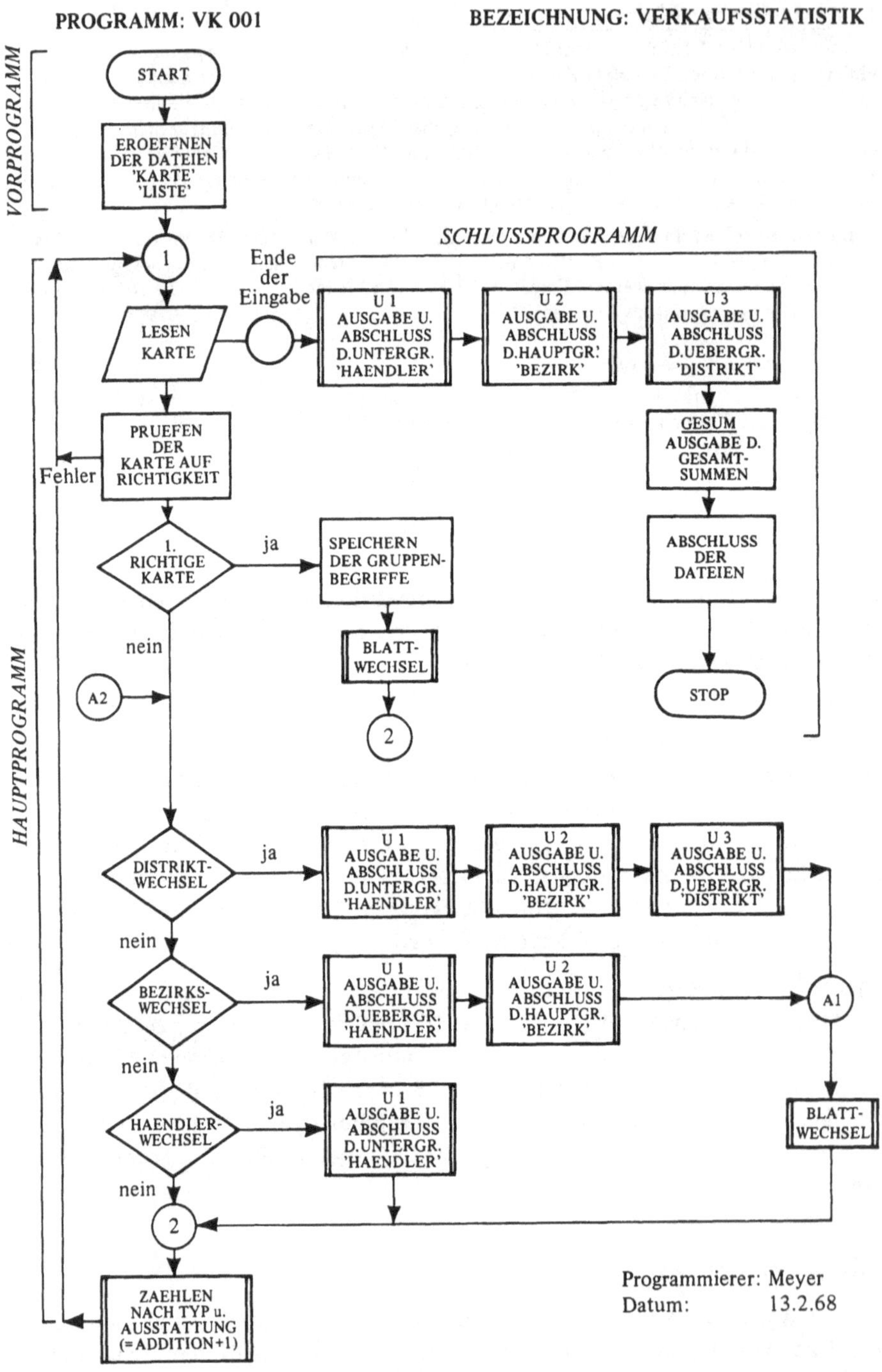

Bild 171: Beispiel einer Programmdokumentation – Grob-Programmablaufplan

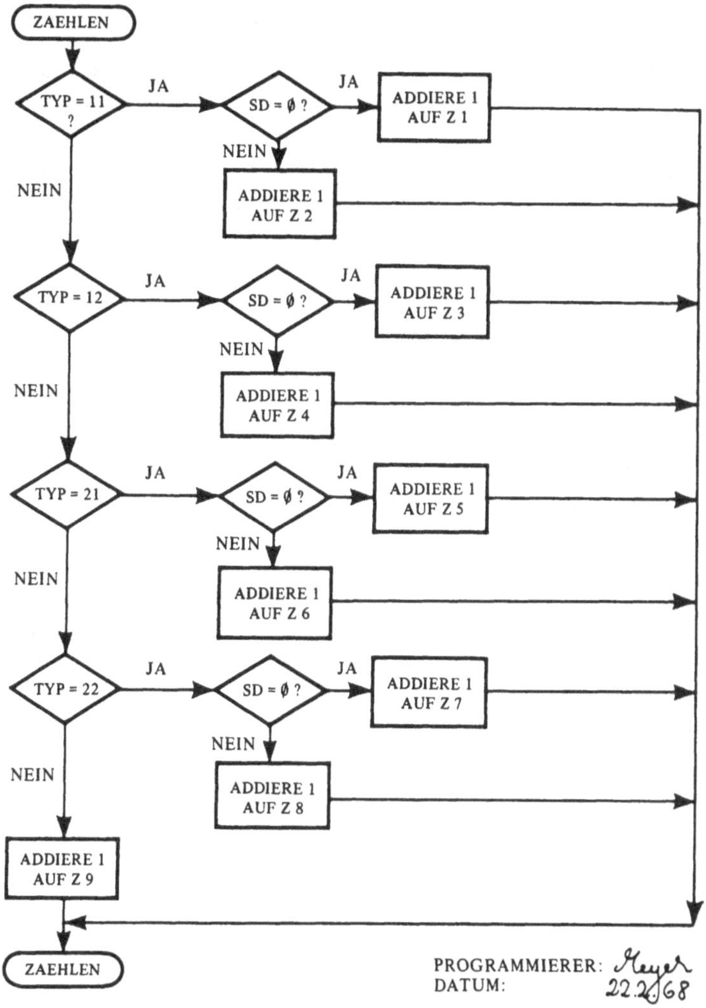

Bild 172: Beispiel einer Programmdokumentation – Detail-Programmablaufplan, Feindiagramm "Zählen"

ware bildet das Programmsystem (engl. als Software bezeichnet), das dem Benutzer von der Herstellerfirma zur Verfügung gestellt wird, gewissermaßen den ideellen Teil einer EDV-Anlage. Erst das Programmsystem macht es möglich, elektronische Datenverarbeitungsanlagen völlig unterschiedlichen Aufgaben und Bedürfnissen anzupassen. Auf den Unterschied zwischen Maschinen- und Programmsystem bzw. Hardware und Software weist noch einmal Bild 178 hin.

5.31 *Der Aufbau eines Programmsystems*

Ein Programmsystem (von einigen Herstellern auch als Betriebssystem bezeichnet) umfaßt das sogenannte Steuerprogramm und die Arbeitsprogramme. Während das Steuerprogramm (wie es sein Name sagt) Steuerfunktionen übernimmt, hängen die Arbeitsprogramme immer mit der Durchführung bestimmter Aufgaben zusammen; oder - anders ausgedrückt - während die Arbeitsprogramme sich auf bestimmte Aufgaben beziehen, übernimmt das *Steuerprogramm* die Steuerung der Arbeitsprogramme selbst, einschließlich der Verbindung zum Operator. Hierzu gehören die Ein- und Ausgabe der Programmdaten, das Nachladen von Teilprogrammen, das Laden von Folgeprogrammen, die überlappte Arbeitsweise mehrerer Programme und die Zusammenarbeit aller Ein- und Ausgabegeräte mit der Zentraleinheit. Aus diesen Funktionen läßt sich ableiten, daß sich das Steuerprogramm (zusammen mit den jeweiligen Arbeitsprogrammen) immer im internen Speicher der Anlage befinden muß. Hinzuzufügen ist noch, daß die Verwendung von Steuerprogrammen ein Merkmal moderner EDV-Anlagen ist. Bei älteren Maschinen (der sogenannten ersten und zweiten Generation) waren diese Steuerungsfunktionen zum Teil in der EDV-Anlage fest eingebaut (z.B. Zusammenarbeit aller Ein-/Ausgabegeräte mit der Zentraleinheit), zum Teil wurden sie vom Operator der Anlage ausgeübt (das Laden von Folgeprogrammen), oder sie sind gar erst durch die Möglichkeiten moderner EDV-Anlagen (überlappte Arbeitsweise mehrerer Programme) bedingt. Bild 179 zeigt die Gliederung eines Programmsystems:

Die *Arbeitsprogramme* setzen sich aus folgenden Programmarten zusammen:

Verwaltungsprogramme
Übersetzungsprogramme
Dienstprogramme
Anwendungsprogramme
Benutzerprogramme.

Während die vier ersten Arten benutzerunabhängig sind und von jedem Benutzer einer bestimmten EDV-Anlage in gleicher oder etwas abgewandelter Form verwandt werden können, umfaßt die letzte Gruppe die vom Benutzer einer EDV-Anlage für seine speziellen Aufgaben aufgestellten Programme. Mit Ausnahme der Benutzerprogramme werden die Arbeitsprogramme dem Benutzer vom Hersteller der EDV-Anlage (in Form der Programmbibliothek) zur Verfügung gestellt.

Die *Verwaltungsprogramme* beziehen sich auf die Verwaltung der auf Magnetbändern oder anderen externen Speichern (Magnetplatten, Magnettrommeln, Magnetstreifen) gespeicherten Programme. Bei Anlagen dieser Ausrüstung werden die Programme nicht über Lochkarten, sondern von Magnetbändern oder Magnetplatten in den internen Speicher geladen. Der Änderungs- und Verwaltungsdienst kann auch deshalb nicht (wie bei Lochkartenprogrammen) manuell durchgeführt, sondern muß auf die EDV-Anlage selbst bzw. auf das Programmsystem verlagert werden. Diesem Zweck dienen die Verwaltungsprogramme.

Übersetzungsprogramme haben die Aufgabe, die vom Programmierer in symbolischer Schreibweise erstellten Programme in die Maschinensprache zu übersetzen. Der nächste Abschnitt wird mehr über die Übersetzungsprogramme und Programmsprachen bringen.

Dienst- und Anwendungsprogramme sind ebenfalls Programme, die von allen Benutzern angewandt werden können. Während zu den Dienstprogrammen Sortier- und Mischprogramme, Kopierverfahren für Magnetbänder und das Ausstanzen und Ausdrucken von Magnetbändern und -platten gehören, übernehmen Anwendungsprogramme bestimmte standardisierbare Aufgaben. Beispiele hierfür sind die Errechnung der Nettolohnsteuer, Materialbedarfs- und Materialbestellrechnungen und die Auflösung von Stücklisten.

Bei den *Benutzerprogrammen* handelt es sich schließlich um Programme, die von den Programmierern des Benutzers selbst für die eigenen Aufgaben (Auftragsbearbeitung, Fakturierung, Bruttolohnabrechnung, Statistiken usw.) ausgearbeitet werden.

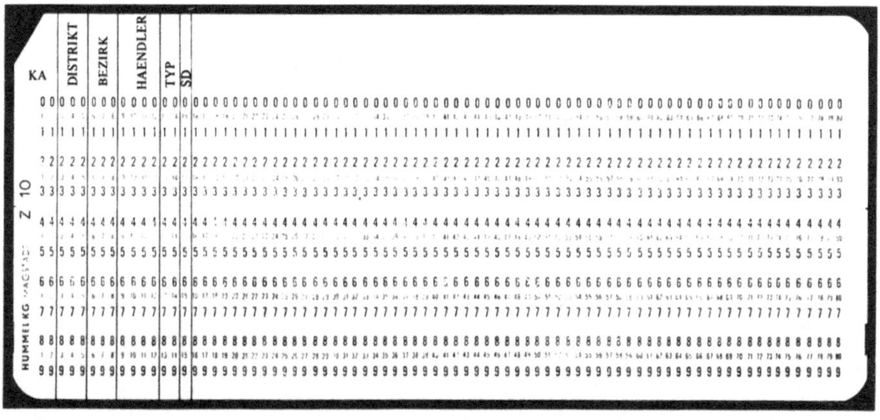

Bild 173/1: Beispiel einer Programmdokumentation – Dateibeschreibung

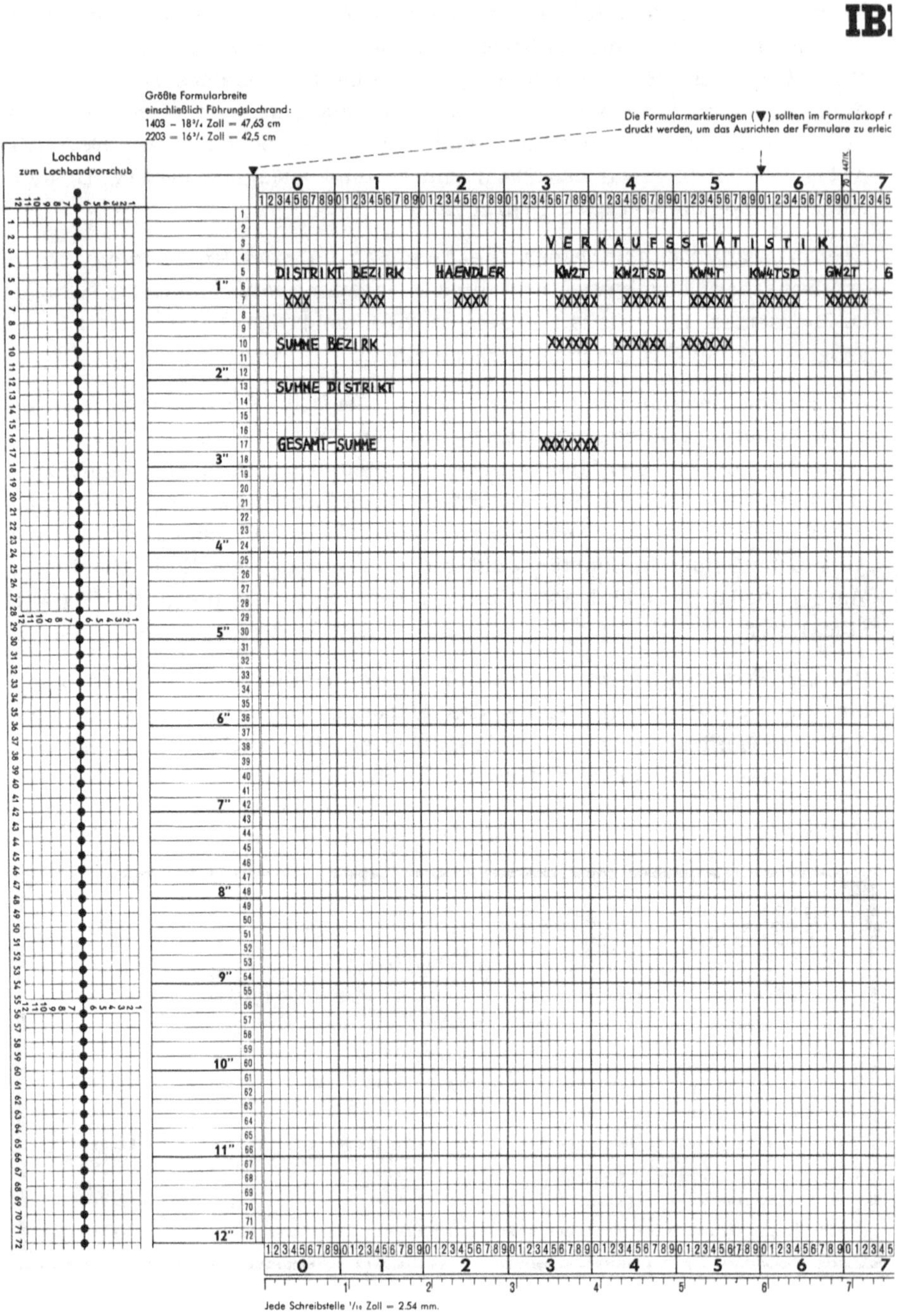

Bild 173/2: Dateibeschreibung

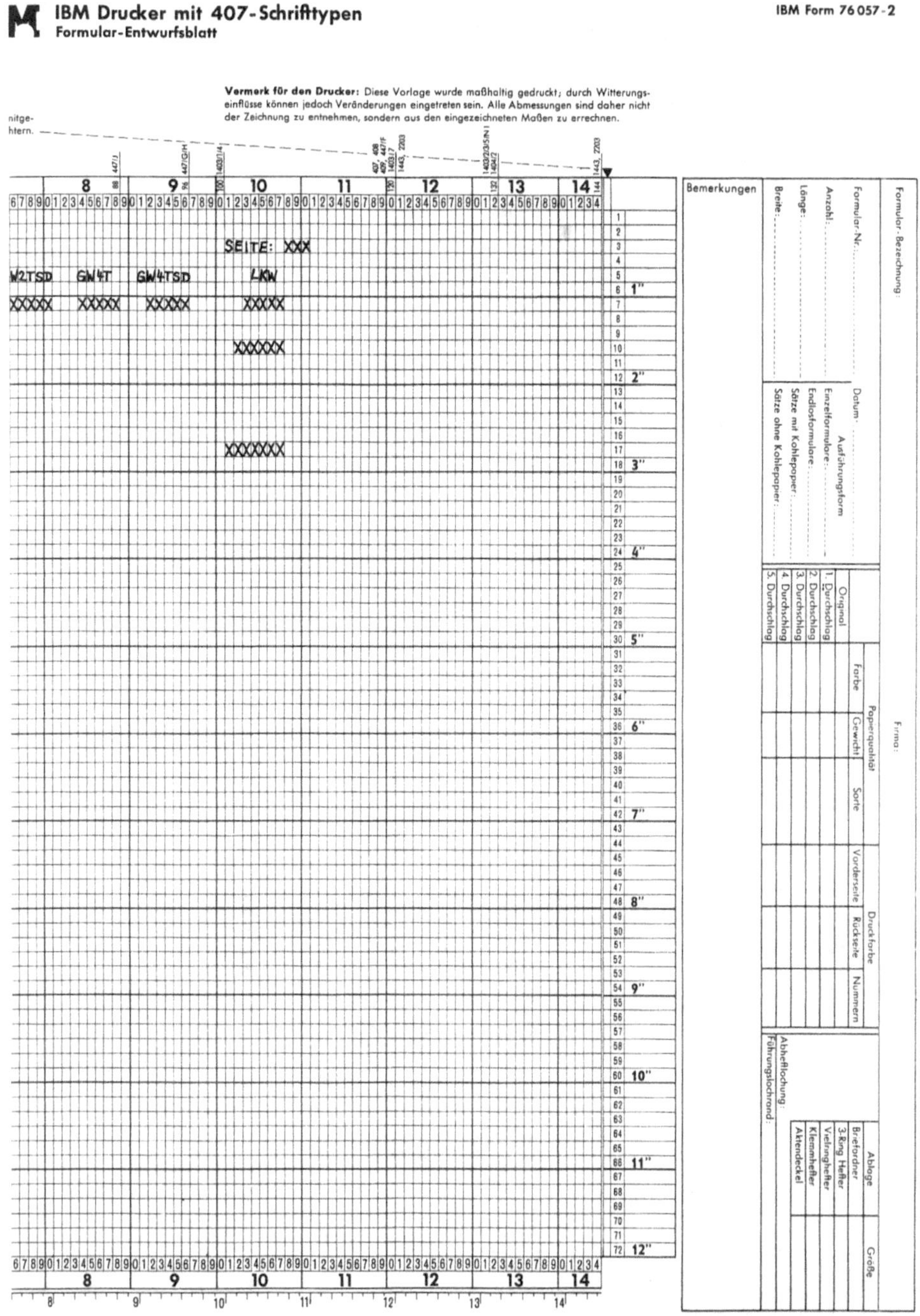

Bild 173/2: (Fortsetzung)

```
                                                                      PAGE 2
                                                                      30/04/68
LOC      OBJECT CODE      ADDR 1  ADDR 2  STMT          SOURCE STATEMENT
                                          25    EINS    GET    KARTE, KARTBER                          VK101060
000026   5810 20CA                000DØ   26 + EINS     L      1, = A (KARTE) GET DTF TABLE ADDRESS
00002A   5800 20CE                000D4   27 +          L      0, = A (KARTBERG) GET WORK AREA ADDRESS
ØØØØ2E   58F1 0010                00010   28 +          L      15, 16 (1) GET LOGIC MODULE ADDRESS
000032   45EF 0008                00008   29 +          BAL    14, 8 (15) BRANCH TOGET ROUTINE
000036   4550 20AC                000B2   30            BAL    5, PRUEFEN                              VK101070
00003A   4700 2056                0005C   31 WEICHE     NOP    AO   KARTE FEHLERFREI                   VK101080
00003E   96F0 2035        0003B           32            0I     WEICHE + 1 'FO'                         VK101090
000042   D202 20B2 20B3   000B8   000B9   33            MVC    ZDISTR, DISTR SPEICHERN                 VK101100
000048   D202 20B4 20B5   000Ba   000BB   34            MVC    ZBEZIRK, BEZIRK GRUPPENBEGRIFFE         VK101110
00004E   D203 20B6 20B7   000BC   000BD   35            MVC    ZHAENDLER, HAENDLER                     VK101120
000054   D209 20C6 20B3   000CC   000B9   36            MVC    ZSORT, SORT, SPEICHERSORTIERBEGRIFF     VK101121
00005A   4550 20B8                000BE   37            BAL    5, BLAWE                                VK101130
00005E   47FØ 20BC                000C2   38            B      ZWEI                                    VK101140
000062   D509 2056 20B3   000CC   000B9   39 AO         CLC    ZSORT, SORT                             VK101141
000068   4702 20D8                000DE   40            BH     STOP                                    VK101142
00006C   D502 20B3 20B2   000B9   000B8   41 A1         CLC    DISTR, ZDISTR                           VK101150

         umgewandeltes Maschinenprogramm                       symbolisches Programm
```

Bild 174: Beispiel einer Programmdokumentation – Umwandlungsliste

5.32 *Programmsprachen*

Die besondere Bedeutung der Programmsprachen für die Programmierung einer EDV-Anlage macht es erforderlich, diesen Teil in einem besonderen Abschnitt zu behandeln. Bevor die Programmsprachen mit allen Einzelheiten erläutert werden, soll Bild 180 eine Übersicht geben. Die Darstellung zeigt, daß die Programmsprachen in echte und symbolische Programmsprachen unterteilt werden. Echte Programmsprachen beziehen sich auf den in der EDV-Anlage benutzten Code, symbolische Programmsprachen verwenden einen sogenannten Pseudocode zur Programmierung. Die symbolischen Programmsprachen werden weiter unterteilt in maschinenorientierte, problemorientierte und selbsterzeugende Programmsprachen. Während eine Übersetzung in den Maschinencode bei den echten Programmsprachen naturgemäß nicht notwendig ist, erfordern alle symbolischen Programmsprachen eine Übersetzung vom Pseudo- in den Maschinencode.

5.321 Echte Programmsprachen

Damit die EDV-Anlage ein Programm verstehen und ausführen kann, muß es ihr in ihrer eigenen, technisch bedingten, Maschinensprache mit-

KA
V 1
1-2

Testdaten für das Programm VK001

LFD.-NR.	DISTRIKT	BEZIRK	HAENDLER	TYP	SD	BEMERKUNGEN
	3 – 5	6 – 8	9 – 12	13 – 14	15	
1.	001	001	0100	11	0	
2.	"	"	0200	12	1	
3.	"	"	0300	30	1	Fehler: Typ 30 u. SD = 1
4.	"	003	0150	21	1	
5.	"	"	0250	22	0	
6.	"	005	0250	22	0	
7.	"	"	0300	10	1	Fehler: Typ 10
8.	002	A02	1000	12	1	Fehler: Bezirk A02
9.	"	002	1100	14	1	Fehler: Typ 14
10.	003	050	1300	11	0	
11.	"	060	1300	11	0	
12.	"	070	2000	30	0	

Bild 175/1: Beispiel einer Programmdokumentation – Testbeispiele

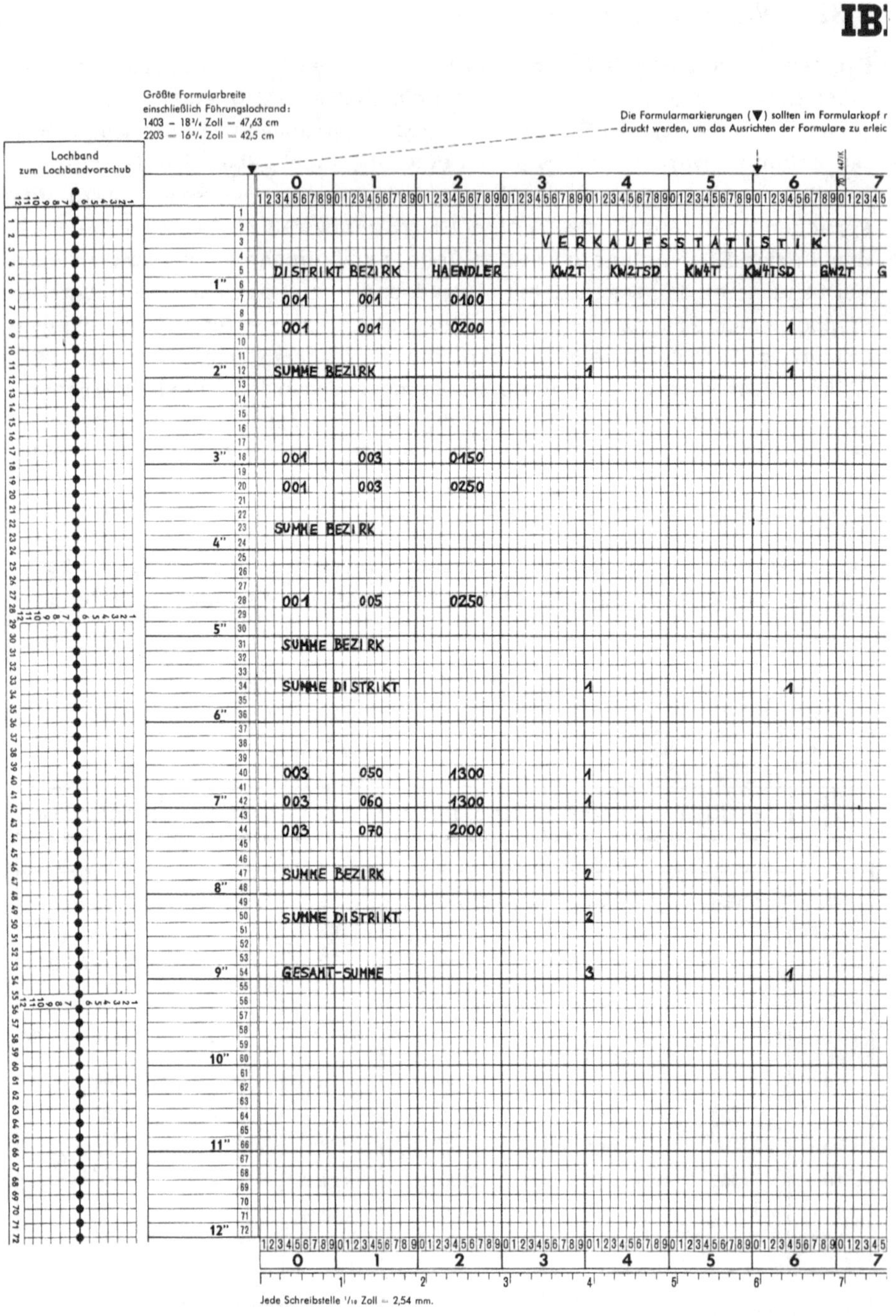

Bild 175/2: Testbeispiele

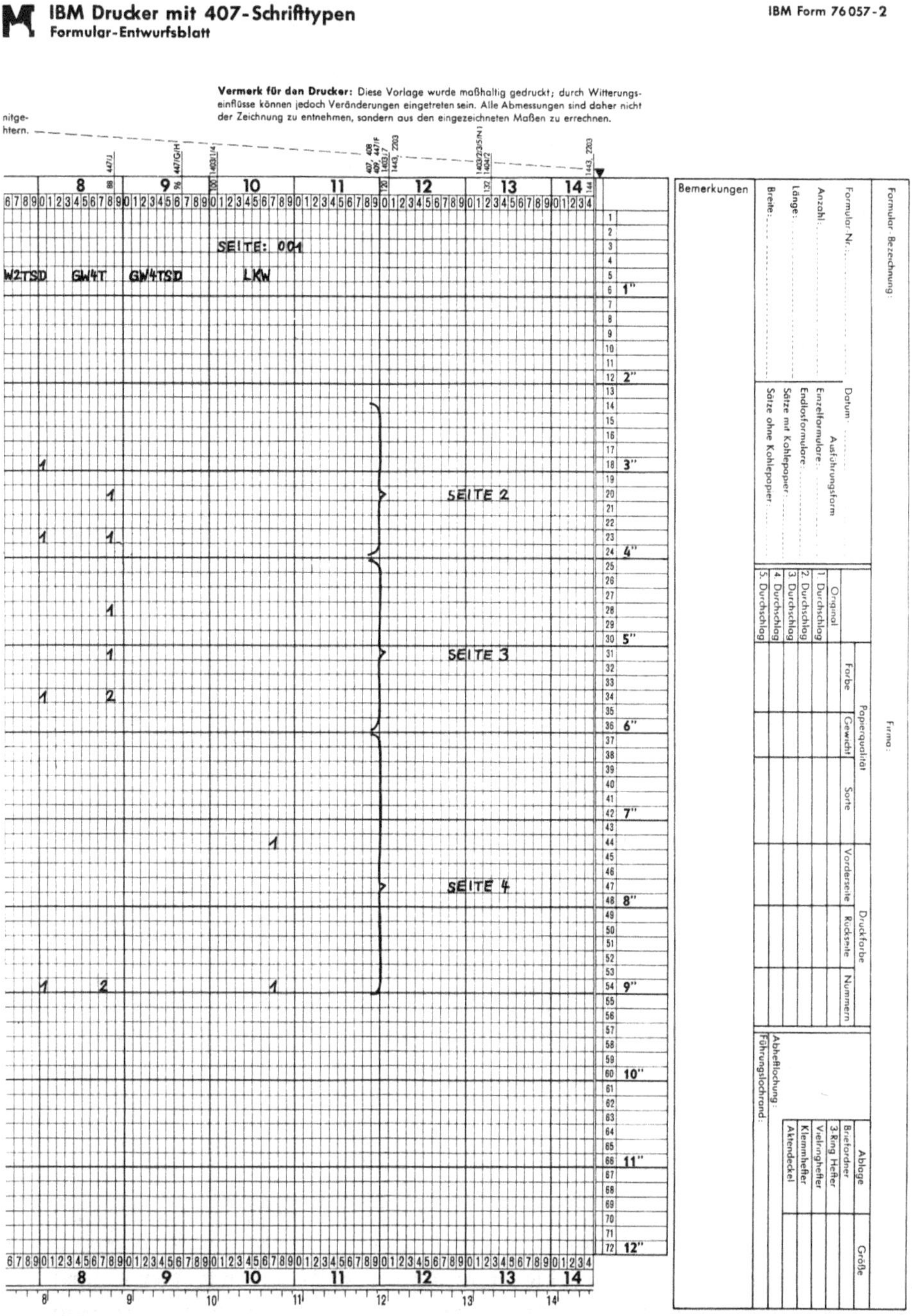

Bild 175/2: (Fortsetzung)

Bedienungsanweisung

Problem:	VK-STATISTIK	Gebiet:	VERTRIEB
Programm:	AUFTRAGSBEARBEITUNG		
Zeitraum:	MONATLICH	Termin:	BIS 5. ARBEITSTAG DES FOLG. MONATS
Programmierer:	MEYER	Datum:	30.4.68

Eingabe:	LOCHKARTEN KA V1, KARTENLESER		
	SORTIERT NACH:	VERK-DISTRIKT	Sp. 3 – 5
		VERK-BEZIRK	Sp. 6 – 8
		HAENDLER	Sp. 9 – 12

Ausgabe: LISTE "VERKAUFSSTATISTIK", SCHNELLDRUCKER
TABELLIERPAPIER 2FACH
12 ZOLL, BLANKO

VORSCHUBBAND: 12 ZOLL; KANAL 2: BLATTANFANG

Bild 176: Beispiel einer Programmdokumentation – Bedienungsanweisungen

geteilt werden. Diese Sprache wird als echte Programmsprache oder Maschinensprache bezeichnet. Der technisch bedingte Maschinencode ist aber für den Programmierer sehr umständlich und aufwendig, weil er nicht der Denkweise des Menschen entspricht. So besteht zwischen dem Befehl "ADDIERE" und dem Befehlsschlüssel im Maschinencode "25" keine gedankliche Verbindung. Kann der Programmierer statt dessen für die Addition die symbolische Abkürzung ADD und für die Subtraktion SUB schreiben, so gibt es eine sprachliche Verbindung zwischen der symbolischen Abkürzung und ihrer Bedeutung. Auf der anderen Seite widerspricht die Benutzung von Symbolen dem technischen Aufbau und der Einfachheit des technischen Ablaufs. Während früher die ersten Computer im Maschinencode programmiert werden mußten, programmieren die Programmierer heute ausschließlich in einer symbolischen Programmsprache.

5.322 Symbolische Programmsprachen

Die Programmierung im echten Maschinencode ist nicht nur sehr zeitaufwendig, sie führt auch leichter zu Programmierungsfehlern. Vereinfachung der Programmierung und Verringerung der Programmierungskosten sind die Gründe dafür, daß alle Hersteller von EDV-Anlagen schon sehr bald Programmsprachen entwickelten, deren Technik der Denk- und Arbeitsweise des Programmierers angepaßt sind.

	Organisation und Datenverarbeitung	Blatt: von ....

Programm-Übergabeprotokoll

Programm-Nr.

Programmbezeichnung: ....

Nach Durchführung des Praxistestes wurde das Programm für die Praxisarbeit am .... freigegeben.

Nachstehend aufgeführte Unterlagen werden übergeben:

1. Datenflußplan
2. Programmvorgabe
3. Programmablaufpläne
4, Dateibeschreibungen
5. Umwandlungsliste
6. Testbeispiele
7. Bedienungsanweisungen
8.
9.
10.

	Fachabteilung:	Organisation:	Rechenzentrumltg.:
Unterschrift:	....	....	....
Datum:	....	....	....

Bild 177: Beispiel einer Programmdokumentation – Übergabeprotokoll

Statt der echten Maschinenbefehle und Speicheradressen werden Pseudocodes verwendet. Ein besonderes Übersetzungsprogramm übernimmt dann die Übersetzung vom symbolischen in das echte Maschinenprogramm.

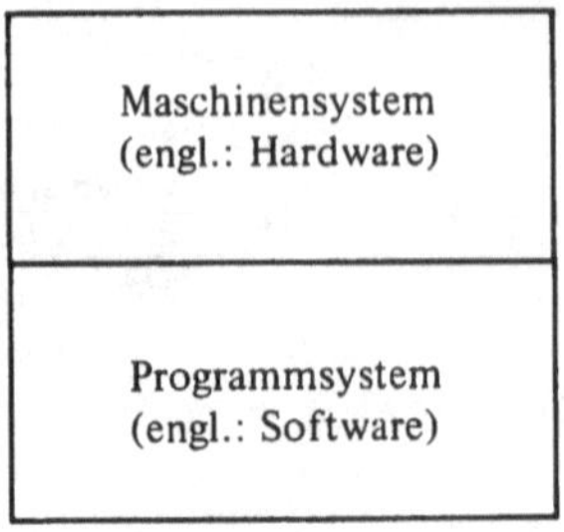

Bild 178:
Handware und Software

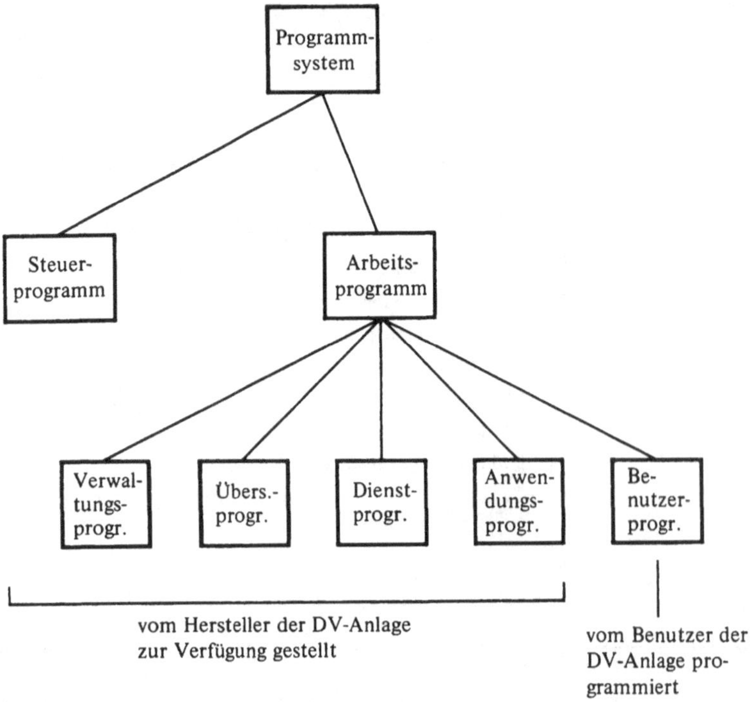

Bild 179: Darstellung von Programmsystemen

Programme für die Übersetzung werden als Assembler, Compiler und Generator bezeichnet; hierbei handelt es sich um englische Ausdrücke, die sich auch in der deutschen Sprache durchgesetzt haben. Zu beachten ist, daß die Übersetzung vom symbolischen in das Maschinenprogramm nicht vor jedem Programmablauf, sondern nur bei Erstellung des Programms durchgeführt wird. Jeder Programmablauf erfolgt dann mit Hilfe des übersetzten echten Maschinenprogramms, das in Lochkarten oder auf Magnetband, Magnetplatte oder Magnettrommel gespeichert ist. Da eine EDV-Anlage nur die in der Anlage fest eingebauten (fest verdrahteten)

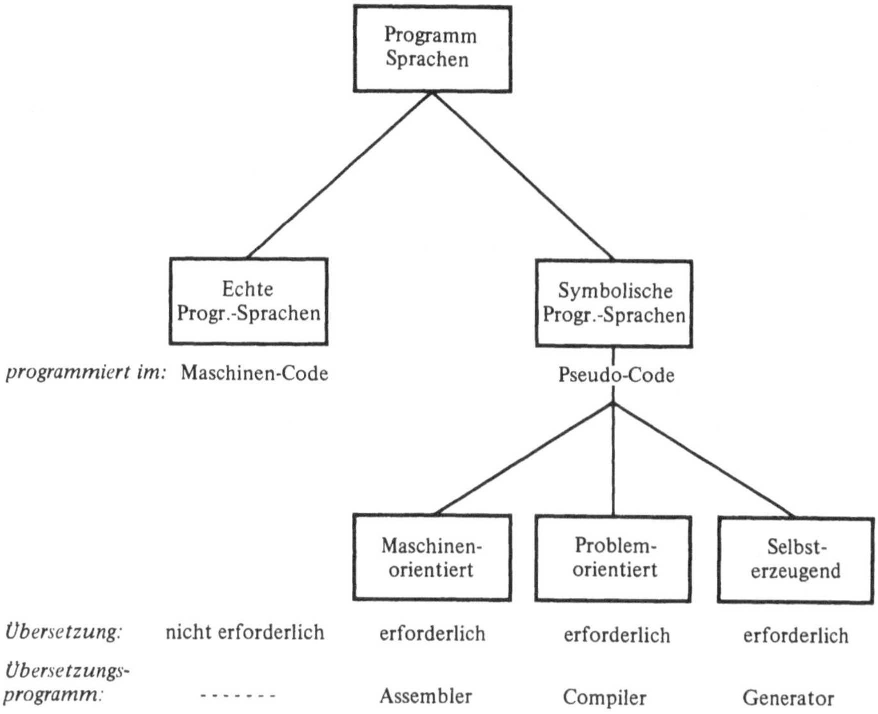

Bild 180: Übersicht über die Programmsprachen bei EDV-Anlagen

Maschinenbefehle ausführen kann, müssen alle symbolischen Befehle (das gleiche gilt für alle symbolischen Speicheradressen) erst in echte Maschinenbefehle bzw. in die richtigen Speicheradressen übersetzt (umgewandelt) werden.

Je nach Wirkungsweise bzw. Verlagerung der Arbeit vom Programmierer auf die Maschine werden die symbolischen Programmsprachen unterteilt in:

> einfache Programmsprachen (maschinenorientiert)
> höhere Programmsprachen (problemorientiert) und
> höchste Programmsprachen (selbsterzeugend).

A. Maschinenorientierte symbolische Programmsprachen

Die unterste Stufe bilden die maschinenorientierten symbolischen Programmsprachen. Typisch für diese Gruppe ist, daß der Programmierer die Instruktionen zwar in symbolischer Schreibweise, jedoch "1 : 1" verschlüsselt. Der Ausdruck "1 : 1" besagt, daß er für jede Instruktion im echten Maschinencode auch eine symbolische Anweisung schreiben muß. Bei den meisten maschinenorientierten Programmsprachen gibt es jedoch einzelne Ausnahmen von der beschriebenen 1 : 1 Verschlüsselung. Die Hersteller haben hier einige, immer in gleicher Zusammensetzung vorkommende, Instruktionen zu sogenannten Makrobefehlen (makro = groß) zusammengefaßt. Während nun der Programmierer bei der Verschlüsselung nur einen Makrobefehl schreibt, fügt das Übersetzungsprogramm (der Assembler) bei der Umwandlung die ganze Befehlsgruppe an der betreffenden Stelle ein.

Das Übersetzungsprogramm (der Assembler) wandelt jede symbolische in eine echte Maschineninstruktion um. So ordnet er beispielsweise der symbolischen Abkürzung ADD (für Addition) den Maschinenbefehl 25 zu. Auch die symbolischen Adressen werden in echte Speicheradressen übersetzt. Während der Programmierer bei den symbolischen Befehlsschlüsseln die vorgeschriebene Schreibweise des Übersetzungsprogramms berücksichtigen muß, kann er bei den Adressen (innerhalb bestimmter Grenzen) selbstgewählte Ausdrücke verwenden. Anstelle des Ausdrucks "maschinenorientierte, symbolische Programmsprache" wird in der Praxis meist die Abkürzung Assembler verwandt. Heißt es "bei uns wird im Assembler programmiert", so meint der Betreffende damit die Benutzung der (für die eingesetzte Anlage vorgeschriebenen) maschinenorientierten symbolischen Programmsprache.

Bild 181 zeigt ein kleines Beispiel für die Verschlüsselung im Assembler. Im linken, oberen Teil sieht man die Verschlüsselung im Assemblercode, wie sie der Programmierer schreibt, rechts daneben den echten Maschinencode, wie die Machine ihn übersetzt hat.

Assembler-Code		*Übersetzter Maschinen-Code*		
1. UEB	PREIS, REFELD	30	0044	4711
2. MUL	MENGE, REFELD	28	0052	4711
3. ADD	REFELD, SUMME	25	4711	5866
4. UEB	REFELD, DRUCK	30	4711	0245
5. DRU	- -	32	-	-

Erläuterungen:

1. Übertrage Preis auf ein Rechenfeld
2. Multipliziere Menge × Preis (im Rechenfeld)
3. Addiere Betrag (= Menge × Preis) zur Rechnungssumme
4. Übertrage Betrag zum Druckausgabespeicher
5. Drucke

Bild 181: Beispiel einer Verschlüsselung (links) im "Assembler"

Den symbolischen Befehlsschlüsseln UEB (für Übertragen), MUL (für Multiplikation), ADD (für Addition) und DRU (für Druckoperation) sind die echten Befehlsschlüssel 30, 28, 25 und 32 zugeordnet. Aus den symbolischen, leicht zu handhabenden, Merkmalen PREIS, MENGE, SUMME, DRUCK, REFELD sind nach der Übersetzung die echten Speicheradressen (als fortlaufende Numerierung des internen Speichers) entstanden, wie sie rechts im Beispiel zu sehen sind.

B. Problemorientierte symbolische Programmsprachen

Maschinenorientierte symbolische Programmsprachen (Assembler) haben den Nachteil, daß sie immer einer ganz bestimmten EDV-Anlage angepaßt sind. Wird die Maschine durch eine andere Anlage ersetzt, ist es unumgänglich, die im Assembler geschriebenen Programme neu zu programmieren. Dieser Nachteil beim Maschinenwechsel führte zu der Forderung an die Hersteller, maschinenunabhängige Programmsprachen zu entwickeln. Diese Sprachen werden als problemorientierte (das bedeutet gleichzeitig maschinenunabhängige) Programmsprachen bezeichnet. Die wichtigsten von ihnen, die sich in der ganzen Welt durchgesetzt haben, sind:

COBOL (**CO**mmon **B**usiness **O**riented **L**anguage) für die kaufmännische Anwendung;

ALGOL (**ALGO**rithmic **L**anguage) für die mathematische Anwendung;

FORTRAN (**FOR**mula **TRAN**slator) für die technische (auch mathematisch-wissenschaftliche) Anwendung;

PL/1 (**P**rogramming **L**anguage), die als neueste Programmsprache die Vorteile von COBOL und FORTRAN in sich vereinigt.

Die problemorientierten Programmsprachen, deren Übersetzungsprogramme als Compiler bezeichnet werden, stellen die nächst höhere Stufe der Programmsprachen dar. Während das Programmieren und Codieren in einer der problemorientierten Programmsprachen weitgehend unabhängig von der eingesetzten EDV-Anlage ist, sind die Übersetzungsprogramme (Compiler) natürlich auf die betreffende EDV-Anlage abgestellt. Dieser Unterschied ist leicht zu verstehen, wenn man bedenkt, daß es Aufgabe eines Übersetzungsprogramms ist, die in einer symbolischen Sprache geschriebenen Programme in die echte Maschinensprache (der betreffenden Maschine) zu übersetzen. Da jede EDV-Anlage ihre eigene Maschinensprache hat, müssen auch die Compiler Unterschiede aufweisen.

Zusätzlich zum Vorteil der Maschinenunabhängigkeit haben die problemorientierten Programmsprachen den Vorzug, daß Compiler bedeutend leistungsfähiger als Assembler sind. Der Vorteil der schnellen, einfach zu erlernenden, Programmierung in einer problemorientierten Sprache wird aber durch den Nachteil erkauft, daß beispielsweise COBOL-Programme in der Regel 20 bis 30 % mehr Platz im internen Speicher einnehmen und eine 20 bis 30 % höhere Laufzeit haben als vergleichbare Assembler-Programme. Während also umgekehrt die Assembler-Programmierung für den Programmierer aufwendiger ist, benötigen Assembler-übersetzte Programme 20 bis 30 % weniger Speicherraum und laufen 20 bis 30 % schneller ab als vergleichbare COBOL-Programme. Ein weiterer Vorteil problemorientierter Programmsprachen ist es, daß bei Wechsel der EDV-Anlage keine Umprogrammierung und auch keine Umschulung der Programmierer erforderlich ist. Im allgemeinen gilt, daß die Verwendung problemorientierter Programmsprachen den Einsatz einer mindestens mittelgroßen Anlage mit externen Speichern (Magnetbandgeräten, Magnetplatten, Magnettrommel- oder Magnetstreifenspeichern) voraussetzen. Kleinere Anlagen werden dagegen fast ausschließlich in der Assembler-Programmsprache bzw. mit Hilfe von Generatoren programmiert.

In Bild 182 wird die Programmierung in der Programmsprache COBOL und in einer Assembler-Sprache gegenübergestellt. Die kleine Aufgabe bezieht sich auf die Errechnung des steuerpflichtigen Jahreseinkommens bei der Nettolohnrechnung. Von dem bereits ermittelten Jahreseinkommen sollen der Freibetrag subtrahiert und der Hinzurechnungsbetrag addiert werden, wie es die Lohnsteuerberechnung vorschreibt. Während im normalen Fall der Jahresfreibetrag vom Einkommen subtrahiert und der Jahreshinzurechnungsbetrag addiert werden, erfolgt in allen anderen Fällen die Subtraktion von 12 Monatsfreibeträgen und die Addition von 12 Monatshinzurechnungsbeträgen. In beiden Gruppen errechnet die Maschine das steuerpflichtige Jahreseinkommen. Wie ersichtlich, hat der Programmierer in der COBOL-Sprache allein 3 Zeilen zu schreiben. Während die Steuerungsmerkmale (hier IF, ELSE UND COMPUTE) meist in der englischen Sprache geschrieben werden, sind die einzelnen Programmerkmale mit dem entsprechenden deutschen Ausdruck bezeichnet. Es folgt die vergleichsweise Lösung in einer Assembler-Sprache (hier: im sogenannten Autocoder der IBM 1401). Anstelle der drei Zeilen in COBOL hat der Programmierer hier insgesamt 12 Zeilen zu codieren.

C. Selbsterzeugende symbolische Programmsprachen

Der Ausdruck "selbsterzeugende symbolische Programmsprachen" weist darauf hin, daß die Maschinenprogramme bzw. Programmteile mit Hilfe

Aufgabe (aus Errechnung des steuerpflichtigen Jahreseinkommen).

Vom bereits errechneten Einkommen sollen der Freibetrag subtrahiert und der Hinzurechnungsbetrag addiert werden.

Falls das laufende Jahr größer ist als 1967 und das Eintrittsjahr des gerade zu verarbeitenden Gehaltsempfängers gleich dem laufenden Jahr, soll folgendermaßen gerechnet werden:

Einkommen ./. 12 × Monatsfreibetrag
+ 12 × Monatshinzurechnungsbetrag = Einkommen (stpfl.)

In allen anderen Fällen ist zu rechnen:

Einkommen ./. Jahresfreibetrag
+ Jahreshinzurechnungsbetrag = Einkommen (steuerpfl.).

In *COBOL* lautet die Lösung:

```
IF JAHR GREATER 67 AND EINTRITTSJAHR = JAHR
COMPUTE EINKOMMEN = EINKOMMEN-12*(MONFREIBETR-MONHINZUBETR)ELSE
COMPUTE EINKOMMEN = EINKOMMEN-JAHRESFREIBETR + JAHRESHINZUBETR
```

In einer *Assembler-Sprache* (1401-Autocoder) sieht die Lösung so aus:

```
        C      67, JAHR
        BH     *1
*3      S      JFREIB, EINKOM
        A      JHIZUB, EINKOM
        B      *2
*1      C      EINTJR', JAHR
        BU     *3
        MLC    MFREIB, ZWI
        S      MHIZUB, ZWI
        M      12, ZWI
        S      ZWI, EINKOM
*2      . . .
```

Bild 182: Gegenüberstellung eines Beispiels in COBOL- und Assembler-Verschlüsselung

der EDV-Anlage selbst erzeugt werden. Das Übersetzungsprogramm wird hier als Generator (Erzeuger) bezeichnet. In strengem Sinne unserer Einteilung nimmt diese Gruppe der Programmsprachen eine Sonderstellung ein. Sie liegt eigentlich zwischen den maschinenorientierten und den problemorientierten Programmsprachen: Mit den maschinenorientierten Programmsprachen (Assembler) haben Generatoren gemeinsam, daß sie

Datei-Zuordnung

Linie	Art	Name der Datei	I/O/U/C Ein-/Ausg. art	P/S/C/T/R Eing.dat.-Best	E Ende der Arbeit	A/D Satzfolge	F/V Feste/var. Satzlänge	Block-länge	Satz-länge	b/L/R Verarbeitungsform	Länge eines Feldes bei Satzadress-Datei	K/I Art d. Satzadressierung	b/I/D/T Speichergs.form	Zeilenbegrenzanzeiger	Linke Stelle des Schlüsselfeldes (nur bei gebl. Sätzen)	Erweiter.formulare E/L	Eingabe-/Ausgabe-Einheit	Name der Eingabe-/Ausgabe-Einheit	Kennsätze N/S/E/b	Name der Kennsatz-routine des Benutzers	Name der Extent-Routine für direkten Zugriff (DAM)	Bemerkungen
3	6	7	15	16	17	18	19	20	24	28	29	31	32	33	35	39	40	47	53	54	60 65	74
Ø1	F	KARTE	I	P	E		F	8Ø	8Ø								READER					
Ø2	F	LISTE						132	132					OV			PRINTER					
Ø3	F																					

Eingabe-Bestimmungen

Karten-Bestimmungen																				Feld-Bestimmungen										
							Kennlochungen der Eingabekarten																					Bezugszahl		
Linie	Art	Name der Datei	Reihenfolge	Anzahl 1/N	O = Wahlweise	Bezugszahl/Karte	Spalte	N = Negation	C/D/Z	Zeichen	Spalte	N = Negation	C/D/Z	Zeichen	Spalte	N = Negation	C/D/Z	Zeichen	Ablagefach	P = Gepackte Daten	von Kartenspalte	bis Kartenspalte	davon Dez. Stellen	Name	Gruppenstufe L1 – L9	EK/ZK – Vergleich M1 – M3	Bezugszahl/Karte bei ODER-Eingabe	Plus	Minus (Zone 11)	Null (num.) Blank (alph.)
3 5	6	7 14	15	17	18	19	23	25	26	27	30	32	33	34	37	39	40	41	42	43	46	50	52	53 58	59	61	63	65	67	69
Ø1	I	KARTE	KF			90	1		C	8									2											
Ø2	I																				1	1		KA						
Ø3	I																				2	11		AUFTR						
Ø4	I																				12	13		WOCHE						
Ø5	I																				⋮			⋮						

Bild 183: Generator-Programmierung

Ausgabe-Bestimmungen

Linie (3–5)	Art (Buchstabe O) (6)	Name der Datei (7–14)	Zeile D/T (15)	Ablagefach (16)	ZT vor dem Drucken (17)	ZT nach dem Drucken (18)	Vorschub bis Kanal vor dem Drucken (19)	Vorschub bis Kanal nach dem Drucken (21)	Bedingungen (23–25)	und (26–28)	und (29–31)	Ausgabefeld Name (32–37)	Z = Unterdrück. führ. Nullen (38)	B = Löschen nach Ausgabe (39)	Letzte Stelle im Ausgabebereich (40–43)	P = Gepackte Daten (44)	Konstante oder Schablone (45–70)	(74)
Ø1	O	LISTE	H			3	01		1P									
Ø2	O	O	R						0V									
Ø3	O														72		'LISTE BILD 11'	
Ø4	O		D			1			90									
Ø5	O											KA			2			
Ø6	O											AUFTR			14			
Ø7	O											WOCHE			18			
Ø8	O											⋮			⋮			
Ø9	O																	
1Ø	O																	
11	O																	
12	O																	
13	O																	
14	O																	
15	O																	

Bild 183: (Fortsetzung)

für eine ganz bestimmte EDV-Anlage geschaffen sind, mit den problemorientierten Programmsprachen (Compiler) verbindet sie die fehlende 1 : 1 Codierung. Der Programmierer braucht bei den selbsterzeugenden Programmsprachen nur die Eingabe- und Ausgabedaten zusammen mit einigen Steuerungsmerkmalen in vorgedruckte Schemata einzutragen. Bei der Übersetzung aus dem symbolischen in den Maschinencode erzeugt der Generator dann (aus gespeicherten Teilprogrammen) das ganze Programm selbst. Unabdingbare Voraussetzung beim Einsatz eines solchen Generators ist die Anpassung einer Aufgabe an das vom Hersteller vorgeschriebene standardisierte Programm. Hieraus folgt, daß Generatoren nur für einfache kaufmännische Probleme verwendet werden können. Beispiele für die Hauptanwendung sind einfache Statistiken, weswegen einige Generatoren auch als List-Generatoren (im Sinne einer Erzeugung von Listenbildern) bezeichnet werden. Ein Vorteil in der Benutzung von Generatoren ist weiterhin, daß die "Programmsprache" besonders einfach zu erlernen ist. Die Maschine übernimmt hier zu einem Teil die Programmierungsarbeit selbst. Generatoren werden vor allem bei kleineren EDV-Anlagen benutzt, wobei man davon ausgeht, daß sich diese Maschine ohnehin nur zur Lösung einfacher Aufgaben eignet.

Auch für die Generatorenverwendung soll ein Beispiel gezeigt werden. Die Aufgabe besteht darin, aus vorhandenen Lochkarten eine Liste zu erstellen. Bild 183 zeigt Ausschnitte der Bestimmungsblätter, die der Programmierer zur Lösung der Aufgabe benutzt. Auf dem Blatt "Datei-Zuordnung" legt er die Ein- und Ausgabegeräte fest (READER = Leser, PRINTER = Drucker). Für jedes Kartenfeld, das gedruckt werden soll, werden im Eingabe-Bestimmungsblatt ein Name und die Kartenspalte des Feldes eingetragen. Man sieht für die Auftragsnummer die Angabe von Spalte 2 bis Spalte 11 und den Namen "AUFTR". Unter Benutzung der bereits festgelegten Namen wird nun im Bestimmungsblatt für die Ausgabe (unterer Teil) eingesetzt, wie die Zeilen der Ausgabe Liste zu drucken sind: Die Auftragsnummer wird in den Stellen 5 bis 14 gedruckt (nur die letzte Stelle wird eingetragen, also 14), die Linien 1, 2 und 4 der Ausgabe-Bestimmung enthalten Angaben für den Zeilentransport und den Blattwechsel, und in Linie 3 ist der Text der auf jedem Blatt erscheinenden Überschrift angegeben.

Anhand der Angaben in den Bestimmungsblättern - die natürlich in Lochkarten übertragen werden - erzeugt der Generator dann das Programm, im einzelnen alle Befehle, die zur Durchführung der Aufgabe benötigt werden, so die Lese-, Druck- und Übertragungsbefehle. Die Arbeit des Programmierers beschränkt sich darauf, die Ein- und Ausgabe zu beschreiben.

6. *Und die Zukunft?*

Die Computertechnik hat in den letzten Jahren einen außerordentlich hohen und ständig zunehmenden Aufschwung genommen: Eine enorme Steigerung der internen Leistungsfähigkeit, die Entwicklung von Dünnschichtspeichern, die Verbesserung der Magnetband- und Magnetplattenspeicherung, die Entwicklung von Magnetstreifenspeichern, neue Techniken auf den Gebieten der direkten Beleglesung und der Datenfernverarbeitung, das Vordringen der mittleren Datentechnik sowie die günstige Aufnahme der Datenerfassung über Magnetband kennzeichnen die Leistungen der Herstellerfirmen in den letzten Jahren.

Ohne Zweifel wird dieses Entwicklungstempo nicht nur anhalten, sondern sich eher weiter verstärken, wobei am Ende des nächsten Jahrzehnts die völlige Integration des Computers in den menschlichen Lebensbereich stehen wird. Fachleute schätzen, daß schon innerhalb der nächsten 3 bis 5 Jahre die Computer der IV. Generation angeboten werden. Ihre Hardware wird sich zwar durch eine weiter verbesserte Leistung auszeichnen, doch wird sich das Schwergewicht der Entwicklung stärker auf die Leistungen der Peripherie, insbesondere der Datenerfassung/Dateneingabe und der Datenspeicherung, verlagern.

Neben der Abkehr von den mechanischen Druckern werden die Hersteller vor allem Großraumspeicher anbieten, die in der Lage sind, riesige Datenmengen wirtschaftlich zu speichern und mit minimalem Zeitaufwand aufzunehmen und abzugeben. Der Übergang zu integrierten Datenverarbeitungs- und Informationssystemen wird eine solche Entwicklung notwendig machen. Einen zweiten Schwerpunkt werden die Datenerfassung und Dateneingabe bilden, wobei die direkte Belegverarbeitung mit Handschriftenlesung und die beleglose Datenfernverarbeitung dominieren werden. Erst mit dem Computer direkt verbundene Datenerfassungs- und Abfragegeräte bieten die Möglichkeit eines ständigen und direkten Kontaktes Mensch-Computer-Mensch, für den die Time-Sharing-Anlagen der IV. Computergeneration die erforderlichen technisch-wirtschaftlichen Voraussetzungen bringen.

Die Software-Entwicklung auf der andern Seite wird nicht nur aufholen, um die Benutzer endlich mit ausreichender, einfach zu handhabender und anwendungsgerechter Software zu versorgen, sondern sich der neuen anwendungsorientierten Hardware-Entwicklung anpassen müssen. Hierbei wird sich die Entwicklung in zunehmendem Maße von den EDV-Herstellern auf unabhängige und spezialisierte Software-Unternehmen verlagern, die ihren Kunden und Interessenten nicht nur einwandfrei funktionierende und wirtschaftliche Software, sondern standardisierte und computerunabhängige Systeme anbieten. Erst dann wird der Benutzer die Möglichkeit haben, sich für eine leistungsfähige Software zu entscheiden, die seinen Aufgaben und Anforderungen gerecht wird, und nicht auf das "Nebenprodukt Software" seines Herstellers angewiesen sein.

Doch alle Begeisterung für technischen Fortschritt und künftige Computergenerationen darf nicht über die bestehende Diskrepanz zwischen installierter Computerleistung und wirklicher Nutzung hinwegtäuschen. Nicht wenige Unternehmen haben in den letzten Jahren einen leistungsfähigen Computer der III. Generation installiert, ohne die notwendigen personellen und organisatorischen Voraussetzungen zu schaffen. Nur wenn es gelingt, eine ausreichende Anzahl qualifizierter EDV-Fachleute heranzubilden und in den Unternehmen einen Prozeß des Umdenkens und der Abkehr von vergangenen Verfahren und Techniken einzuleiten, wird eine Angleichung von bereitgestelltem Mitteleinsatz und ökonomischer Nutzung möglich sein. Der Weg hierzu kann nur über permanente Schulung, Fortbildung und Aufklärung führen.

Anhang

Begriffserklärungen

Abfragestation	Einrichtung für die manuelle Abfrage von Speicherplätzen und Registern
Abschlußtest	Auch als Praxistest bezeichnet; Endtest, bei dem, meist mit Hilfe einer größeren Anzahl von Testbeispielen, die richtige Arbeitsweise eines ganzen Programmkomplexes getestet wird
Alphanumerisches Zeichen	Ziffer, Buchstabe oder Sonderzeichen
ALGOL	Engl.: Algorithmic Language, problemorientierte Programmsprache für mathematisch-wissenschaftliche Zwecke
Analogrechner	Elektronische Rechenanlage zur Verarbeitung physikalischer Meßwerte
Anwendungsprogramm	Im Gegensatz zu den Steuer- und Übersetzungsprogrammen handelt es sich bei den Anwendungsprogrammen um Programme für die Durchführung bestimmter EDV-Aufgaben
Arbeitsprogramme	Im Gegensatz zum Steuerprogramm umfassen die Arbeitsprogramme Verwaltungsprogramme, Übersetzungsprogramme, Dienstprogramme, Anwendungsprogramme und Benutzerprogramme
Arbeitsspeicher	Siehe Hauptspeicher
Assembler	Übersetzungsprogramm für maschinenorientierte symbolische Programmsprachen
Aufsteigende Reihenfolge	Sortierordnung, bei der ein Datensatz mit einer kleineren Schlüsselnummer immer vor einem Datensatz mit einer größeren Schlüsselnummer steht

Aufzeichnungsdichte	Ausdruck für die Dichte, mit der die Zeichen je Einheit (cm oder Zoll) gespeichert werden
Ausgabegeräte	Einrichtungen für die Ausgabe von Daten auf externe Speicher oder über Schnelldrucker
Ausgabeoperation	Befehlsart für die Ausgabe von Daten
Automatisierung	Hier: Automatisierung der Büro- und Verwaltungsarbeit mit Hilfe elektronischer Datenverarbeitungsanlagen
Bandkennsatz	Der Bandkennsatz enthält kennzeichnende Angaben vor oder nach einem Datenblock auf Magnetband und Magnetplatte
Bandnachsatz	Kennsatz hinter dem letzten Datenblock
Bandspule	Rolle, auf der ein Magnetband aufgewickelt ist
Bandvorsatz	Kennsatz vor dem ersten Datenblock
BCD-Code	Engl.: **B**inary **C**oded **D**ezimal; duales Zahlensystem, bei dem der dezimale Stellenwert erhalten bleibt
Befehl	Anweisung an eine EDV-Anlage, eine bestimmte Operation durchzuführen
Benutzerprogramm	Arbeitsprogramm; das vom Benutzer einer EDV-Anlage für eine bestimmte Aufgabe ausgearbeitete Programm
Bestandsdaten	Im Gegensatz zu Bewegungsdaten, auf Speichern fortgeschriebene Datenbestände, z.B. Lagerbestände
Betriebssystem	Programmsystem, das zum Betrieb einer EDV-Anlage gehört: Steuer- und Arbeitsprogramme
Bewegungsdaten	Im Gegensatz zu Stamm- und Bestandsdaten handelt es sich bei Bewegungsdaten um neue Geschäftsvorfälle
Bildschirm	Ausgabegerät bei EDV-Anlagen, einem Fernsehschirm ähnlich
Binäres Zahlensystem	Siehe duales Zahlensystem

Binärverschlüsseltes Dezimalsystem	Siehe BCD-Code
Bit	Abkürzung von **B**inary Dig**it**; deutsch: Binärstelle
Blockdiagramm	Heute meist als Programmablaufplan bezeichnet; graphische Darstellung, die den Arbeitsablauf innerhalb der EDV-Anlage für eine bestimmte Aufgabe mit Hilfe besonderer Symbole anzeigt
Blocklänge	Anzahl der Stellen (in Zeichen oder Bytes ausgedrückt) je Datenblock
BPI	Abkürzung für **B**its **p**er **I**nch; deutsch: Anzahl Bits je Zoll
Breitbandkanal	Mehrfach-Kanalsystem für eine schnelle Datenfernübertragung
Byte	Kleinste adressierbare Speichereinheit für die Aufnahme von 8 Datenbits und 1 Prüfbit; Speicherung eines Buchstaben, eines Sonderzeichens oder von zwei Ziffern
Closed-shop-Betrieb	Ausdruck für einen Testbetrieb, bei dem alle Programmteste von den Operateuren des Rechenzentrums selbst, nicht durch die Programmierer, durchgeführt werden
COBOL	Engl.: **Co**mmon **B**usiness **O**riented **L**anguage, problemorientierte symbolische Programmsprache für kaufmännische Anwendungen
Code-Umwandlung	Ausdruck für die Umwandlung einer symbolischen Programmsprache in die echte Maschinensprache
Codierblatt	Formular für die Aufnahme von Befehlsschlüsseln, symbolischen Adressen und weiterer notwendigen Angaben bei der Programmverschlüsselung
Codierung	Anderer Ausdruck für Programmverschlüsselung

Compiler	Engl.: Übersetzungsprogramm zur Übersetzung problemorientierter Programmsprachen in die Maschinensprache
Datei	Bezeichnung für eine Gruppe zusammengehörender Datensätze, entsprechend einer Kartei
Daten	In Form von Buchstaben, Sonderzeichen und Ziffern ausgedrückte Vorfälle jeder Art; Eingabe-, Verarbeitungs- und Ausgabedaten
Datenblock	Physische Einheit mehrerer Datensätze, die logisch verschieden sind und gemeinsam ohne Zwischenraum gespeichert werden
Datenendeinrichtung	Ausdruck für Codier- oder Decodiergeräte, sowie Datensicherungsgeräte bei der Datenfernübertragung
Datenerfassung	Aufnahme der von äußeren oder inneren Stellen eingehenden Daten und ihre Übertragung in maschinell lesbare Belege
Datenfernübertragung	System zum Transport von Daten zwischen EDV-Anlagen oder zwischen einer EDV-Anlage und Ein-/Ausgabestationen mit Hilfe von Fernschreib- oder Fernsprechleitungen
Datenfernverarbeitung	Datenfernübertragung und anschl. Verarbeitung der übertragenen Daten
Datenflußplan	Graphische Darstellung des Datenflußes von der Datenerfassung bis zur Auswertung der Verarbeitungsergebnisse
Datensatz	Zusammengehörende Gruppe einzelner Daten eines Geschäftsvorfalles, beispielsweise Daten eines Lohnbeleges, einer Materialentnahme, einer Bestellung
Datensicherung	Aufbewahrung von Duplikaten der Datenbestände auf externen Speichern, um zerstörte Daten wieder ersetzen und erneuern zu können
Datensicherungsgerät	Hier: Einrichtung eines Datenfernübertragungssystems, um eine einwandfreie Übertragung der Daten sicherzustellen

Datenspeicherung	Aufbewahrung von Daten in Speichermitteln, um sie später sicher und schnell wieder abrufen zu können
Datenträger	Mittel für die Aufnahme von Ein-/Ausgabedaten bei der elektronischen Datenverarbeitung
Datenübertragung	Transport von Daten zwischen Zentraleinheit und peripheren Geräten
Datenverarbeitung	Verarbeitung von Eingabe-, Ausgabe- und Speicherdaten mit Hilfe einer EDV-Anlage
Datex-Netz	Fernschreibnetz für die Datenfernübertragung mit etwa 4facher Geschwindigkeit gegenüber normalem Fernschreibnetz
Detail-Programmablaufplan	Im Gegensatz zum groben Programmablaufplan werden hier im allgemeinen alle Operationen, die die EDV-Anlage für eine bestimmte Aufgabe durchführen soll, einzeln dargestellt
Dienstprogramm	Besonderes Arbeitsprogramm, vom Hersteller der EDV-Anlage zur Verfügung gestellt; Beispiele sind Sortier- und Mischprogramme, Standard-Druckprogramme u. ä.
Digitalrechner	Ziffernrechner; Begriff für elektronische Rechen- und Datenverarbeitungsanlagen, die alphanumerische Zeichen verarbeiten können (Gegensatz: Analogrechner)
Direct Access	Deutsch: Direkter Zugriff; Ausdruck für den Zugriff bei internen Hauptspeichern, wobei die Zugriffszeit zu jedem beliebigen Speicherplatz gleich schnell ist
Direkte Beleglesung	Sammelausdruck für optische und magnetische Beleglesung; die Urbelege selbst können von einer EDV-Anlage direkt verarbeitet werden, eine Übertragung in maschinell lesbare Belege ist nicht notwendig
Direktumstellung	Umstellungsverfahren, bei dem zu einem bestimmten Stichtag das alte Verfahren ausläuft und das neue Verfahren über die EDV-Anlage abgewickelt wird

Direktzugriff	Siehe Direct Access
Druckkette	Typenkette, bei einigen Schnelldruckern verwendet
Druckstab	Auswechselbarer Typenstab, bei einigen Schnelldruckern verwendet
Duales Zahlensystem	Zahlensystem auf der Grundlage der 2er Potenz, das nur die beiden Ziffern 0 und 1 verwendet
Dünnfilmspeicher	Oder Dünnschichtspeicher; schneller Arbeitsspeicher, aus dünnen magnetischen Schichten bestehend
Dünnschichtspeicher	Siehe Dünnfilmspeicher
Duplex-Verfahren	Oder Gegenbetrieb; Verfahren, das die Übertragung von Daten gleichzeitg in beiden Richtungen gestattet
Duplizieren	Oder Doppeln; Verfahren, um gleiche Datensätze oder Datenblöcke eins zu eins in andere Datenträger oder Datenspeicher zu übertragen

Echte Programmsprache	Oder Maschinensprache; Programmsprache und Maschinensprache sind hier identisch
Eingabe	Eingabe von Daten in eine EDV-Anlage
Eingabegeräte	Einrichtungen für die Eingabe von Daten in EDV-Anlagen
Eingabeoperation	Maschinenbefehl für die Eingabe von Daten
Einzelinformation	Im Gegensatz zu größeren Datenmengen nur wenige einzelne Daten für die Beziehung zwischen Mensch und Computer
Elektronenröhre	Bauelemente der ersten Computergeneration
EDV-Anlage	Datenverarbeitungssystem mit elektronischen Elementen zur Verarbeitung von Daten
Elektronische Elemente	Elektronenröhren, Transistoren, Dioden und Mikrobausteine

Elektronische Rechenanlage	Maschinen mit elektronischen Bauteilen zur Verarbeitung wissenschaftlich-technischer Daten
Erwünschte Tetraden	Bit-Viererblock für die dual-dezimale Verschlüsselung von Ziffern, den Dezimalziffern 0 bis 9 entsprechend
Externe Speicher	Im Gegensatz zum internen Hauptspeicher zusätzliche Speicher, wie Magnetbänder, Magnetplatten oder Magnettrommelspeicher
Fehlerschutz-Verfahren	Maßnahmen bei der Datenfernübertragung, um auf dem Übertragungsweg entstandene Fehler zu erkennen und gegebenenfalls zu korrigieren
Feldlänge	Anzahl Zeichen für einen bestimmten Begriff, beispielsweise für Namen- und Anschriftenfeld oder Summenspeicher
FORTRAN	Engl.: **For**mular **Tran**slator, problemorientierte symbolische Programmsprache für mathematisch-technische Zwecke
Generator	Programmerzeuger, für die Lösung bestimmter Aufgaben geeignet
Grob-Programmablaufplan	Programmablaufplan; bei der Programmierung in graphischer Form, um die Zusammenhänge eines größeren Programmkomplexes aufzuzeigen
Großraumspeicher	Externe Speichereinrichtung für die Aufnahme großer Datenmengen: Magnetplatten-, Magnettrommel- und Magnetstreifenspeicher
Halbduplex-Verfahren	Oder Wechselbetrieb; Verfahren, das die Datenübertragung in beiden Richtungen, jedoch nicht zur gleichen Zeit, gestattet
Halbleitertechnik	Bauelemente der zweiten Computergeneration, insbesondere Transistoren
Hardware	Englischer Ausdruck für ein Datenverarbeitungssystem mit allen peripheren Geräten und fest verdrahteten Einrichtungen

Hauptprogramm	Im Gegensatz zum Vor- und Schlußprogramm umfaßt das Hauptprogramm alle sich wiederholenden Eingabe-, Verarbeitungs- und Ausgabeoperationen
Hauptspeicher	Oder Arbeitsspeicher; Speicher zur Aufnahme des Programms und zur Zwischenspeicherung der Daten für die Verarbeitung
Horizontale Lesekontrolle	Prüfung bei der Magnetbandlesung mit Hilfe horizontaler Prüfbits
Instruktion	Zusammensetzung einer Maschineninstruktion aus Befehls- und Adressenteil
Interner Speicher	Der Haupt- oder Arbeitsspeicher einer EDV-Anlage
Kartenart	Spezielle Kennzeichnung eines Lochkartenpaketes, in Form von Lochungen ausgedrückt
Klarschrift	Normalschrift, die sowohl vom Menschen als von der EDV-Anlage gelesen werden kann
Klarschriftleser	Siehe optischer Belegleser
Konventionelle Lochkartenanlage	Herkömmliches Lochkartensystem mit Tabelliermaschine und Rechenstanzer
Laden eines Programms	Übertragung eines Programms aus Datenträgern oder vom externen Speicher in den Hauptspeicher einer EDV-Anlage
Lesegerät für maschinell lesbare Schriften	Siehe optische Belegleser und Magnetschriftlesegerät
Literal	Eintragung der tatsächlichen Daten in das Operandenfeld
Lochen	Übertragung von Daten in Lochkarten oder Lochstreifen in Form von Lochungen
Lochfeld	Zusammenhängende Lochstellen für die Aufnahme eines Begriffes

Lochkarte	Spezialkarton für die Aufnahme und maschinelle Verarbeitung alphanumerischer Zeichen in Lochschrift
Lochkartenbeschrifter	Maschine für die Übertragung von Lochungen in Normalschrift
Lochkartenlesegerät	Gerät für die Lochkarteneingabe bei EDV-Anlagen
Lochkartenstanzgerät	Gerät für die Datenausgabe in Lochkarten bei EDV-Anlagen
Lochschriftübersetzer	Siehe Lochkartenbeschrifter
Lochspalte	Zusammenfassung aller senkrechten Lochstellen für die Aufnahme eines alphanumerischen Zeichens
Lochstelle	Auf der Lochkarte vorgesehener Platz für die Aufnahme eines Loches
Lochstreifen	Genormter Papierstreifen für die verschlüsselte Aufnahme und maschinelle Verarbeitung alphanumerischer Zeichen in Lochschrift
Lochstreifenlesegerät	Gerät für die Lochstreifeneingabe bei EDV-Anlagen
Lochstreifenstanzgerät	Gerät für die Datenausgabe in Form von Lochstreifen bei EDV-Anlagen
Lochzahlprüfung	Verfahren, bei dem die Lochkarten zweimal gelesen und die Anzahl der Lochungen miteinander verglichen werden
Magnetband	Kunststoffband für die verschlüsselte Aufnahme und maschinelle Verarbeitung von Daten in Form von Magnetpunkten
Magnetbandbibliothek	Auf Magnetband gespeicherte Datenbestände, insbesondere aber Programme, für vielfältige Aufgaben eines Unternehmens
Magnetband-Datenerfassung	Erfassung von Geschäftsvorfällen direkt auf Magnetband
Magnetbandgerät	Gerät für die Ein- und Ausgabe sowie Speicherung von Daten auf Magnetband

Magnetbandspeicher	Anderer Ausdruck für Magnetband
Magnetbandspeicherung	Übertragung von Daten aus dem Hauptspeicher auf Magnetband
Magnetdrahtspeicher	Neuartiger Arbeitsspeicher, bei einigen UNIVAC- und NCR-Anlagen verwendet; hohe Zugriffsgeschwindigkeit bei niedrigen Herstellkosten
Magnetkartenspeicher	Großraumspeicher, bei dem die Daten auf Magnetkarten gespeichert werden
Magnetkernspeicher	Der am meisten verbreitete Typ des internen Arbeitsspeichers
Magnetkonten-Computer	Kleines Datenverarbeitungssystem, das als externen Speicher Kontokarten mit aufgeklebtem Magnetstreifen benutzt
Magnetschrift	Spezielle Schriftzeichen mit magnetischer Farbe geschrieben, für Menschen und Maschinen lesbar; CMC 7 und E 13 B sind die bekanntesten Magnetschriften
Magnetschriftlesegerät	Gerät für die Eingabe von Daten in Magnetschrift
Magnetplatte	Hochpolierte Metallscheibe, auf deren beiden Flächen Daten in konzentrischen Spuren gespeichert werden
Magnetplattenspeicher	Externer, wechselbarer oder nicht wechselbarer, Speicher, bei dem die Daten auf der magnetisierbaren Oberfläche von Magnetplatten gespeichert werden
Magnetstreifenspeicher	Dem Magnetkartenspeicher verwandt
Magnettrommelspeicher	Externer Großraumspeicher, bei dem die Daten auf der magnetisierbaren Oberfläche eines Zylinders gespeichert werden
Makrobefehl	Vielfachbefehl, wobei der Programmierer für eine Kette von Befehlen nur einen einzigen Befehl zu schreiben braucht; die Auflösung des Makrobefehls geschieht dann bei der Programmumwandlung

Manuelle Datenverarbeitung	Form der Datenverarbeitung, bei der die Daten von Hand ohne oder mit Bürohilfsmaschinen verarbeitet werden
Maschinelle Datenverarbeitung	Form der Datenverarbeitung, bei der die Daten mit Lochkartenmaschinen, der Mittleren Datentechnik oder EDV-Anlagen, erarbeitet werden
Maschinell lesbarer Beleg	Jedes Mittel, dessen Daten von Maschinen gelesen werden können
Maschinencode	Die interne Verschlüsselung bei EDV-Anlagen
Maschinenorientierte Symbolsprache	Symbolische Programmsprache, jedoch der Struktur der Maschinensprache angepaßt
Maschinensprache	Eine besondere Verschlüsselung von Programmbefehlen und Daten in einer Form, die von der Maschine verstanden wird
Mechanisierung	Hier: Mechanisierung der Büro- und Verwaltungsarbeit mit Hilfe von Maschinen
Mikrosekunde	Eine Mikrosekunde = 1/1.000.000 Sekunde
Millisekunde	Eine Millisekunde = 1/1.000 Sekunde
Nanosekunde	Eine Nanosekunde = 1/1.000.000.000 Sekunde
Nicht wechselbarer Speicher	Externer Speicher (Großraummagnettrommel- und Großraummagnetplatten-Speicher), der nicht ausgewechselt werden kann
Normallochkarte	Lochkarte, in die Daten aus einem Beleg mit Hilfe des Loch- und Prüfverfahrens übertragen werden; kein kaufmännischer Beleg
Numerisches Zeichen	Ziffer
Off-Line	Engl.: Erfassung und Übertragung von Daten, getrennt von der EDV-Anlage
On-Line	Engl.: Datenerfassung und Datenübertragung zwischen peripheren Geräten und der Zentraleinheit einer EDV-Anlage
Operation	Ausführung eines Maschinenbefehls
Operator	Maschinenbediener

FSC
www.fsc.org
MIX
Papier | Fördert
gute Waldnutzung
FSC® C083411

Kolibri 360 GmbH
Ferdinand-Jühlke-Straße 7
99095 Erfurt, Deutschland
produktsicherheit@kolibri360.de